# 진격의 인도

# 진격의 인도

김기상 지음

## 14억 거대 경제가 온다!

프롤로그

## 인도의 세기가 열리고 있다

오랫동안 개발도상국 중에서 유망주로만 머물던 인도가 서서히 기지개를 켜며 변화의 격랑을 일으키고 있다. 블룸버그의 발표에 따르면 2022년 인도는 세계 5위 경제 대국으로 등극하면서 자신들의 식민지배국이었던 영국 경제를 추월한 것으로 나타났다. 게다가 인도인의 후예인 리시 수낵Rishi Sunak이 영국 총리로 선출되었다. 그뿐만 아니다. 20개 강대국의 회의인 G20 의장국이 되었고 인도의 13개 대도시에서는 5G 서비스가 도입되었다. 인도 역사상 최초로 기타 부족Scheduled Tribe 출신 여성 대통령이 탄생했다.

지난 2022년은 인도인들에게 희망과 자부심이 가득 찬 한 해로 기억될 것이다. 하지만 아직도 부실 공사로 다리가 무너지기도 하고 열차 충돌사고로 수많은 사상자가 발생하는 안타까운 일이 벌어지고 있다. 과거, 현재, 그리고 미래가 혼재하는 기회와 위기의 땅이 바로 인도라는 뜻이다.

인도는 21세기 들어 세계무대에서 급격하게 두각을 나타내고 있다. 중국을 제치고 세계 제1의 인구 대국으로 발돋움했다. 또한 글로벌 공급망에서 중국의 자리를 위협하고 있다. 미중 갈등이 심화되고 장기화되면서 그동안 중국이 수행해온 '세계의 공장' 역할을 맡게 될 후보 국가로서 인도만한 '대체재'를 찾기도 어렵다. 이렇다보니 세계 유수의 경제전망 기관들도 인도의 미래에 대해 긍정적 전망을 내놓고 있다. 세계적인 신용평가사 스탠더드앤드푸어S&P의 자회사 스탠더드앤드푸어 글로벌S&P Global과 세계적인 투자은행 모건스탠리는 인도가 2030년까지 미국과 중국을 이어 세계 3위의 경제 대국이 될 것이라는 낙관적인 전망을 2022년 11월에 이미 내놓았다. 바야흐로 인도의 세기가 열리고 있는 것이다.

그동안 밀림에 칩거하고 있던 인도라는 거대한 코끼리가 세계 무대에서 무섭게 몸집을 키워나가고 있다. 하지만 우리가 인도에 대해 알고 있는 지식은 매우 피상적이고 제한적이다. 시중에 인도를 다룬 책들은 대부분 다양한 문화와 경험할 거리를 다루고 있다. 인도의 경제와 산업을 자세하게 다룬 책을 찾기 힘들다. 자극적인 배낭여행 영상이 난무하는 유튜브 클립과 틱톡 숏츠에서 인도 경제의 발전 가능성과 한계를 차분하게 찾아보는 것도 무리다. 그런 점에서 이 책은 지금까지 나온 인도 관련 책들과는 완전히 다르다.

오롯이 세계 5위 경제 대국 인도의 경제, 산업, 그리고 기업에 대해서만 다루고 있다. 카레 이야기도 없고 요가 이야기도 없고 그흔한 인도의 유명 관광지 이야기 없이 오로지 경제와 산업에 대한 이야기만 담았다. 인도는 우리나라의 10대 교역국 중의 하나이며 2022년 기준으로 양국 간의 수출과 수입을 합친 교역 규모는 이미 270억 달러를 훌쩍 넘어섰다. 우리나라는 인도를 상대로 무려 100

억 달러에 달하는 무역수지 흑자를 달성했으며 지금도 약 1,300여 개의 크고 작은 기업이 인도에 진출하여 활발한 영업활동을 펼치고 있다. 그런데도 이상하게 우리 국민은 인도 경제에 대해 잘 알지 못한다. 그래서 이 책은 바로 경제 대국 인도를 집중적으로 이야기하며 우리에게 어떤 기회를 줄지 모색하고자 한다.

책은 6장으로 구성돼 있다. 1장에서는 경제 대국 인도를 이해하는 데 필요한 몇 가지 기본이 되는 인문학적 지식과 경제의 개관을 살펴보고 우리나라와의 관계 등을 설명했다.

2장에서는 인도 경제의 핵심적인 특징을 설명했다. 세계 5위의 경제 대국이자 '다양성'에서는 둘째가라면 서러울 나라를 몇 개의 단어로 설명한다는 게 쉽지는 않다. 하지만 인도라는 나라의 경제와 산업을 이해하기 위해서는 반드시 필요한 일이다. 인도에 대한 기초적인 지식을 원하는 독자에게는 최고의 길잡이가 될 것이다.

3장에서는 인도 경제를 움직이는 중심지를 설명했다. 구자라트 Gujarat, 마하라슈트라Maharashtra, 카르나타카Karnataka, 타밀나두 Tamil Nadu 등 인도 경제를 이끌어가는 기관차와 같은 지역을 살펴보았다. 아울러 각 지역에서 특징적으로 발달한 산업에 대한 설명도 빼놓지 않았다. 인도라는 시장을 빠르게 파악하는 데 도움이 될 것이다.

4장과 5장에서는 인도 경제를 이끌어온 기업과 기업인 이야기를 담았다. 때로는 수십 년에서 때로는 수백 년 동안 거대한 기업제국을 창업하고 확장해온 인도의 기업인과 경영자들의 활약상에 관심 있는 독자들에게 흥미진진한 내용이 되리라 확신한다.

마지막 6장에서는 인도 경제계의 과제와 미래에 관해서 이야기했다. 인도의 IT 기업이 펼치는 활약상과 최근 그들이 겪고 있는 어려움도 살펴볼 수 있고 기후변화를 포함하여 미래 세대의 도전에 맞닥뜨린 인도 경제의 고민을 엿볼 기회가 될 것이다.

2023년은 우리나라가 인도와 외교 관계를 수립한 지 50년이 되는 뜻깊은 해다. 앞으로 우리나라와의 교류 협력이 더욱더 확대될 수밖에 없다. 인도의 경제, 산업, 기업인에 대해서 관심 있는 독자들에게 이 책이 유용한 정보가 되기를 희망한다.

2023년 7월
뉴델리에서 김기상

## 차례

**프롤로그** 인도의 세기가 열리고 있다 • **4**


**1장** 인도 경제를 움직이는 숨은 손은
무엇인가 • 15

1. 인도는 어떻게 세계 경제에 등장했는가 • **19**
   미중 갈등은 은둔자 인도에게 기회가 되었다 • 19
   인도는 제2의 중국이 되어 세계의 공장이 될 것인가 • 22

2. 한국과 인도는 경제적으로 밀접한 관계다 • **27**
   인도는 여덟 번째로 큰 한국의 수출상대국이다 • 27
   인도는 전 세계에서 가장 송금 규모가 크다 • 30

3. 인도 경제는 상인집단 가문에서 시작됐다 • **34**
   소수의 상인 집단이 경제와 산업을 지배하고 있다 • 34
   강수량이 인도 경제 전체 성장률을 결정해 왔다 • 37
   공동체주의와 종교 없이 인도 경제를 논하지 말라 • 41

4. 인도의 산업구조를 알아야 경제를 안다 • **43**
   왜 1차 산업 국가인데 농민들은 가난한가 • 43
   왜 제조업은 독특한 특징을 갖게 되었는가 • 45
   왜 IT 산업은 최고 수준인데 다른 사업은 뒤처졌는가 • 48

5. 인도는 중국의 자리를 차지하고자 한다 • **51**
   인도는 어쩌다 방글라데시보다 뒤처졌는가 • 51
   매년 1,000만 명의 청년들이 일자리를 찾고 있다 • 55

**2장** 인도는 21세기와 17세기가 공존하는
나라다 • 59

1. 인도의 성장 가능성이 큰 이유는 무엇일까 • **63**
   전 세계에서 가장 높은 성장률을 실현할 것이다 • 63
   한국의 1970~1980년대 경제 성장을 만들어낼 것이다 • 66

2. 왜 최근까지도 경제 성장률이 낮았는가 • **69**
   인도는 1,800년 동안 중국과 함께 경제 대국이었다 • 69
   왜 '힌두 경제성장률'이라는 용어가 나왔는가 • 73

3. 규제의 왕국에서 자유시장경제로 변모하다 • **77**
   왜 인도는 '잃어버린 30년'을 보내야 했는가 • 77
   1990년대 자유화 조치로 경제 체질이 바뀌었다 • 80

4. 소득 격차가 크고 부의 분배가 불평등하다 • **83**
   최고 부유층으로 부가 집중돼 있다 • 83
   부의 불평등이 지리적으로도 존재한다 • 86

5. 인도에서는 어떤 차별이 벌어지고 있을까 • **89**
   카스트에 따라 소득과 재산 축적이 달라진다 • 89
   여성 경제참여율은 이슬람 국가와 비슷하다 • 93

6. 인도 경제성장의 걸림돌은 무엇인가 • **96**
   왜 도시 빈민층과 농민은 재산을 눈앞에서 잃었는가 • 96
   왜 비리와 부정부패가 발생할 여지가 큰가 • 99
   왜 외부인을 내부인과 다르게 대하는가 • 101

7. 왜 인도에는 세금을 내는 사람이 적을까 • **105**
   인도는 세금을 제대로 내지 않는 사회다 • 105
   조세 당국은 외국계 기업에 호의적이지 않다 • 107

**3장** 인도의 산업별 중심지는 어디이고 특징은
무엇인가 • 111

1. 구자라트는 인도 정치의 중심지다 • **115**
   왜 타타자동차는 구자라트를 선택했을까 • 115
   구자라트는 인도양으로 나가는 관문이다 • 117
   구자라트 경제발전 모델은 어떻게 생겨났을까 • 118

2. 구자라트는 빠른 경제 성장을 했다 • **121**
   구자라트는 이미 인더스 문명의 핵심이었다 • 121
   파텔 모텔 카르텔은 어떻게 형성됐을까 • 125
   구자라트의 주요 산업은 자동차, 화학 제약이다 • 126

3. 마하라슈트라는 경제와 금융의 중심지다 • **128**
   마하라슈트라에는 금융 중심지와 빈민가가 공존한다 • 128
   뭄바이는 어떻게 인도 금융업의 중심지가 되었는가 • 131

4. 인도의 금융 산업은 어떻게 발전할 것인가 • **135**
   모디 총리의 JAM 트리니티는 어떤 정책일까 • 135
   인도인 중 4억 5,000만 명이 쓰는 결제 앱이 있다 • 137
   뭄바이는 어떤 문제에 직면해 있는가 • 140

5. 카르나타카는 젊음과 미래의 중심지다 • **142**
   왜 벵갈루루는 살기 좋은 도시 1위일까 • 143
   남인도 도시들은 어떻게 살기 좋은 곳이 되었을까 • 146

6. 타밀나두는 남인도 제조업의 중심이다 • **148**
   첸나이는 어떻게 인도의 디트로이트가 되었는가 • 148
   타밀나두는 어떻게 국내총생산 2위가 되었는가 • 150

**4장** 인도의 기업인들은 어떻게 부를
축적했는가 • 153

1. 인도 경제는 3대 상인집단이 좌우한다 • **157**
   마르와리는 어떻게 금융·산업자본을 얻었는가 • 157
   파르시 집단은 서양의 유대인과 닮아 있다 • 158
   구자라티는 최근 빠르게 부상한 집단이다 • 161

2. 타타는 어떻게 글로벌 기업이 되었는가 • **163**
   70년 만에 에어인디아를 되찾다 • 163
   에어인디아 민영화는 어떤 의미인가 • 166

3. 파르시 출신의 부호들로는 누가 있는가 • **169**
   인도혈청연구소 대표는 파르시 출신이다 • 169
   미스트리는 어떻게 타타의 지분을 얻었는가 • 170
   고드레지와 와디아는 어떤 가문인가 • 172

4. 마르와리 출신은 한국 재벌과 비슷하다 • **174**
   문어발식 경영으로 사세를 확장하다 • 174
   왜 비를라는 이동통신 사업에 실패했는가 • 177
   유럽 철강의 심장에 삼색 국기를 꽂다 • 178
   어떻게 거대한 철강 제국을 세울 수 있었는가 • 180
   비를라와 미탈 못지않은 마르와리 기업들이 있다 • 182

5. 인도 최고의 부호 암바니 가문은 누구인가 • **185**
   수조 원의 유산을 두고 싸움이 벌어지다 • 185
   인도 대표 기업의 승계는 어떻게 될까 • 188

**5장** 인도를 이끌어갈 산업과 대표 기업은
어디인가 • 191

1. 인도 재벌의 세대교체가 이뤄지고 있다 • **194**
   자유시장경제로 신흥 재벌들이 등장했다 • 194
   IT 기업들의 성장과 부작용이 나타나다 • 197

2. 아다니그룹의 성장은 인도의 성장과 닮아 있다 • **202**
   조용한 어촌 문드라는 어떻게 발전했는가 • 202
   아다니그룹과 모디 총리가 원원하다 • 204

3. 우다이 코탁과 딜립 샹비는 누구인가 • **206**
   어음깡에서 3대 민간은행으로 확장하다 • 206
   맨땅에서 인도 최대 제약회사를 일구다 • 209
   기업가정신으로 입지전적인 성공을 거두다 • 211

4. 나빈 진달을 알면 인도 진출이 쉬워진다 • **213**
   인도는 세계 2대 철강생산 대국이다 • 213
   나빈 진달은 전형적인 인도 기업인이다 • 215

5. 인도 IT 산업의 대부는 누구인가 • **220**
   식용유와 비누 회사가 거대 IT 기업이 되다 • 220
   코로나 팬데믹이 IT 기업에는 기회가 되다 • 223

**6장** 인도 경제는 거대한 잠재력을 갖추고
있다 • 227

1. 유니콘 기업이 100개가 넘는다 • **230**
   인도는 스타트업과 IT 기업의 천국이다 • 230
   스타트업은 생활 곳곳에 들어와 있다 • 234

2. 의료와 제약 산업이 고급화되고 있다 • **239**
   인도는 세계 최대 약품 생산공장이다 • 239
   원료의약품의 국산화가 최대 관건이다 • 240
   제3세계 부자들의 의료관광지가 되다 • 242

3. 제조업의 꽃 자동차 산업은 어떻게 될 것인가 • **245**
   왜 포드자동차는 인도에서 실패했을까 • 245
   정책이 자동차 산업의 성장을 막는다 • 248
   한국 자동차 업체는 어떻게 살아남았는가 • 250

4. 기후변화는 어떤 영향을 미칠 것인가 • **252**
   인도는 미래보다 당장의 성장을 선택했다 • 252
   왜 인도는 기후 악당의 오명을 자처했는가 • 254

5. 미래 먹거리를 두고 치열한 전쟁이 시작된다 • **257**
   탄소중립 경제 주도권은 누가 차지할까 • 257
   인도의 화석연료 졸업은 가능할 것인가 • 261

**에필로그** 인도는 제2의 중국이 될 수 있을까 • **265**
**미주** • **268**

## 1장

# 인도 경제를 움직이는
# 숨은 손은 무엇인가

한 나라의 경제는 어느 날 갑자기 진공 상태에서 만들어지지 않는다. 그 경제를 둘러싼 다양한 정치적, 사회적, 지리적 환경에 영향을 받을 수밖에 없다. 따라서 경제를 둘러싸고 있는 인문학적 배경을 이해하면 한 나라의 경제를 움직이는 숨은 동력을 어렵지 않게 찾아낼 수 있다.

한 나라의 경제를 이해하는 데 필요한 인문학적 지식에는 무엇이 있을까?

먼저 역사적 지식이 있으면 제법 도움이 되는 경우가 많다. 미국의 사례를 보자. 현재 미국의 정치적, 경제적 구조를 이해하기 위해서는 남북전쟁 시대까지 거슬러 올라가야 한다. 북부 지역은 연방정부에 우호적인 태도를 보이면서 공업 위주의 경제발전을 이루었다. 반면 남부 지역은 주별 자치권을 중시하면서 농업 위주의 산업을 꾸려왔다. 이렇듯 서로 다른 전통이 이후로도 오랫동안 이어지면서 현재 미국 경제의 전반적인 모습이 만들어졌다.

지리적 지식도 도움이 된다. 남아메리카는 해안지대를 제외하고는 대부분 고산지대로 이루어져 있는 지형적인 영향으로 인해 수천 년 동안 인접 지역과의 교류에 어려움을 겪어왔다. 지금도 높은 육상 물류비용으로 인해 경세성장에 어려움을 겪고 있다. 송교적 지식도 산업을 이해하는 데 도움이 된다. 남회귀선이 지나가는 칠레나 아르헨티나에서는 포도가 활발하게 재배되고 포도주 산업이 매우 발달했다. 그런데 북회귀선이 지나는 북아프리카 지역은 동일한 기후조건임에도 포도주 산업이 발달하지 못했다. 그 이유가 무엇일까? 북아프리카 지역에 이슬람교가 융성하기 때문이다. 인도 경제를 이해하는 데 인문학적 지식이 필요한 이유다.

# 1

# 인도는 어떻게 세계 경제에 등장했는가

## 미중 갈등은 은둔자 인도에게 기회가 되었다

인도는 2017년 이후로 최근까지 불과 6년 동안 국제 정치에 관심 있는 사람들을 두 번 놀라게 했다. 하나는 2007년 일본의 아베 신조 총리가 최초로 주장한 후 거의 10년이 되어서야 활성화된 4자 안보 대화, 즉 쿼드Quad, Quadrilateral Security Dialogue에 본격적으로 참여하면서 미국, 일본, 호주가 펼치던 중국 억제 노선에 동참하기로 결정한 뉴스다.

일본이 애초에 쿼드를 주창한 것은 자국이 사용하는 석유의 해상 수입로인 남중국해에 대한 중국의 영향력이 커지는 것을 우려했기 때문이다. 하지만 중국과 경제적 이해관계가 높았던 호주와 전통적으로 미국을 불신해온 인도의 미온적인 태도로 인해 쿼드는 오랫동인 진진되지 못했다. 그러다가 중국의 '일대일로一帶一路' 정책이 본격화되고 호주 정계에 대한 노골적인 영향력 행사가 나타나자 이에 경계심을 느낀 인도와 호주가 참여 의지를 높이면서 2017년을 전후하여 본격적으로 재가동되었다. 독립 이후 수십 년간 '비동맹 외교'의 맹주를 자처하던 인도가 은둔자의 모습을 벗어던지고 민주주의 국가가 주도하는 '아시아판 나토'에 참여한 것에 많은 사람의 눈길이 쏠렸다. 그렇다면 인도는 쿼드에 동참하면서 과거의 친러시아적인 외교 노선을 완전히 포기했을까?

그렇지 않다. 2022년 2월 유엔 안전보장이사회에서 우크라이나를 침공한 러시아를 규탄하는 결의에서 인도는 기권했다.[1] 그 후에도 인도는 3월 유엔 총회에 상정된 러시아 규탄 성명서 채택[2]에서도, 유엔 인권위원회에서 러시아를 잠정적으로 퇴출하는 투표[3]에서도 일관되게 기권표를 던졌다. 미국 주도의 세계 질서를 따르는 듯하다가 갑자기 무더기 기권표를 던지며 사실상 러시아를 지지하는 행보를 보인 것에 많은 사람이 적잖이 놀랐다. 도대체 인도는 왜 그랬던 것일까?

지극히 정치적으로 보이는 두 질문에 대한 대답은 지극히 경제적이다. 2017년으로 돌아가 보자. 그 당시 세계 경제의 주인공은 중국이었다. 중국의 꾸준하고도 높은 경제성장을 가능하게 한 원동력은 바로 제조업이었다. 중국은 2010년 미국을 제치고 '세계의 공장'으로 자리매김하며 전 세계 제조업에서 차지하는 비중이 30퍼센트대에 이르렀지만 인도의 비중은 10분의 1에 불과한 3퍼센트 내외였다.[4, 5] 그런데 미중 갈등이 시작되자 인도는 그 절호의 기회를 그냥 지나칠 수 없었다. 2014년 9월부터 꾸준히 메이크 인 인디아Make in India 정책을 추진해오던 인도 정부 입장에서 이러한 국제 정세의 변화는 절호의 기회였다. 게다가 2014년 이후 8퍼센

**주요 국가의 경제성장률**

(단위: 퍼센트)

| 연도 | 2010 | 2011 | 2012 | 2013 | 2014 | 2015 | 2016 | 2017 | 2018 | 2019 | 2020 | 평균 |
|---|---|---|---|---|---|---|---|---|---|---|---|---|
| 중국 | 10.6 | 9.6 | 7.9 | 7.8 | 7.4 | 7.0 | 6.8 | 6.9 | 6.7 | 5.9 | 2.3 | 7.2 |
| 인도 | 8.5 | 5.2 | 5.5 | 6.4 | 7.4 | 8.0 | 8.3 | 6.8 | 6.5 | 4.0 | -7.3 | 5.4 |
| 한국 | 6.8 | 3.7 | 2.4 | 3.2 | 3.2 | 2.8 | 2.9 | 3.2 | 2.9 | 2.2 | -0.9 | 3.0 |
| 중하위 소득국 | 6.6 | 4.8 | 4.2 | 5.1 | 5.5 | 5.0 | 5.9 | 5.2 | 4.6 | 3.6 | -3.4 | 4.3 |
| 세계 평균 | 4.5 | 3.3 | 2.7 | 2.8 | 3.1 | 3.2 | 2.8 | 3.4 | 3.3 | 2.6 | -3.3 | 2.6 |

(출처: 세계은행 데이터뱅크)

트대를 넘나들던 인도 경제의 성장세가 2017년 이후 다소 주춤하면서 제조업 육성을 통해 일자리를 창출하고 경기를 회복시켜야겠다는 정부의 정책 목표가 더욱 뚜렷해졌다.

이제 인도 정부는 경제정책을 외교적으로 공고하게 만들 방안을 찾기 시작했다. 그리고 '적(중국)의 적(미국)은 나의 친구'라는 오래된 격언을 거울삼아 미국과 정치적, 군사적 협력을 빠르게 강화하게 된다. 미국과 정치적, 외교적 협력을 확대함으로써 자유민주주의 세계를 이끌어가는 지도적인 국가 중 하나로 자리매김하고 정치적으로 안정된 민주국가라는 인지도를 바탕으로 외국인 투자를 적극적으로 유치하겠다는 계산이 깔려 있었다.

미국도 이러한 인도의 접근이 내심 싫지는 않았다. 도널드 트럼프 대통령은 2017년 6월과 2019년 9월에 모디 총리를 미국으로 초대하여 극진하게 대접했다. 특히 2019년 9월에는 텍사스주의 휴스턴에 소재한 NRG 스타디움에서 모디 총리를 환영하는 '안녕하세요 모디Howdy Modi' 행사가 열렸다. 7만 2,000명까지 수용할 수 있는 경기장은 미국 거주 인도인들과 트럼프 대통령 지지자들로 가득 찼다. 빠르게 미국을 추격하는 중국을 압박하고 있던 트럼프 대

## 중국과 인도의 해외직접투자 유치액

(단위: 억 달러)

| 연도 | 2010 | 2011 | 2012 | 2013 | 2014 | 2015 | 2016 | 2017 | 2018 | 2019 | 2020 |
|------|------|------|------|------|------|------|------|------|------|------|------|
| 중국 | 2,437 | 2,801 | 2,412 | 2,909 | 2,681 | 2,425 | 1,747 | 1,661 | 2,354 | 1,872 | 2,125 |
| 인도 | 274 | 365 | 240 | 282 | 346 | 440 | 445 | 400 | 421 | 506 | 644 |

(출처: 세계은행 데이터뱅크)

통령과 미국과 인도의 공동의 적인 중국과 접경하고 있는 나렌드라 모디 총리의 브로맨스는 세계의 이목을 끌기에 충분했다.

실제로 모디 총리를 포함한 인도 정부의 노력이 통한 것일까? 2010년 인도로 유입된 해외직접투자FDI, Foreign Direct Investment 금액은 중국으로 유입된 금액의 약 10분의 1에 불과했다. 하지만 중국으로의 해외직접투자 유입액이 제자리걸음을 하는 동안인 2020년 인도로 유입된 금액은 644억 달러를 기록하며 2010년(274억 달러)의 2배를 훌쩍 넘어섰다.[6]

## 인도는 제2의 중국이 되어 세계의 공장이 될 것인가

인도로의 해외직접투자가 늘어나는 동안 인도의 대외교역 현황은 어떨까? 인도와 국제 경제의 관계를 살펴보면 몇 가지 중요한 특징이 있다.

가장 큰 특징은 인도가 주요 교역대상국과 자유무역협정FTA을 체결하지 않고 있다는 점이다. 2006년에 남아시아 주요 국가들 SAFTA과 2010년을 전후하여 일본, 우리나라, 아세안ASEAN 국가들과 2020년에는 호주 그리고 아랍에미리트UAE와 자유무역협정을 맺었다. 2023년 기준 이스라엘, 유럽연합, 영국은 물론이고 러시아 와도 자유무역협정 협상을 진행 중이다.[7] 하지만 1, 2위 교역대상 국인 미국과 중국과는 자유무역협정을 맺고 있지 않다. 인도가 전 통적으로 취약한 분야인 노동자 권리 보장, 환경보호, 투자자 보호 등에서 협상이 교착되면서 유럽연합EU과의 자유무역협정 협상은 지지부진한 상황이다.[8]

국제 경제를 바라보는 인도 정부의 딜레마는 중국이 주도하는 '역 내포괄적경제동반자협정RCEP, Regional Comprehensive Economic Partnership' 논의 과정에서 적나라하게 드러났다. 현재 중국의 저가 휴 대폰을 포함한 다양한 소비재는 자유무역협정을 체결하지도 않은 인도 시장에서 이미 매우 높은 시장점유율을 유지하고 있다. 그 때 문에 인도는 중국과의 교역에서 매년 400억 달러가 넘는 엄청난 무 역적자를 기록하고 있다. 인도 정부는 중국과 자유무역협정을 체결 한다면 중국 공산품의 수입 관세가 낮아져서 중국산 수입품의 공세 가 더욱 거세질 것이 확실하다고 판단했다.

결국 2019년 가을에 인도는 중국이 주도하는 역내포괄적경제동 반자협정에 가입하지 않기로 결정하기에 이른다. 중국 제품의 국내 유입을 우려하여 역내 교역규모만 거의 1,860억 달러에 달하고 전 세계 교역의 30퍼센트를 포함하는 역내포괄적경제동반자협정에 끝끝내 불참했다.[9] 결론적으로 1947년 독립 이후 수십 년간 지속 된 계획경제의 특성과 자립경제에 대한 환상이 국제 경쟁력을 갖춘 제조업의 부재와 겹쳐지면서 인도는 자유무역협정에서 늦깎이 학 생이 되었다.

## 인도의 품목별 수출·수입 규모(2020년 기준)

| 순위 | 수출품목 | 수출금액(억 달러) | 순위 | 수입품목 | 수입금액(억 달러) |
|---|---|---|---|---|---|
| 1 | 석유화학제품 | 253.4 | 1 | 원유 | 589.9 |
| 2 | 의약품 | 177.8 | 2 | 금 | 219.1 |
| 3 | 다이아몬드 | 159.9 | 3 | 석탄 | 208.9 |
| 4 | 쌀 | 82.1 | 4 | 다이아몬드 | 158.0 |
| 5 | 보석류 | 75.7 | 5 | 석유·가스 | 138.2 |
| 6 | 자동차 | 47.0 | 6 | IC회로 | 76.1 |
| 7 | 자동차 부품 | 42.9 | 7 | 전화기 | 68.7 |
| 8 | 방송장비 | 40.5 | 8 | 컴퓨터 | 63.9 |
| 9 | 갑각류 | 39.5 | 9 | 방송장비 | 56.3 |
| 10 | 철광석 | 39.3 | 10 | 석유화학제품 | 54.6 |
| | 총수출액 | 2,839.0 | | 총수입액 | 3,715.1 |

(출처: 경제 복잡성 관측소)

　두 번째 특징으로 해외 천연자원에 대한 의존도가 높은 인도 경제의 취약성을 들 수 있다. 원유, 가스 대부분은 중동에서 수입하고 있는데 매년 약 10퍼센트가량은 러시아에서 수입하고 있었다. 한편 2022년 이후 러시아-우크라이나 전쟁이 격화되면서 인도는 값싼 러시아산 원유 수입을 늘렸고 2023년 현재 인도 전체 원유 수입량의 약 40퍼센트가 러시아산이다. 또한 인도의 원자력 산업은 초기에 러시아의 지원 덕분에 그 첫발을 내디딜 수 있었고 지금도 인도 내에 건설 중인 원자력 발전소의 상당 부분은 러시아의 기술로 지어지고 있다. 게다가 매년 10만 명가량의 러시아 관광객들이 자국의 추위를 피해 인도를 찾고 있다. 그만큼 러시아에 대한 군사적, 경제적 의존도가 높다 보니 인도의 입장에서는 국제사회에서 러시아에 대한 제재에 동참하기 어려웠던 것이다.

　세 번째 특징으로 전화기와 같은 통신기기, 컴퓨터, IC 회로 등을

## 인도의 국가별 상품 수출·수입 규모(2021 회계연도)[10]

| 순위 | 수출대상국 | 수출액(억 달러) | 전년대비 증감(퍼센트) | 순위 | 수입대상국 | 수입액(억 달러) | 전년대비 증감(퍼센트) |
|---|---|---|---|---|---|---|---|
| 1 | 미국 | 516.2 | -2.8 | 1 | 중국 | 652.1 | -0.1 |
| 2 | 중국 | 211.9 | 27.5 | 2 | 미국 | 288.8 | -19.4 |
| 3 | 아랍에미리트 | 167.0 | -42.1 | 3 | 아랍에미리트 | 266.2 | -12.0 |
| 4 | 홍콩 | 101.6 | -7.3 | 4 | 스위스 | 182.3 | 7.9 |
| 5 | 방글라데시 | 91.0 | 11.0 | 5 | 사우디아라비아 | 161.9 | -40.0 |
| 6 | 싱가포르 | 86.8 | -2.8 | 6 | 홍콩 | 151.7 | -10.4 |
| 7 | 영국 | 81.6 | -6.6 | 7 | 이라크 | 142.9 | -39.8 |
| 8 | 독일 | 81.2 | -2.0 | 8 | 싱가포르 | 133.0 | -9.8 |
| 9 | 네팔 | 67.7 | -5.5 | 9 | 독일 | 130.6 | -4.6 |
| 10 | 네덜란드 | 64.7 | -22.6 | 10 | 한국 | 122.8 | -18.4 |
| 총 수출액 | | 2,911.6 | -7.1 | 총 수입액 | | 3,936.1 | -17.1 |

(출처: 『비즈니스 투데이』, 2021. 6. 29.)

대규모로 수입하는 대신 석유화학 제품, 보석류, 농수산물 등을 주로 수출하는 양상을 확인할 수 있다.[11]

마지막으로 흥미로운 사실을 덧붙이자면 인도인들은 금을 매우 사랑한다. 결혼식 때 신랑과 신부를 장식하는 엄청난 금장식을 보면 쉽사리 알 수 있다. 인도인들은 돈이 조금 모였다 싶으면 어김없이 금을 구매해서 보관한다. 이러한 금 사랑 덕분에 금은 전통적으로 수입 품목에서 매우 높은 위치를 차지하고 있다. 위의 표에서도 보듯이 금의 수입 규모가 어마어마하다.

지금 인도의 제조업계의 고민은 '세계의 공장'으로 자리매김하겠다는 목표는 있지만 중국과 비교해 현격하게 낮은 각종 사회간접자본의 수준과 제조업 경쟁력으로 인한 어려움이라고 요약할 수 있다. 기회가 있을 때마다 중국과 비교하기 좋아하는 인도가 과연 제2의 중국이 되어 세계의 공장이라는 위치에 오를 수 있을까? 그 답은 인도가 처한 딜레마를 얼마나 지혜롭게 해결하느냐에 달려 있다.

# 2

# 한국과 인도는 경제적으로 밀접한 관계다

## 인도는 여덟 번째로 큰 한국의 수출상대국이다

1973년 인도는 남북한과 동시에 외교 관계를 수립했다. 겉으로는 비동맹 외교 노선을 채택했지만 사실상 구소련과 밀접한 관계를 유지하면서 폐쇄적인 경제체제를 유지한 까닭에 우리나라와는 그 이후로도 오랫동안 정치적, 경제적 교류가 활발하지 않았다. 그러던 중 인도는 무역수지 적자와 재정수지 적자라는 쌍둥이 적자를 겪으면서 외환보유고가 바닥났다. 결국 1990년대 초반에 이르러서야 국제통화기금IMF 구제금융이라는 혹독한 수업료를 치르면서 반강제로 자국 시장을 개방하기 시작했다. 소비에트식 사회주의 경제체제가 자유시장 경제체제로 본격적으로 변모하기 시작한 것이다. 그 와중에 인도 정부는 시장 메커니즘이 얼마나 중요한지, 수출품의 국제 경쟁력이 얼마나 필요한지 등 자유시장 경제의 기본을 서서히 깨닫게 되었다.

1993년 당시 인도 총리였던 나라심하 라오**P. V. Narasimha Rao**가 우리나라를 방문해서 전한 메시지는 간결했다. 인도에 투자해달라는 것이었다. 1996년 당시 김영삼 대통령이 인도를 답방한 계기로 삼성전자, 현대자동차, LG전자 등 국내 유수 대기업도 앞다투어 인도에 진출하기 시작했다. 인도의 입장에서는 경쟁력이 약한 자국의 농업과 경쟁 관계가 아니면서 경제가 발전하도록 도와줄 자본, 기술력, 전 세계를 상대로 수십 년간 쌓아온 마케팅 기술을 가진 우리나라가 매력적인 파트너였다. 우리나라의 입장에서도 저렴한 인건비, 비교적 우수한 인력, 우리와 크게 겹치지 않는 산업구조 등 다양한 면에서 인도는 좋은 동반자였다. 한마디로 상호보완적인 경제 구조를 가진 양국이 서로의 매력을 알아본 시기였다고 하겠다.

진출 초기의 어려움을 이겨내고 인도 내수시장에 탄탄하게 정착한 삼성전자, 현대자동차, LG전자 등 대기업의 활약은 눈부시다. 현대자동차와 삼성전자는 각각 자동차 시장과 휴대폰 시장에서 시장점유율 2위를 유지하고 있다. LG전자의 각종 가전제품이 인도 중상류층의 사랑을 받기 시작한 지는 제법 오래되었다. 이제 인도인들의 머릿속에 우리나라 제품의 우수한 품질이 확실하게 각인된 것이다.

우리나라와 인도의 수출·수입 규모도 크게 증가했다. 2001년 당시 25억 달러를 간신히 넘어섰던 양국의 교역규모는 10배 넘게 늘어나 2022년에는 278억 달러를 기록했다. 그 덕분에 인도는 중국, 미국, 베트남 등의 뒤를 이어 여덟 번째로 큰 수출상대국이 되었다. 수입액을 합친 교역규모로는 열 번째로 큰 교역대상국이 되었다.

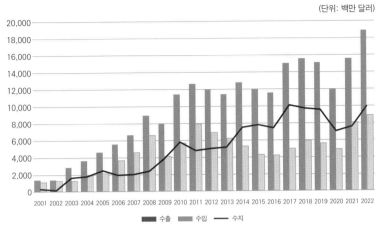

**한국과 인도의 교역규모와 무역수지 현황**

(단위: 백만 달러)

(출처: 한국무역협회 통계)

우리가 잘 모르는 사이에 이렇듯 우리나라와 인도는 경제적으로 밀접한 관계를 맺고 있었던 것이다.

　양국 간 교역과 관련하여 몇 가지 특징을 지적할 필요가 있다. 우선 그래프에서도 확인할 수 있듯이 2010년 양국 간 포괄적경제동반자협정CEPA, Comprehensive Economic Partnership Agreement이 체결되면서 우리나라의 인도에 대한 수출은 전반적으로 증가세를 보이고 있다. 하지만 인도의 우리나라에 대한 수출은 사실상 정체를 보이고 있다는 점이다. 그로 인해 포괄적경제동반자협정 체결 직전에 20억 달러를 조금 넘어섰던 우리나라의 무역수지 흑자(인도의 입장에서는 무역수지 적자)가 2017년에는 무려 100억 달러까지 폭증했고 2021년에도 100억 달러를 기록했다. 양국 간 교역규모가 278억 달러 내외에 불과한 점을 고려하면 가히 일방적인 무역수지 구조라고 할 수 있다.

# 인도는 전 세계에서 가장 송금 규모가 크다

자유무역협정 체결을 통해 우리나라에 대한 수출 증가를 기대했던 인도의 입장에서는 오히려 급격하게 늘어나는 무역수지 적자 규모에 당황할 수밖에 없다. 기회가 있을 때마다 우리나라에게 무역수지 불균형 해결을 위해서 적극적으로 노력해달라는 요청을 하고 있다. 그러나 냉정하게 따지자면 이러한 무역수지 불균형은 하루아침에 고치기는 어렵다. 우선 우리나라에서 인도로 수출되는 품목은 철강판, 자동차 부품, 반도체, 무선통신기기 등 한눈에 봐도 현지에 소재한 현대자동차와 삼성전자, LG전자 생산법인 앞으로 수출되는 부품이 대부분을 차지한다. 인도에 진출한 우리나라 기업의 현지법인에 공급되는 각종 부품과 중간재도 모두 수출로 계상되기 때문이다.[12]

반면 인도의 우리나라에 대한 수출은 그 규모도 작을 뿐더러 비교적 부가가치가 낮은 알루미늄, 철광석, 납제품, 천연섬유 등의 원재료가 주를 이루고 있다. 인도에서 우리나라에 해외직접투자를 해서 현지법인을 세운 규모도 그리 크지 않다 보니 현지법인 앞으로 수출할 중간재나 부품도 없다. 수십 년 동안 만성적인 무역수지 적자를 보고 있는 인도 정부는 이 문제를 하루빨리 시정하고 싶어한다. 안타깝지만 우리나라와 인도의 경제 구조와 발전 단계의 차이가 엄청난데 하루아침에 무역수지 불균형이 해결되기는 요원하다.

그러는 와중에 인도에 진출한 우리 기업은 수많은 현지 노동자를 고용해 안정적인 일자리를 수십 년째 제공하고 있다. 인도 정부가 무역수지에서는 적자를 보고 있지만 정작 많은 국민은 안정적인

**한국과 인도의 주요 교역 품목(2022년)**

| 순위 | 한국 → 인도 수출 | | | 순위 | 인도 → 한국 수입 | | |
|---|---|---|---|---|---|---|---|
| | 품목 | 금액<br>(백만 달러) | 증감률<br>(퍼센트) | | 품목 | 금액<br>(백만 달러) | 증감률<br>(퍼센트) |
| 1 | 반도체 | 2,273 | 79.8 | 1 | 석유제품 | 2,678 | 42.0 |
| 2 | 철강판 | 2,266 | 14.4 | 2 | 알루미늄 | 1,613 | −11.1 |
| 3 | 합성수지 | 1,598 | −5.6 | 3 | 농약과 의약품 | 652 | 99.3 |
| 4 | 자동차 부품 | 1,149 | 1.7 | 4 | 식물성 물질 | 569 | 113.0 |
| 5 | 선박해양구조물과 부품 | 980 | 19,329.7 | 5 | 합금철 선철과 고철 | 289 | 13.6 |
| 6 | 석유 제품 | 940 | −18.7 | 6 | 납 제품 | 262 | 15.1 |
| 7 | 무선통신기기 | 600 | 54.1 | 7 | 정밀화학원료 | 221 | −35.3 |
| 8 | 기타 석유화학제품 | 474 | −10.9 | 8 | 자동차 부품 | 175 | 6.1 |
| 9 | 기초 유분 | 408 | 80.1 | 9 | 천연섬유사 | 135 | −13.5 |
| 10 | 아연 제품 | 367 | 18.9 | 10 | 의류 | 106 | 39.8 |
| | 총수출 | 18,870 | 20.9 | | 총수입 | 8,897 | 10.4 |

(출처: 한국무역협회 통계)

일자리를 받아 중산층에 진입하는 데 성공했고 값싸고 질 좋은 공산품을 구매할 기회를 누렸다. 그러나 인도 정부는 매년 엄청난 규모의 무역적자를 겪고 있다 보니 상대방에게 무언가를 양보하고 또 다른 무언가를 얻어내는 자유시장경제의 가장 기본적인 철학을 이해하고 수긍하기에는 마음이 조급한 상황이다.

10여 년 전 우리나라에 진출한 외국계 금융기관을 방문했다가 우연히 엘리베이터에서 인도인들을 마주친 적이 있었다. 자기들끼리 대화하는 것을 본의 아니게 엿듣게 되었다. 그곳에서 일하고 있는 프로그래머들이었다. 인도 출신 IT 전문가가 실리콘밸리뿐만 아니라 우리나라를 포함한 전 세계에 퍼져 있다는 것을 실감한 순간이었다. 해외에서 외화를 벌어들이는 인노인들은 전문직 고소득층에만 국한되어 있지 않다. 뉴델리 시내 북동부에 외치한 악샤르담 지하철역 1층에는 카타르에 있는 공사 현장에 단순 노무직으로 계약된 인도인들에게 비자를 발급해주는 '카타르 비자센터'가 있다. 사막의 땅에서 외화를 벌기 위해서 출국하려는 노동자들로 인해 비자센터는 1년 내내 발 디딜 틈이 없다. 그들이 해외에서 벌어들인 외화는 고향에 있는 가족을 가난에서 벗어나게 할 천금과도 같은 소중한 돈이다.

'송금경제**Remittance Economy**'라는 단어가 있다. 해외에서 벌어들인 외화가 송금되는 규모가 그 나라 경제에서 차지하는 비중이 높은 나라를 일컫는 말이다. 필리핀과 멕시코가 송금경제로 유명하지만 실제로 전 세계에서 송금 규모가 가장 큰 나라는 뜻밖에도 인도다. 2021년 한 해 동안 인도로 유입된 해외 송금액은 약 894억 달러였는데 2022년에는 1,075억 달러를 기록했다.[13] 해외송금 유입액이 1,000억 달러를 넘는 나라는 전 세계에서 인도가 유일하다. 미국 거주 인도인들의 송금액이 20퍼센트로 전체 송금액 중 가장 많은 것으로 알려져 있다. 그러다 보니 인도 정부는 자국민이 좀 더 많은 선진국에 진출하여 직장을 잡고 소득을 올려 자국으로 송금해주기를 희망한다. 그러려면 선진국에서 인도인을 적극적으로 채용해야 하므로 인도 정부는 가장 경쟁력이 좋은 IT 인력의 해외 진출을 적극적으로 기대하고 있다. 당장 제조업의 국제 경쟁력을 높여서 수출을 늘려 무역수지를 개선하지 못하는 대신 해외 거주 인도인들의 송금이라도 늘려서 나라 살림에 보태고 싶은 것이다.

그러한 이유로 인도는 기회가 있을 때마다 우리나라를 포함한 선진국에 자국 출신 전문직의 취업 기회를 확대해달라고 요청하고 있다. 또한 자국의 뛰어난 관광자원을 즐기기 위해 많은 해외관광객이 방문하길 기대하고 있다. 그리고 자신들이 제공하는 각종 IT 서비스, 콜센터 서비스를 더 많은 해외 기업이 이용하길 바라고 있다. 당장 무역수지 불균형을 해소하지는 못할 테니 제조업 이외의 분야에서 외화를 벌어들이고 싶어하는 인도의 간절한 희망이 읽히는 부분이다.

# 3

# 인도 경제는 상인집단 가문에서 시작됐다

## 소수의 상인 집단이 경제와 산업을 지배하고 있다

인도 경제를 이해하기 위해 필요한 역사와 지리 등 기본적 인문학
지식을 이야기해보자. 현재의 인도 경제를 이해하기 위해 얼마나
많은 역사 지식을 알고 있어야 할까? 어느 시대까지 거슬러 올라가
야 할까? 기원전 3,300년부터 기원전 1,700년까지 존재했던 인더
스 문명 시대까지 거슬러 올라가야 할까? 하라파Harappa와 모헨조
다로Mohenjodaro라는 2개의 도시로 대표되는 이 고대 문명은 고고
학을 전공하는 사람에게는 틀림없이 매혹적이다. 하지만 인도 경제
를 알고자 하는 사람에게는 특별히 중요한 지식이 아니다. 그렇다
면 기원전 약 320년경에 고대 인도를 최초로 통일했다가 150년도
되지 않아 불꽃처럼 사라진 마우리아 왕조를 공부할 필요는 있을
까? 인도 대륙 대부분을 최초로 통일한 역사적인 왕조이기는 하지
만 딱히 경제적인 의미를 갖지는 않는다.

그렇다면 기원후 7~8세기경 현재의 이란 땅에서 조로아스터교를 믿으며 조용히 살고 있다가 그 지역에서 급속하게 세력을 키워가던 이슬람교의 박해를 피해 인도 북서부 지역으로 이주해 온 이름 없는 피난민들은 어떨까? 얼핏 생각하면 이들 피난민에 대한 정보는 21세기의 인도 경제를 이해하는 데 전혀 도움이 되지 않을 것처럼 보인다. 하지만 파르시*라 불리는 이 집단은 그 이후로 약 1,300년간 인도에 정착해 살면서 착실하게 경제적 영향력을 확대했고 지금은 그야말로 인도 경제를 좌지우지하는 강력한 집단이 되었다. 이들 파르시 집단의 유력 가문과 기업들을 이해하지 못한다면 인도의 경제와 산업을 절대로 이해할 수 없다.[14]

파르시 집단이 현재 인도 경제에 미치는 영향에 대해서는 4장에서 자세히 다룬다. 여기서는 파르시 집단의 과거에 대해서 간략하게 살펴보자. 사실 이들이 정확히 언제 인도로 이주했는지는 알려지지 않았다. 다만 전설에 따르면 그들은 원래 페르시아(현재의 이란) 지역에 정착해 살다가 7~8세기경 이슬람 세력의 박해를 피해 인도 북서부인 구자라트 지역에 최초로 정착했고 이후 약 800년간 주로 농업에 종사했다.[15] 17세기에 동인도회사가 구자라트 지역의 도시 수라트Surat에 무역거래소를 만들면서 인도에 진출하기 시작했다. 그러면서 파르시 집단의 운명은 극적으로 바뀌게 된다.

힌두교도나 이슬람교도와 비교해 서양문명에 대한 반감이 적었던 파르시 집단은 1660년대를 전후하여 동인도회사가 뭄바이(당시 봄베이)를 사실상 점령하고 이곳에 종교의 자유를 보장하자 구자라

---

\* Parsi 또는 Parsee

트를 떠나 뭄바이로 대거 이주하게 된다. 근면하고 성실했던 파르시 집단은 뛰어난 상술로 뭄바이의 상권을 접수한 뒤 처음에는 아편 무역에 종사하다가 1850년대 이후에는 새롭게 떠오르던 목화 산업에 종사하면서 막대한 돈을 벌어들였다. 이때부터 그들은 뭄바이 지역의 경제를 좌지우지하기 시작했다. 이후 철도와 조선 산업을 포함한 다양한 산업에서 막강한 영향력을 행사하기에 이르렀다.

기원후 7세기를 전후해서 중동의 이슬람 세력과 인도의 힌두 세력은 현재의 펀자브Punjab 지역에서 최초로 만났다. 이때 그 후로 1,300년도 넘게 이어질 이들 두 세력의 갈등 관계가 시작된 것이다. 그리고 약 500년에 걸쳐 이슬람 세력은 꾸준하게 남동쪽으로 전진하여 1100년대 후반에는 현재의 뉴델리를 포함한 인도 북부 지역 대부분을 손에 넣게 되었다.[16] 이후 1858년 이슬람 제국이었던 무굴제국이 영국군에 의해 무너지면서 인도는 공식적으로 영국의 식민지가 된다. 1100년대 후반부터 약 800년 동안 인도의 역사를 한마디로 요약하자면 '이슬람 세력과 영국에 의한 지배'라 할 수 있다.[17]

수백에서 수천 킬로미터 떨어진 본거지를 떠나 인도에 정착한 정복자들은 자신들에게 협조하는 세력을 어렵지 않게 찾아냈다. 인도 북서부 사막 지역인 라자스탄 출신의 마르와리Marwari 상인집단은 이슬람 세력과 영국 정부가 인도를 지배하는 데 필요한 자금을 꾸준히 제공해왔다. 라자스탄과 인접한 펀자브 지역 주민은 영국 정부의 용병으로 취업하면서 식민 지배를 도왔다. 파르시 집단을 대표하는 타타Tata 가문과 마르와리 집단을 대표하는 비를라Birla 가문은 아편 무역을 통해 막대한 부를 축적했다. 이것이 후대에 타타그룹과 비를라그룹의 성장에 밑거름이 되었다는 것은 공공연한 비밀이다.

타타그룹, 고드레지그룹Godrej Group, 인도혈청연구소SII, Serum Institute of India 등을 배출한 파르시 집단과 비를라그룹, 아르셀로미탈철강, 바자즈그룹Bajaj Group 등을 배출한 마르와리 집단과 더불어 인도 경제에 막강한 영향력을 미치는 구자라티Gujarati 상인집단도 빼먹을 수 없다. 구자라티 상인집단은 비교적 최근에 그 세력이 커졌다고 볼 수 있다. 인도 부자 순위 1, 2위를 다투는 무케시 암바니Mukesh Ambani와 가우탐 아다니Gautam Adani를 비롯하여 여러 구자라티 상인들이 인도 산업계를 쥐락펴락하고 있다.

지난 수백 년 동안 인도를 점령한 이방인들에게 협조하면서 부를 축적한 소수의 상인집단이 현재 인도의 경제와 산업을 지배하고 있다. 심지어 이렇게 부를 축적한 상인집단의 후손들은 각종 IT 기업과 온라인 기업을 창업하고 경영하는 데도 놀라운 수완을 발휘하고 있다. 결국 인도 경제와 산업을 살펴 보려면 거대 재벌기업들과 이러한 기업을 창업한 가문을 중점적으로 들여다보아야 한다.

## 강수량이 인도 경제 전체 성장률을 결정해 왔다

자, 이제 역사책을 잠시 내려놓고 지리부도를 펴보자. 인도의 지리를 살펴볼 때 사람들이 우선 가장 놀라는 점은 드넓은 영토다. 인도는 남북으로는 북위 8도 4분부터 37도 6분(종길이 3,214킬로미터), 동서로는 동경 68도 7분에서 97도 25분(총길이 2,933킬로미터)

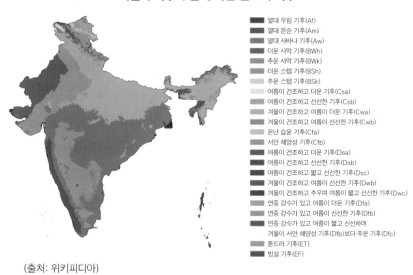

## 쾨펜의 기후 구분에 따른 인도의 기후

- ■ 열대 우림 기후(Af)
- ■ 열대 몬순 기후(Am)
- ■ 열대 사바나 기후(Aw)
- ■ 더운 사막 기후(BWh)
- ■ 추운 사막 기후(BWk)
- ■ 더운 스텝 기후(BSh)
- ■ 추운 스텝 기후(BSk)
- ■ 여름이 건조하고 더운 기후(Csa)
- ■ 여름이 건조하고 선선한 기후(Csb)
- ■ 겨울이 건조하고 여름이 더운 기후(Cwa)
- ■ 겨울이 건조하고 여름이 선선한 기후(Cwb)
- ■ 온난 습윤 기후(Cfa)
- ■ 서안 해양성 기후(Cfb)
- ■ 여름이 건조하고 더운 기후(Dsa)
- ■ 여름이 건조하고 선선한 기후(Dsb)
- ■ 여름이 건조하고 짧고 선선한 기후(Dsc)
- ■ 겨울이 건조하고 여름이 선선한 기후(Dwb)
- ■ 겨울이 건조하고 추우며 여름이 짧고 선선한 기후(Dwc)
- ■ 연중 강수가 있고 여름이 더운 기후(Dfa)
- ■ 연중 강수가 있고 여름이 선선한 기후(Dfb)
- ■ 연중 강수가 있고 여름이 짧고 선선하며
  겨울이 서안 해양성 기후(Dfb)보다 추운 기후(Dfc)
- ■ 툰드라 기후(ET)
- ■ 빙설 기후(EF)

(출처: 위키피디아)

에 위치하고 있다. 총면적이 약 329만 제곱킬로미터이니까 우리나라의 약 33배다. 워낙에 넓은 면적이 동서남북으로 퍼져 있다 보니 숨이 턱턱 막히는 남부의 아열대 기후, 북서부의 사막 기후, 캘리포니아 날씨를 옮겨 놓은 듯한 데칸고원의 쾌적한 기후, 살을 에는 히말라야의 강추위까지 지구상에 존재하는 웬만한 기후는 인도 땅 어딘가에서는 발견된다고 보면 된다.

인도의 지리와 관련하여 사람들은 북부 지역에 위압적으로 자리 잡고 있는 히말라야산맥의 위용에 두 번째로 놀라게 된다. 이 산맥은 '세계의 지붕'이라 불리는데 남북의 폭으로는 평균 300킬로미터에 동서의 길이로는 무려 2,500킬로미터에 달한다. 전체적으로 마름모꼴처럼 생긴 인도의 북쪽에서부터 북동쪽에 분포하며 해발고도 8,000미터가 넘는 14개의 험준한 고봉을 품고 있다. 인도는 물론 인접한 파키스탄, 네팔, 부탄, 방글라데시에 이르기까지 남아시아의 여러 나라에 지리적인 영향을 미친다.

우선 인도양에서 발생한 사이클론이 북진하다가 히말라야산맥에 막혀 엄청난 양의 물 폭탄을 쏟아내는 곳이 바로 인도 북동부에 있는 벵골만 삼각주다. 히말라야에서 발원한 갠지스강이 인도양과 만나면서 만들어진 세계에서 가장 면적이 넓은 삼각주다. 이곳의 농업 경쟁력과 해상교역의 편의성을 발견한 영국인들이 이곳에 대규모로 정착했다. 그 덕분에 이 지역의 중심 도시인 콜카타는 20세기 초반까지 사실상 인도의 수도 역할을 해왔다. 한편 북서부에 있는 펀자브 지역도 대표적인 곡창지대인데 인도 전체 밀의 약 40퍼센트, 쌀의 20퍼센트가 생산된다.[18] 이곳은 2020년 말부터 나렌드라 모디Narendra Modi 정부의 농업 관련 각종 자유화 조치에 반대하는 농민시위가 가장 격렬하게 발생했던 곳이다. 이 지역이 인도 농업 생산량과 농민 인구의 주축을 차지하기 때문이다.

인도 최북단에 있는 히말라야산맥과 그 밑으로 드넓게 펼쳐진 낮은 구릉지대를 지나서 좀 더 남쪽으로 내려오면 평균 고도 약 600미터(가장 높은 곳은 약 1,000미터)인 넓은 고원지대와 마주치게 된다. 바로 남부 인도 면적의 거의 대부분을 차지하는 데칸고원이다. 면적이 대략 80만 제곱킬로미터로 우리나라의 8배나 된다. 현재 인도 IT 산업의 중심지인 벵갈루루도 이 데칸고원의 한복판에 자리잡고 있다. 무덥고 습한 남부 해안 지역의 기후와는 다르게 비교적 건조하고 견딜 만한 벵갈루루의 날씨는 공부 잘하고 야심만만한 인도 젊은이들을 불러들이는 데 중요한 역할을 한 것이 사실이다.

인도의 기후를 설명할 때 빼놓을 수 없는 가장 중요한 것이 바로

## 인도의 지형도

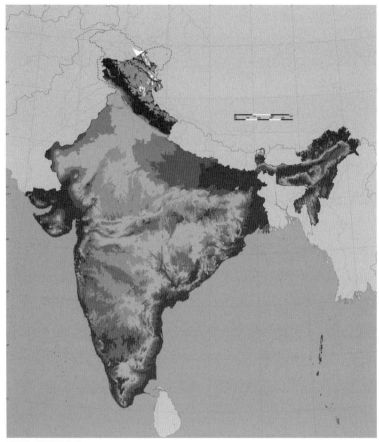

(출처: 위키피디아)

장마(인도 현지인들은 이 장마를 몬순이라 부른다)이다. 우리나라와 비슷하게 인도의 장마도 여름에 찾아오며 한 달 남짓한 짧은 기간 동안 엄청난 양의 비를 쏟아붓는다. 때에 따라서는 사이클론과 합쳐지면서 그야말로 기록적인 폭우가 쏟아지기도 한다. 그러다 보니 남부나 동부(벵골 지역)는 상습적인 침수를 겪는다. 이러한 기후는 양날의 칼이라고 할 수 있다. 너무 비가 오지 않으면 농작물 작황이 나빠져서 식량 가격이 폭등하게 된다. 반면 너무 비가 많이 오면 남인도와 벵골 지역에 수십만 명의 수재민이 발생하게 되니 한마디로 웃을 수도 울 수도 없는 상황이라 하겠다. 장마철 강수량에 따라 1년 농사의 작황은 물론이고 인도 경제 전체 성장률이 결정되어 왔다. 그러한 수천 년의 역사적 경험으로 인해 인도인의 숙명론적 성격이 형성되었다고 이야기하는 사람들도 있다.

## 공동체주의와 종교 없이 인도 경제를 논하지 말라

"할 거 없으면 장사나 해야지." 우리나라에서는 종종 하는 말이다. 하지만 인도에서 장사는 '할 거 없으면 하는 일'이 아니다. 짧게는 수백 년 길게는 수천 년 동안 상인 집안이 아들에서 손자로 가업을 물려주면서 종사해온 직업이자 천직이다. 그 때문에 소수 상인집단이 폐쇄적인 공동체를 형성한 후 자기들끼리의 신의에 기반한 신용거래로 세력을 확장하면서 외부 집단에게는 배타적인 자세를 유지하는 상거래 관행이 오랫동안 계속되고 있다. 외부인과 초보자에게 혹독한 인도인의 상관습 때문에 처음 진입한 외국계 기업들은 호된 수업료를 치르게 된다.

대다수의 힌두인과는 다르게 조로아스터교를 신봉하면서 뭄바이를 포함한 일부 대도시에만 거주하던 소수 파르시 집단에게 이러한 공동체주의적 행동양식은 아주 당연한 생존방식이었을 것이다. 그 덕분에 파르시 집단은 '인도의 유대인'으로서 막강한 부를 거머쥐고 경제적 영향력을 행사할 수 있었다. 라자스탄에서 기원한 마르와리 상인집단과 인접한 구자라트 출신의 구자라티 상인집단도 파르시만큼은 아니어도 강한 유대감과 동료 의식으로 뭉쳐 있다.

인도 경제 구조 속에 깊숙하게 숨겨진 종교의 역할을 알면 인도를 이해하는 데 도움이 많이 된다. 우선 인도 내에서 두 번째로 큰 종교 집단인 이슬람교도들은 지금도 힌두교도에 비해서 낮은 평균 소득과 낮은 경제활동 참여율을 보이고 있다. 그런가 하면 자이나교도는 불교보다도 더 엄격한 살생 금지 교리로 인해 농업에도 종사할 수 없었는데(농사를 짓다 보면 작은 곤충을 본의 아니게 죽일 수 있으므로) 점차 힌두교의 바이샤(상인) 계급에 편입되면서 인도 경제에서 중요한 위치를 차지하기 시작했다. 2021년 모디 정부는 인도 정부의 각종 농업 자유화 조치에 반발하며 발생한 농민시위를 진압했다. 당시 편자브 지역 인구의 60퍼센트를 차지하는 시크교도가 농민시위를 앞장서 주도했다. 그러자 힌두 근본주의에 기반한 모디 정부가 농민시위와 이교도 세력을 동시에 제압하기 위해 강압적인 방법을 동원한 것 아니냐는 의심이 제기되기도 했다. 시크교도는 과거 무굴제국 시대와 영국 식민지 시대를 거치면서 용맹한 기질을 발휘해왔다. 지금은 주로 군인이나 경찰 직업에 활발하게 진출하면서 중산층에 진입하는 데 성공했다.

한 나라의 경제를 이해하는 데 엄청난 인문 사회학적 지식이 필요하지는 않다. 인도의 경제와 산업을 이해하는 데 필요한 관련 정보는 중간중간에 풀어놓을 예정이다. 자, 그럼 이제 인도 경제의 전체적인 모습을 살펴보자.

# 4

# 인도의 산업구조를 알아야 경제를 안다

## 왜 1차 산업 국가인데 농민들은 가난한가

인도는 국내총생산GDP이 약 3조 달러에 달하는 거대 경제다. 빠르게 이해하기 위해서는 일단 인도의 산업구조부터 이해할 필요가 있다. 2021년 3월 말 기준 인도 산업구조의 부문별 비중을 살펴보면 서비스업(53.9퍼센트), 산업(25.9퍼센트), 농림어업(20.2퍼센트)의 순서다.[19] 참고로 경제협력개발기구OECD도 2019년 12월 인도의 1차, 2차, 3차 산업을 구분하여 각각의 비중을 계산했다. 인도의 자체 계산과 크게 다르지 않은 17.2퍼센트, 29.3퍼센트, 53.5퍼센트였다.[20] 국가 경제가 1년간 100만 원을 생산했다고 하면 농림어업으로 벌어들인 돈이 20만 원 정도라는 이야기다. 경제협력개발기구 회원국 평균이 2.4퍼센트, 27.3퍼센트, 70.3퍼센트인 점을 고려하면 인도는 여전히 농업 능 1차 산업에 크게 의존한다는 것을 쉽게 확인할 수 있다. 그런데 여기서 놓치지 말아야 할 점이 있다.

### 인도의 산업별 고용구조

(단위: 퍼센트)

| 연도 | 1991 | 1996 | 2001 | 2006 | 2011 | 2016 | 2019 |
|------|------|------|------|------|------|------|------|
| 농업 | 63.3 | 61.3 | 59.1 | 55.1 | 49.3 | 44.6 | 42.6 |
| 산업 | 15.2 | 15.8 | 16.6 | 19.4 | 23.1 | 24.7 | 25.1 |
| 서비스업 | 21.5 | 22.9 | 24.3 | 25.5 | 27.6 | 30.7 | 32.3 |

(출처: 세계은행 데이터뱅크)

첫째, 국내총생산의 25퍼센트가량을 차지하는 산업은 광업, 제조업, 전기·수도·가스 공급업, 건설업 등으로 세부 분류된다. 그중 제조업이 차지하는 비중은 약 15퍼센트 내외에 불과하다. 나머지 10퍼센트 정도가 광업, 건설업 등이 차지하는 비중이다. 그러다 보니 인도 제조업이 세계 제조업에서 차지하는 비중은 약 3퍼센트 내외에 불과하다.

둘째, 각 산업이 국내총생산에서 차지하는 비중과 산업별 종사자 수가 상당한 격차를 보인다. 1991년 경제활동인구 10명 중 6명이 넘게 종사하던 농업인구 비중이 꾸준히 줄어들었다고는 하지만 여전히 10명 중 4명 넘게 종사하고 있다. 그들이 생산해내는 부가가치가 국내총생산에서 차지하는 비중이 20퍼센트를 겨우 넘어서는 수준이니 농업 부문의 낮은 생산성을 확인할 수 있다.

그렇다면 1차 산업에 종사하는 농어민은 과연 충분한 돈을 벌고 있을까? 그렇지 않다. 정부는 매년 국내총생산의 무려 2퍼센트에 해당하는 막대한 예산을 들여서 종자, 비료, 농기계 구입, 농업용수 등 총 8종류에 달하는 보조금을 농민들에게 지급하고 있다. 그것도 모자라 2005년에는 농한기에 정부 주도 토목사업에 와서 단순노동을 제공하는 농민들에게 최대 100일 치의 최저임금을 보장하는

### 주요 국가의 산업별 고용구조(2019년 기준)

(단위: 퍼센트)

| 구분 | 인도 | 중하위 소득국 평균 | 중국 | 한국 |
|------|------|--------------------|------|------|
| 농업 | 42.6 | 37.8 | 25.3 | 5.1 |
| 산업 | 25.1 | 22.1 | 27.4 | 24.6 |
| 서비스업 | 32.3 | 40.1 | 47.3 | 70.3 |

(출처: 세계은행 데이터뱅크)

「마하트마 간디 국가 농촌고용보장법Mahatma Gandhi National Rural Employment Guarantee Act」을 도입했다. 이러저러한 보조금을 다 합치면 농민의 평균 수입 중 약 21퍼센트가 정부 보조금이다.[21]

정부가 그렇지 않아도 부족한 나라 살림을 아끼고 아껴서 보조금을 지급하는데도 불구하고 농민들의 삶은 좀처럼 나아지지 않고 있다. 한 가구당 경작지가 좁고 생산성이 낮은 점, 펀자브 지역을 제외한 많은 지역은 아직도 관개시설이 미비하여 몬순의 영향에 직접적으로 노출되어 있는 점, 농산물 유통 시스템이 매우 복잡하고 비효율적인 점 등이 농업의 성장을 가로막고 있다. 결국 매년 많은 농민이 가난을 이기지 못해 스스로 목숨을 끊고 있다. 2020년에는 코로나 팬데믹까지 겹치면서 전년 대비 18퍼센트나 상승한 1만 677명의 농민이 스스로 세상을 등졌다.[22]

## 왜 제조업은 독특한 특징을 갖게 되었는가

인도의 제조업은 몇 가지 흥미로운 특징이 있다. 우선 제조업이 발달한 주는 인도의 28개 주 중에서 6개 주로 압축된다. 마하라슈트라, 타밀나두, 구자라트, 텔랑가나Telengana, 안드라프라데쉬Andhra Pradesh, 카르나타카로 대부분 인도 남부와 서부에 위치한다. 인도의 북부와 동부에 있는 나머지 주에도 제조업이 일부 발달하기는 했지만 6개 주에 비하면 기반 시설이나 제조업 규모가 작은 것이 사실이다.

둘째, 몇몇 대기업이 문자 그대로 문어발 경영을 하며 제조업부터 서비스업에 이르기까지 다방면에 종사하고 있다. 예를 들어 타타그룹은 자동차, 제철, 화학, 에너지, IT 산업, 소비재 산업, 심지어 금융업에도 몸담고 있다. 일상생활에서 타타그룹을 만나지 않는 것은 불가능하다. 타타그룹만 그럴까? 그렇지 않다. 아다니그룹(항만 운영, 전력 생산·송배전, 신재생에너지, 광업, 공항 운영, 천연가스, 식음료 가공, 인프라 산업), 릴라이언스그룹(정유, 화학, 도소매, 통신업) 등 대부분 대기업은 서로 연관되지 않는 여러 사업을 동시에 영위하는 특징을 갖는다. 1990년대 초반까지 이어진 인도 경제의 특징이 만들어낸 결과이다. 이에 대해서는 2장에서 상세히 다룬다.

셋째, 제조업은 농업이나 서비스업과 비교해 상대적으로 기반이 취약하다. 머리(서비스업)와 팔다리(농업)는 있지만 허리가 튼튼하지 않은 사람이라고나 할까? 1990년대 초반까지 규모의 경제를 기반으로 하는 대규모 제조업체의 창업과 성장에 인도 정부가 정책적 우선순위를 두지 않은 결과다. 게다가 제조업 성장에 필수적인 도로, 항만, 전력 시설 등의 인프라가 미비하다.

그렇다면 인도의 제조업 중에서 그나마 눈여겨볼 만한 산업에는 무엇이 있을까? 가장 먼저 제철 산업을 꼽을 수 있다. 세계 1위의 제철 강국인 중국에 밀려 한참 뒤처진 세계 2위이기는 하지만 10여 개의 공공·민간 제철 기업이 곳곳에 세워놓은 26개의 제철소에서 경제성장의 필수 요소인 철강재를 생산하여 공급하고 있다. 2019년 당시 세계 2위의 제철 강국이었던 일본을 밀어내고 철강생산량 기준 2위로 올라선 이래 매년 100만 톤이 넘는 철강을 생산해오고 있다. 5장에서 인도의 철강 산업에 대한 자세한 설명과 함께 철강 사업가인 나빈 진달Naveen Jindal에 관해 이야기했다.

둘째, 자동차, 산업용 기계장비, 발전용 기기, 철도·항공 산업과 관련된 중공업 부문과 핸드폰, 가전제품, 컴퓨터와 관련 제품, LED, 산업용 전자제품 등을 생산하는 경공업 부문 또한 인도의 주요 제조업 분야 중 하나다. 이 두 분야는 인도 국내총생산의 약 2.5퍼센트를 차지하며 인도 내 공장 100곳 중 27곳 정도는 이러한 다양한 엔지니어링 제품을 생산하는 곳이다. 중공업 부문은 연산 450만 대에 이르는 자동차 산업을 제외하고 대부분 세계적인 수준의 경쟁력에는 미치지 못하고 있다. 하지만 경공업 제품, 특히 가전제품, 핸드폰 등은 인도의 값싼 노동력을 활용하기 위해 우리나라의 가전제품 제조사를 비롯한 다수의 외국계 기업이 인도에 진출할 정도로 활발하게 발전하고 있는 분야다. 6장에서 인도 자동차 시장의 특성과 함께 인도에서 선전하는 한국 자동차 기업의 이야기를 다루었다.

셋째, 섬유 산업을 빼놓을 수 없다. 집계방식에 따라 다소 차이는 있지만 섬유 산업은 약 3,500만 명에서 4,500만 명 정도를 고용하면서 단일 산업으로는 농업에 이어 가장 많은 인구를 고용하고 있다. 또한 국내총생산의 약 5퍼센트, 제조업 생산의 약 7퍼센트, 수출의 약 12퍼센트가량을 차지하고 있다. 이외에도 고용 규모는 그리 크지 않지만 세계 시장에서 차지하는 비중이 상당히 큰 복제약품 시장도 제조업에서 큰 자리를 차지하고 있다. 국내총생산의 약 2퍼센트 내외를 꾸준히 지켜왔으며 수출의 약 8퍼센트를 차지하고 있다. 인도의 제약 산업의 현재와 미래는 4장과 6장에서 자세하게 분석했다.

## 왜 IT 산업은 최고 수준인데 다른 사업은 뒤처졌는가

3차 산업, 즉 서비스 산업은 1차, 2차 산업에서 생산된 유형의 상품을 운송, 보관, 판매하는 도소매 산업과 금융, 공공행정, 법률, 보건의료, 정보통신 등 인간이 살아가는 데 필요한 무형의 용역을 제공하는 산업을 모두 포함한다.

그렇다면 '인도는 서비스 산업이 발달한 나라다.'라는 결론을 내려도 될까? IT 산업만 본다면 세계 최고 수준이라고 해도 지나치지 않을 정도다. 각종 소프트웨어 개발과 운영은 물론이고 사업체의 전체 비즈니스 프로세스를 관리하는 이른바 '비즈니스 프로세스 관리' 부문까지 다양한 업체들이 활발한 실적을 내고 있다. IT 산업은 영어 구사 능력과 높은 수준의 컴퓨터 활용 능력을 갖춘 젊은이들이 가장 선호하는 부문이기도 하다. IT 산업이 국내총생산에서 차지하는 비중은 약 8퍼센트에 달한다. 하지만 직접고용인구는 약 500만 명 수준에 불과하다는 점을 보면 뛰어난 능력을 갖춘 소수 집단이 벵갈루루를 포함한 몇몇 대도시에서만 종사할 수 있는 매우 예외적인 산업이라고 보는 것이 맞다. 인도의 서비스 산업, 특히 코로나 팬데믹 사태를 전후로 한 IT 산업의 변화 동향은 5장에서 자세히 다루었다.

그렇다면 IT 산업을 제외한 다른 서비스 산업도 IT 산업만큼이나 발달했을까? 서비스 산업 고용인구의 대부분을 차지하는 도소매 유통업과 금융업 등의 경쟁력을 살펴보면 안타깝게도 그렇지 않다. 도소매업부터 살펴보자. 인도 물류기술위원회의 자체 분석에 따르면 국내총생산에서 물류 부문이 차지하는 비중이 무려 14.4퍼센트다. 선진국은 통상 한 자릿수인 점을 고려하면 상당히 높은 수준이다.[23] 물류 부문이 국내총생산에서 차지하는 비중이 높다는 것은 달리 해석하자면 열악한 물류 인프라로 인해 기업들이 지불해야 할 물류비용 부담이 경쟁 국가와 비교해 높다는 뜻이다. 하지만 그렇게 높은 비용에도 불구하고 정작 물류 산업의 경쟁력은 높지 않다. 인도에 사는 교민이라면 콜드체인의 부재로 상한 식재료를 배달받은 경험이 한 번 이상 있을 것이다. 석탄화력발전이 전기 생산의 대부분을 차지하는데 정작 석탄 공급이 적절하게 이루어지지 않아 수십 년째 매년 여름 대도시에서 정전이 계속되고 있다. 도소매업의 기반을 이루는 물류 부문의 경쟁력이 이 정도 수준인데 도소매 유통업이 경쟁력이 있으리라 기대하는 것은 무리다.

금융업도 사정은 마찬가지다. 인도는 금융 산업 전 분야가 골고루 발달하지 못하고 은행업, 그중에서도 국영상업은행의 시장 지배력이 매우 강하다는 특징을 갖고 있다. 게다가 은행의 부족한 위기관리 능력과 사업심사 능력으로 인해 2008년 세계 금융위기를 전후하여 막대한 부실채권이 양산되었다. 이것이 현재까지도 인도 금융 산업의 발진을 가로막고 있다.

하지만 인도의 서비스 산업이 후진적 상황을 답보하고 있다고 섣

불리 결론을 내려서는 안 된다. IT 산업을 중심으로 스타트업 창업이 활발하게 이루어지고 성장하면서 2023년 5월 말 기준 인도에는 100개가 넘는 유니콘 기업이 있다.[24] 소프트웨어 산업을 본업으로 하는 기업뿐만 아니라 전자상거래, 음식료품 배달업, 온라인 금융 등 다양한 업종에서 탄생하면서 이제 인도는 영국을 제치고 미국과 중국에 이어 세계에서 세 번째로 많은 유니콘 기업을 보유한 국가가 되었다.[25]

# 5

# 인도는 중국의 자리를 차지하고자 한다

## 인도는 어쩌다 방글라데시보다 뒤처졌는가

국제통화기금이 2022년 4월에 발표한 「세계경제전망」보고서에 따르면 방글라데시의 1인당 국민소득은 2020년에 마침내 인도를 추월했다. 2012년 방글라데시와 인도의 1인당 국민소득이 각각 880달러와 1,440달러 내외였다. 방글라데시가 무섭게 성장하는 동안 인도는 제자리걸음을 거듭하다가 결국 추월당하고 만 것이다. 물론 국제통화기금은 2021년 이후로 인도가 코로나 팬데믹에서 빠르게 회복되면서 다시 앞섰을 것으로 추정했다. 하지만 이제 가난한 나라의 대명사였던 방글라데시는 인도와 어깨를 나란히 하는 위치가 되었다.[26]

그렇다면 방글라데시가 빠른 경제성장을 할 수 있었던 원동력은 무엇이었을까? 많은 경제학자는 방글라데시 정부가 경공업 위주로 외국인 투자를 꾸준하게 유치한 후 비숙련 저임금 노동자가 지속적으로 취업하면서 결과적으로 중산층이 증가한 것이 소득 수준 개선에 크게 기여했다는 사실에 동의한다. 그렇다면 인도 역시 방글라데시와 유사하게 경공업 위주의 제조업을 확대함으로써 경제성장을 할 수 있을까?

현재까지의 상황만 가지고 살펴본다면 인도는 방글라데시처럼 비숙련 저임금 노동자를 흡수할 제조업이 발달하지 못했다. 물론 몇몇 독자들은 이런 의문을 품을 수 있을 것이다. "산업 부문이 전체 고용인구에서 차지하는 비중을 살펴봐도 인도(25.1퍼센트)는 한국(24.6퍼센트), 중국(27.4퍼센트), 심지어 방글라데시(21.3퍼센트)와도 큰 차이가 나지 않던데요?"라고 말이다. 맞는 말이다. 통계상으로는 인도의 고용인구 분포가 다른 나라와 큰 차이가 나지 않는 것처럼 보인다. 게다가 인도에도 제조업 기반이 없는 건 아니다. 연산 450만 대에 달하는 완성차 산업과 관련 산업에 일자리가 있고, 26개 도시에 산재한 제철소에도 일자리가 있고, 해안가마다 자리잡은 각종 석유화학 단지에도 당연히 제조업 일자리가 있다. 하지만 이들 일자리 대부분은 비교적 높은 교육 수준과 숙련된 기술을 요구하는 자리다. 비숙련 노동자를 대량으로 소화할 산업이 아닌 것이다. 인도 제조업의 숨은 문제점은 크게 세 가지로 요약된다.

우선 1970년대 우리나라와 중국, 2000년대 이후 방글라데시에서는 농업 생산성이 향상되면서 발생한 유휴 노동인구(대부분 교육 수준이 낮은 일용직)가 농촌을 떠나 대도시로 유입된 후 의류봉제산업으로 대표되는 경공업 분야에 취업했다. 비록 그들의 노동조건은 열악했지만 많은 수의 가정이 가난을 벗어나 중산층으로 발돋움하는 데 성공했다. 이렇게 중산층의 폭이 두터워지면서 국가 경제 전체가 저소득국에서 중진국으로 발돋움한 것이다.

인도도 농업 생산성 향상에 힘입어 노동력이 남아돌기 시작했고 꾸준히 대도시로 유휴 노동력이 유입되고 있다. 하지만 그들을 소화할 만한 경공업 기반이 부족하다. 교육 수준이 높지 않은 노동인구를 받아들일 산업이 부재한 것이다. 여성의 경제활동 참여율 관련 자료에서도 이러한 현상이 목격된다. 농촌 인구의 실직은 발생했지만 제조업으로 흡수되지 못하면서 남성과 비교해 상대적으로 실직 위험성이 높은 여성의 대량 실직이 꾸준히 발생했다. 그로 인해 인도 여성의 경제활동 참여율은 1990년대 이래 지속해서 하락하여 현재 세계에서 가장 낮은 10개국에 속한다.

둘째, 그나마 비숙련 노동자를 흡수할 수 있는 경공업은 국제 경쟁력이 많이 떨어진다. 이러한 문제점은 의류 산업에서 확인된다. 인도의 의류 산업은 수백 년의 전통을 자랑하는 면방직 산업을 그 뿌리로 하고 있다. 하지만 최근 들어 이른바 패스트 패션이라 불리는 자라나 H&M과 같은 브랜드가 세계 의류 시장을 석권하면서 인도 의류 산업의 국제 경쟁력이 갈수록 떨어지고 있다. 특히 세계 의류 시장에서 인도와 경쟁을 벌이는 방글라데시나 베트남과 비교하면 인도의 경쟁력 저하는 뚜렷하다.

단적인 예로 주문 접수 이후 2~3주 이내에 2만~3만 장의 제품을 수출할 정도로 높은 효율성을 가진 방글라데시나 베트남과 비교해 인도는 최장 120일이 걸리는 느린 생산공정으로 인해 고전을 면하지 못하고 있다. 120일이면 계절 하나가 다 지나고 그다음 계절이 이미 도래한 시간이나. 이런 생산주기로는 빠르게 바뀌는 패션 트렌드를 도저히 따라잡을 수 없다. 그로 인해 방글라데시의 기

## 방글라데시와 인도의 기성복 수출 규모

(단위: 억 달러)

| 연도 | 2016~2017 | 2017~2018 | 2018~2019 | 2019~2020 | 2020~2021 |
|---|---|---|---|---|---|
| 방글라데시 | 281.5 | 306.1 | 341.3 | 279.5 | 314.5 |
| 인도 | 173.8 | 167.2 | 161.6 | 155.1 | 122.9 |

(출처: 인도 상무부 상무정보통계국과 방글라데시 의류제조수출협의회)

성복 수출 규모가 꾸준히 증가하는 동안 인도의 수출 규모는 매년 감소하고 있다.

인건비 측면에서 방글라데시나 베트남과 비교해 유리한 인도는 왜 의류 산업에서 뛰어난 성과를 내지 못할까? 바로 독립 이래 산업계, 특히 소비재 산업계에 뿌리 깊게 자리잡은 중소기업 보호주의 정책의 폐해 때문이다. 인도 정부는 소비재 산업의 경우 대규모 공장을 건설하여 규모의 경제를 추구하기보다 소규모 공장을 여러 개 만들어서 되도록 많은 사람을 고용하는 방향으로 산업정책을 추진해왔다. 산업 경쟁력을 희생하더라도 더 많은 사람을 고용하기 위한 정책이었다. 반면 방글라데시와 베트남은 단일 공장에서 수천 대의 재봉틀을 설치해서 수천 명을 고용한 후 몇만 장의 제품을 며칠 만에 제작할 수 있다. 인도는 고작 수십에서 수백 대의 재봉틀을 보유한 공장들 뿐이니 경쟁국과의 싸움이 힘겨운 것이다.

셋째, 최근 인도 정부가 펼치는 정책도 큰 도움이 되지 못하고 있다. 의류 산업이 하이테크 산업은 아니지만 가치사슬은 여러 나라에 걸쳐 있는 경우가 대부분이다. 의류에 들어가는 지퍼, 단추 등을 포함한 각종 액세서리, 값싸고 질 좋은 실, 각종 염료 등은 중국이나 인근 동남아 국가에서 수입해야 한다. 그런데 인도 정부가 자국

내에서 국산품 생산을 강조하는 이른바 '메이크 인 인디아' 정책을 펴기 시작하면서 문제가 생기기 시작했다. 필수 산업 중간재의 수입조차 막아서거나 여러 가지 이유로 통관을 늦추는 방식으로 자국의 제조업체를 어렵게 하고 있다. 국산품 생산을 장려하겠다는 본래의 정책 취지가 변질되면서 오히려 자국 제조업의 경쟁력을 약화시키는 부작용을 낳고 있는 것이다.

## 매년 1,000만 명의 청년들이 일자리를 찾고 있다

앞서 설명한 3가지 본질적 문제점인 질 좋은 경공업 중심의 제조업 일자리가 많지 않다는 점, 그나마 존재하는 경공업 산업의 국제 경쟁력이 낮다는 점, 정부의 산업정책마저 혼선을 빚는다는 점은 곧바로 인도 노동시장의 가장 고질적인 2가지 현상과 연결된다. 바로 낮은 경제활동 참여율과 높은 비정규직 비율이다. 인도의 경제활동 참여율은 상당히 낮은 편이다.[27] 다음 페이지의 그래프에서 보듯이 우리나라나 방글라데시와는 달리 2008년을 전후한 경제위기 이후 10년이 훌쩍 넘도록 개선될 기미를 보이지 않고 있다.

그러다 보니 매년 서울시 인구에 맞먹는 1,000만 명의 청년들이 새롭게 노동시장에 합류하지만 제대로 된 일자리 찾기는 하늘에서 별 따기다.[28] 경제학자들은 이러한 청년들을 모두 고용하기 위해서는 인도 경제가 매년 9퍼센트 내외의 높은 성장률을 달성해야 한다고 추산한다. 하지만 9퍼센트의 성장률은 개발도상국인 인도에도 버거운 숫자다. 게다가 일자리라는 것이 어디 하루아침에 뚝딱 만

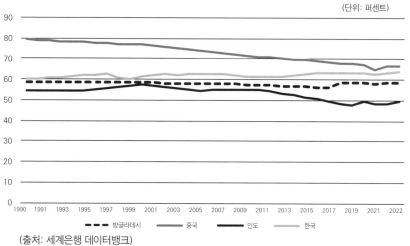

## 한국, 중국, 인도, 방글라데시의 경제활동 참여율 변화

(단위: 퍼센트)

- - - 방글라데시　——— 중국　——— 인도　——— 한국

(출처: 세계은행 데이터뱅크)

들어질 수 있는가? 일자리를 달라는 청년들의 시위가 빈번해지면서 인도 정부는 경찰력을 동원해 시위를 진압할 뿐 뾰족한 수를 내놓지 못하고 있다.[29]

　인도의 노동시장과 관련해서 한 가지 더 언급해야 할 내용이 있다. 전체 노동인구의 약 90퍼센트가 제대로 된 고용계약이 없는 비정규직이라는 사실이다. 그나마 도시 지역은 비정규직 비중이 85퍼센트 수준이지만 농촌 지역으로 가면 그 비율이 더 높아진다.[30] 전체 노동자 열 명 중 아홉 명은 고용계약서도 퇴직급여도 없는 단순노무직과 일용직 농사꾼이다. 사장이나 땅 주인의 말 한마디면 언제라도 실업자가 되는 불안정한 신세이다. 그들은 대부분 빈곤한 고향을 떠나 뉴델리나 뭄바이 같은 대도시에서 어렵게 일하며 고향에 돈을 송금하는 사람들이다. 2020년 3월 코로나 팬데믹 사태에 따른 전국 단위 봉쇄가 갑작스럽게 단행됐다. 수백만 명에 달하는 사

람들이 대도시를 떠나 수백 킬로미터를 걸어서 고향으로 돌아가는 끔찍한 고생을 해야 했다. 탈진해서 길 위에서 숨을 거둔 경우도 있었다.

인도 정부도 제조업의 육성과 일자리 창출이 얼마나 중요한지를 잘 알고 있다. 2014년 9월 나렌드라 모디 총리는 '메이크 인 인디아'라는 경제 정책을 발표하여 제조업 육성에 나서고 있다. 메이크 인 인디아의 가장 대표적인 프로그램은 생산연계인센티브Produc-tion Linked Incentive Scheme이다. 한마디로 '인도 내에서 제조업체가 매출을 확대하면 그 증가분을 고려하여 상당한 규모의 세제 혜택을 주는 프로그램'이다. 메이크 인 인디아 정책은 자동차, 전기전자 등 총 25개의 세부 산업 분야를 타깃으로 하여 인도를 '글로벌 디자인과 제조업 허브'로 만들겠다는 목표를 내세우고 있다. 구체적으로는 3가지 목표를 세웠다. 첫째, 매년 제조업 분야를 12~14퍼센트씩 성장시킨다. 둘째, 2015~2022년 총 1억 개의 제조업 일자리를 신규로 창출한다. 셋째, 제조업의 국내총생산 기여율을 2015년 약 16퍼센트 수준에서 2022년 25퍼센트까지 증대하겠다.[31] 이러한 목표는 제대로 달성되었을까? 유감스럽게도 그렇지 않다.

제조업은 회계연도 2015~2016년에 13.1퍼센트의 성장률을 기록한 것을 제외하고는 단 한 번도 두 자릿수 성장률 근처에 다가서지 못했다. 국내총생산에 대한 제조업의 기여율마저 2010년대 중반 약 16퍼센트 수준에서 14퍼센트 수준으로 오히려 감소했다.[32] 제조업 일자리 상황은 더욱더 안타까운 수준인데 회계연도 2016~2017년 중 약 5,100만 개에서 회계연도 2020~2021년에는 무려 절반 가까이 사라진 2,739만 개로 대폭 감소한 것이다.[33]

## 인도 제조업의 성장률과 국내총생산 기여율

(단위: 퍼센트)

| 회계연도* | 2012~ 2013 | 2013~ 2014 | 2014~ 2015 | 2015~ 2016 | 2016~ 2017 | 2017~ 2018 | 2018~ 2019 | 2019~ 2020 | 2020~ 2021 |
|---|---|---|---|---|---|---|---|---|---|
| 제조업 성장률 | 5.5 | 5.0 | 7.9 | 13.1 | 7.9 | 7.5 | 5.3 | -2.4 | -8.4 |
| 국내총생산 기여율 | 17.1 | 16.5 | 16.3 | 17.1 | 16.7 | 16.6 | 16.3 | 14.7 | 14.3 |

* 인도의 회계연도는 매년 4월에 시작하여 그 이듬해 3월에 종료된다. 예를 들어 회계연도 2012~2013은 2012년 4월에 시작되어 2013년 3월에 종료된다. 회계연도 2016~2017까지는 확정치, 그 이후는 잠정치 또는 전망치다.
(출처: 2021년 7월 인도 경제자문관실이 발표한 「핵심 경제 지표」)

같은 기간 동안 건설업과 대부분의 서비스업도 일자리가 감소하거나 정체되었다. 오직 농업 부문에서 직접고용인구만 1억 4,570만 명에서 1억 5,180만 명으로 증가세를 보였다. 제조업을 육성하고 2022년(현재는 2025년으로 목표연도가 미루어졌다)까지 1억 개의 제조업 일자리를 만들겠다는 야심 찬 목표가 무색해지고 말았다.

물론 인도 정부도 할 말은 많다. 코로나 팬데믹 사태로 인한 급격한 경기 위축 등으로 메이크 인 인디아 정책을 순조롭게 추진하기 어려웠다. 전반적인 일자리 감소 속에서 릴라이언스그룹이나 아다니그룹을 포함한 유수의 대기업을 중심으로 석유화학 분야의 일자리가 확대된 것이 유일한 희소식이었다. 정부는 최근 들어 미중 갈등이 장기화되면서 중국이 차지하고 있던 '세계의 공장'이라는 자리를 차지하기 위해 계속 노력하고 있다. 제조업을 육성하고 일자리를 늘리겠다는 정책 목표와도 연결된다.

2장

# 인도는 21세기와
# 17세기가 공존하는 나라다

인도 경제와 산업을 설명할 수 있는 여러 가지 말이 있다. 세계 5위의 경제 대국이지만 1인당 국민소득은 2,400달러에 불과하고 14억에 달하는 세계 1위의 인구 대국이지만 상상을 초월하는 빈곤과 지역 간, 계층 간 극심한 빈부 격차 등 극단의 대비를 보이는 나라이다. 게다가 카스트 제도에서 드러나는 차별, 부패와 관료주의, IT 부문의 국제 경쟁력, 21세기와 17세기가 공존하는 놀라운 국가가 바로 인도이다.

　어떤 나라의 경제를 몇 개의 키워드로 설명한다는 것은 쉽지 않은 일이다. 만약 그 나라 경제가 세계 5위의 규모고 세계 1위의 인구 대국이라면 한두 마디의 키워드로 설명하는 일이 더 어려워진다. 게다가 그 나라가 유럽에서 가장 면적이 넓은 프랑스, 스페인, 스웨덴, 노르웨이, 독일, 핀란드, 폴란드, 이탈리아를 덮고도 남을 329만 제곱킬로미터의 면적을 가진 '다양성의 끝판왕'이라면 문제는 한층 더 어려워진다.

　그리고 그 나라가 무려 200년이 넘는 식민 수탈을 겪은 것도 모자라 수십 년 동안 사회주의 경제체제를 경험한 후 이제는 자유시장 경제체제 아래에서 무서운 속도로 IT 기술 개발을 선도하는 변화무쌍한 국가라면 이야기는 한참 복잡해진다. 여기에 엄청난 수준의 빈부 격차, 관료주의, 부패, 차별의 사중주가 끊임없이 연주되는 나라라면 몇 단어로 설명하는 것은 이제 불가능한 수준이라고 해야 할 것이다.

그럼에도 불구하고 이번 장에서 그 불가능에 도전하기로 한다. 세계 5위의 거대 경제에 등극한 14억의 인구는 각종 규제하에 낮은 경제성장률에 시달리다가 경제 자유화 조치로 이제야 경제발전의 길에 제대로 나섰다. 하지만 여전히 빈곤, 빈부 격차, 부패와 차별의 문제를 떠안고 있다. 이번 장에서는 인도 경제를 이해할 수 있는 키워드를 알아보자.

# 1

# 인도의 성장 가능성이 큰 이유는 무엇일까

## 전 세계에서 가장 높은 성장률을 실현할 것이다

최근 인도의 경제 성장세를 논하기에 앞서 나렌드라 모디 총리의 다양한 경제 개혁 조치를 먼저 언급할 필요가 있다. 그는 2001년 부터 2014년까지 구자라트 주지사직을 역임한 후 임기 중에 구자라트의 경제가 성장한 것을 자기 덕분이라고 홍보했다. 그리고 '구자라트식 경제성장 모델'을 인도 전체로 확산하겠다는 공약을 앞세워 2014년 인도 총리에 선출되었다. 취임과 동시에 과감한 개혁에 나서기 시작했다.

첫째, 기업의 파산과 부도를 용이하게 하는 법제를 도입했다. 둘째, 수많은 간접세를 통합하여 통일된 소비세 제도를 도입했다. 셋째, 이리저리 흩어져 있던 정부 보조금 지급 제도를 일원화했다. 넷째, 그 와중에 통일된 신분증인 아다르 카드Aadhaar Card 제도를 도입했다.[1] 다섯째, 전임 정권에 비해 비교적 부패 문제에 강경하게

## 나렌드라 모디 총리

대응했다. 여섯째, 연료 보조금 폐지, 대학 등 교육계에 대한 자율권 확대 등의 조치 등도 추진했다.

물론 나렌드라 모디 총리의 힌두교 우선 정책과 타 종교에 대한 차별적 대우는 많은 논란을 불러일으키고 있다. 더욱이 취임 후 여러 가지 경제개발 정책에도 불구하고 경제성장률이 조금씩 낮아지고 있다는 점은 안타까운 일이다.

게다가 인도 경제도 코로나 팬데믹 사태를 피해갈 수는 없었다. 인도 경제는 2020년 4월에 코로나 팬데믹 사태가 본격화되면서 2019년 2분기와 비교하여 2020년 2분기 중에 거의 20퍼센트 이상 경제가 축소되는 엄청난 타격을 입었다. G20 국가 중 인도만큼 극심한 경기후퇴를 경험한 나라는 없었는데 이후 기저효과에 힘입어 2020년 3분기 이후 빠르게 경기를 회복했다. 2021년에도 성장세를 이어가면서 회계연도 2021~2022년(2021년 4월 ~2022년 3월) 중 인도 경제는 약 8.7퍼센트 성장했다.[2] 다만 우크라

**각 기관의 회계연도 2023~2024 인도 예상 성장률**

(단위: 퍼센트)

| 예측 기관<br>(예측 시기) | 경제협력개발기구<br>(2023년 6월) | 아시아개발은행<br>(2023년 4월) | 세계은행<br>(2023년 4월) | 국제통화기금<br>(2023년 4월) |
|---|---|---|---|---|
| 예상 성장률 | 6.0 | 6.4 | 6.3 | 5.9 |

**PwC 세계 경제 전망 2050**

| 국가 | 2016년 기준 순위 | 2050년 예상 순위 | 국가 |
|---|---|---|---|
| 중국 | 1 | 1 | 중국 |
| 미국 | 2 | 2 | 인도 |
| 인도 | 3 | 3 | 미국 |
| 일본 | 4 | 4 | 인도네시아 |
| 독일 | 5 | 5 | 브라질 |
| 러시아 | 6 | 6 | 러시아 |
| 브라질 | 7 | 7 | 멕시코 |
| 인도네시아 | 8 | 8 | 일본 |
| 영국 | 9 | 9 | 독일 |
| 프랑스 | 10 | 10 | 영국 |

음영 표시는 G7 국가. 구매력평가 기준 국내총생산 순위

이나 사태와 원자재 가격 상승 등의 대외적 요인으로 인해 회계연도 2022~2023년의 성장률은 다소 낮아져서 약 7.2퍼센트 수준을 기록한 것으로 추산된다. 회계연도 2023~2024년에는 성장률이 6퍼센트 초반으로 낮아지겠지만 그럼에도 불구하고 전 세계에서 가장 높은 성장률을 실현하는 나라 중 하나가 될 것이라는 전망이다.

# 한국의 1970~1980년대 경제 성장을 만들어낼 것이다

인도의 중장기 성장 전망은 어떨까? 세계적인 컨설팅업체인 PwC는 이미 2017년에 「2050년의 세계The World in 2050」 보고서를 통해 인도가 2050년이면 미국을 제치고 국내총생산 기준 세계 2위에 등극할 것이라는 전망을 제시한 적이 있다.[3] 중국의 독주는 계속되겠지만 인도가 미국을 제치고 2위가 되고 일본이 현재 4위에서 8위로 추락하고 인도네시아, 브라질, 러시아, 멕시코 등 이른바 G7 국가에 해당하지 않는 개도국의 경제가 상대적으로 빠르게 성장할 것이라는 예측이 포함되어 있었다.

인도의 미래를 밝게 전망하는 이유는 무엇일까? 실제로 이렇게 획기적인 성장이 가능하다면 무엇 때문일까? 대략 5가지 정도로 요약할 수 있다.

첫째, 인도는 인구가 매우 젊다. 전체 인구 3명 중 2명은 35세 미만이고 전체 인구의 평균 연령이 28세다.[4] 참고로 우리나라가 2021년 7월 행정안전부 발표 자료 기준으로 40대 이상이 무려 57.1퍼센트를 차지하고 있고 평균 연령이 43.4세인 것과 비교하면 그야말로 하늘과 땅 차이라고 할 수 있다.[5] 신기술에 좀 더 포용적이며 젊고 역동적인 경제체제가 만들어질 수 있는 토대가 조성되어 있는 것이다.

둘째, 인구가 젊다는 것은 젊은 세대가 부양해야 할 노령인구 수가 상대적으로 적다는 것도 의미한다. 경제학 용어로 설명하면 부양가족 비율이 낮다는 의미인데 젊은 세대는 나이 많은 세대를 걱정할 필요 없이 자기 세대만을 위해서 열심히 일하고 투자하고 공부하면 된다는 것이다.

셋째, 저축률이 높다. 2007년에는 국내총생산 대비 총저축률이 37퍼센트 수준을 기록하기도 했다. 2021년 5월에는 최근 15년 이내 가장 낮은 수준인 30퍼센트 수준에 머물면서 인도 뉴스 매체에서 우려하는 보도가 나오기도 했다.[6] 또한 기업을 제외한 가계저축률도 2012년에 23퍼센트 수준을 기록했다가 코로나 팬데믹이 한창이던 2020년 말과 2021년 초를 전후해서 한 자릿수까지 떨어지면서 우려 섞인 뉴스가 보도되기도 했다.[7] "우리나라의 총저축률(35퍼센트)보다 낮은 인도 저축률을 가지고 뭘 그리 호들갑이냐?"라고 반문하는 독자도 있겠다. 하지만 인도 소득 수준이 우리나라의 15분의 1밖에 되지 않는 빈곤한 국가인 점을 고려하면 인도의 저축률은 상당히 높은 수준이다.

넷째, 이러한 높은 저축률은 자연스럽게 높은 투자율로 이어지게 된다. 경제 전체에 걸쳐 축적된 자본은 투자이익률이 높은 산업 분야와 지역을 찾아 재투자되면서 향후 경제성장을 지속적으로 견인하게 되는 선순환이 가능하다는 것이다. 게다가 인도 내 자생적인 자본 축적 이외에도 인도의 뛰어난 IT 기술과 각종 서비스 산업에 매력을 느낀 해외자본의 해외직접투자도 꾸준하게 지속되는 점 또한 긍정적인 면이다.

다섯째, 지금 인도는 세계의 공장 역할을 맡았던 중국의 자리를 빼앗기 위해 제조업 육성에 박차를 가하고 있다. 저소득국가가 빈곤을 탈출하여 중소득국으로 진입하고자 할 때 가장 손쉬운 방법은 노동집약적 제조업인 섬유 봉제업과 전자 부품업 등을 육성해서 많은 인원을 공장에 고용한 후 소득을 늘리는 방법이다. 우리나라도

1970~1980년대에 노동집약적 제조업을 적극적으로 지원하여 고용률 확대와 국민소득 증진, 전반적인 경제성장을 이룩한 경험이 있다. 지금 나렌드라 모디 총리의 '메이크 인 인디아' 정책과 '인디아 자립정책'이 바로 제조업 육성 정책이다. 한마디로 제조업을 통해 인도의 중장기 성장 동력을 창출하겠다는 것이다.

인도 경제가 직면하고 있는 여러 문제점이 있기는 하다. 그러나 이러한 어려움을 차근차근 극복하면서 젊고 유능한 노동력이 지속적으로 노동시장에 공급되고, 소득 수준보다 비교적 높은 현재의 저축률이 유지되고, 노동집약적 제조업의 발전이 지속된다면 전망은 밝다. 우리나라가 1970~1980년대 경험했던 경제성장의 눈부신 발자취를 따라올 가능성이 충분히 있다고 하겠다.

# 2

# 왜 최근까지도 경제 성장률이
# 낮았는가

## 인도는 1,800년 동안 중국과 함께 경제 대국이었다

인도 경제를 정의하는 첫 번째 키워드를 꼽으라면 당연히 거대 경제라는 단어다. 인도는 국내총생산 기준으로 미국, 중국, 일본, 독일에 이어 세계 5위의 거대 경제 국가이다. 국제통화기금에 따르면 2023년 기준 전 세계 국가의 국내총생산 총합 약 106조 달러인데 그중 인도의 국내총생산 규모는 약 3.7조 달러이다. 인도가 전 세계 경제에서 차지하는 비중은 3.5퍼센트가 조금 넘는 수준이다. 참고로 미국이 전 세계 국내총생산의 약 25퍼센트, 중국, 일본, 독일이 각각 18퍼센트, 4퍼센트, 4퍼센트 정도를 차지하고 있다.

인도는 경제 규모뿐만 아니라 인구도 거대하다. 14억의 인구 대국으로서 중국의 인구 규모를 이미 제친 것으로 분석된다. 전 세계 인구를 100명이라고 했을 때 그중에서 약 17명이 인도인이다. 인구 기준 세계 3위인 미국이 3억 명을 조금 넘는다는 점을 생각해보

## 국가별 명목 국내총생산 순위[8]

(단위: 억 달러)

| 순위 | 국가명 | 국제통화기금(2023) | 세계은행(2021) | 유엔(2021) |
|------|--------|-------------------|----------------|------------|
| 1 | 미국 | 268,546 | 229,961 | 233,151 |
| 2 | 중국 | 193,736 | 177,341 | 177,341 |
| 3 | 일본 | 44,097 | 49,374 | 49,409 |
| 4 | 독일 | 43,089 | 42,231 | 42,599 |
| 5 | 인도 | 37,369 | 31,734 | 32,015 |
| 6 | 영국 | 31,589 | 31,869 | 31,314 |
| 7 | 프랑스 | 29,235 | 29,375 | 29,579 |
| 8 | 이탈리아 | 21,697 | 21,077 | 21,077 |
| 9 | 캐나다 | 20,897 | 19,883 | 19,883 |
| 10 | 브라질 | 20,812 | 16,090 | 16,090 |
| 11 | 러시아 | 20,626 | 17,758 | 17,788 |
| 12 | 한국 | 17,219 | 17,985 | 18,110 |
|  | 전 세계 | 1,055,688 | 965,131 | 853,283 |

(출처 : 각 기관 발표자료)

면 인도의 인구는 정말 엄청난 수준이다.

　제아무리 경제 규모가 세계 5위일지라도 인구가 너무 많다 보니 인도의 1인당 국민소득은 낮은 편이다. 국제통화기금이 물가 수준을 고려하지 않고 단순하게 추산한 2022년 기준 인도의 1인당 국민소득은 2,466달러로서 전 세계에서 약 140위권에 위치한다.[9] 전형적인 중하위 소득국 신세다.[10] 1장에서도 설명했듯이 인도의 1인당 국민소득은 우리가 아시아 빈곤 국가의 대명사로 알고 있는 방글라데시의 2,734달러보다도 낮은 수준이다. 방글라데시와 인도와의 1인당 국민소득 역전 현상은 2020년에 이미 나타났다. 세계은행, 유엔, 국제통화기금 등 주요 기관들 모두 이제는 방글라데시가 인도

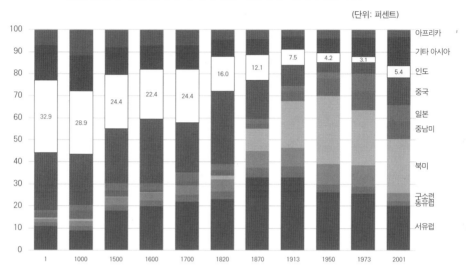

**주요 경제가 세계 경제에서 차지하는 비중의 추이(서기 1년 이후)**

(단위: 퍼센트)

(출처: 앵거스 매디슨(2003)의 「세계 경제의 역사적 통계」, OECD, p. 261의 Table 8b를
필자가 재구성했다.)

보다 소득 수준이 높다고 발표하고 있지만 인도는 "그럴 리가 없다."
라며 현실을 부정하고 있는 상황이다.[11] 14억 인구인 대국과 인구가
1억 6,000만 명에 불과한 소국을 비교하는 것 자체가 말이 안 된다
는 이유를 대면서 항상 자국보다 한 수 아래라고 생각했던 방글라데
시의 약진을 애써 무시하고 있다.

　지금 인도는 연간 1인당 국민소득이 2,500달러에도 못 미치는
중하위 소득국이다. 하지만 과거에도 그랬을까? 영국의 경제학자
인 앵거스 매디슨Angus Maddison이 2003년과 2007년에 각각 발표
한 연구 자료[12]에 의하면 놀랍게도 인도는 서기 1년부터 18세기까
지 거의 1800년 동안 중국과 더불어 전 세계에서 가장 큰 양대 경
제 대국이었다. 즉 인도(위 그래프에서 초록색 부분)와 중국(위 그래프에

서 빨간색 부분)이 과거 1,800년 동안 G2 경제 대국으로 군림하면서 세계 경제를 이끌어왔다는 것이다.

18세기 들어 유럽과 미국에서 산업혁명이 본격화되면서 각종 공업 생산품이 쏟아져 나오기 전까지 어떤 국가의 부wealth라는 것은 3가지 기준으로 결정되어 왔다. 첫째, 얼마나 많은 땅을 보유하고 있는가. 둘째, 얼마나 많은 농산물이나 천연자원을 생산 또는 채굴하고 있는가. 셋째, 필요에 따라서 다른 나라와 전쟁이나 교역을 해서 얼마만큼의 부를 획득하는가. 따라서 엄청나게 넓은 땅에서 다양한 농산물을 지속적으로 생산해온 중국과 인도가 전 세계에서 가장 큰 경제였다는 게 어찌 보면 당연했다. 하지만 산업혁명이 이 모든 것을 바꿔놓았다. 인도가 세계 경제에서 차지하는 비중은 18세기를 지나면서 급격히 추락하여 1970년대를 전후해서는 전 세계 경제의 3퍼센트 수준까지 추락한 것을 볼 수 있다. 반면 인도의 비중이 줄어든 만큼 유럽과 미국의 비중이 급격하게 커진 것을 알 수 있다.

영국이 인도를 식민 지배한 기간을 통상 '200년의 식민 통치'라고 부른다. 공식적으로 인도는 1858년에 영국의 식민지로 편입되었고 1947년에 독립했으니 정확하게 200년은 아니다. 하지만 1757년 플라시 전투에서 프랑스 세력을 인도에서 몰아낸 영국이 인도의 경제와 정치에 막강한 영향력을 행사해왔으니 '200년의 식민 통치'라고 불러도 무방하겠다.

이 기간 인도 경제와 사회가 겪은 피해가 다음 그래프에서 고스란히 드러난다.[13] 세계 경제에서 인도 경제가 차지하는 비중이 1820년대 16퍼센트 수준에서 '일관되게' 줄어드는 동안 영국이 세

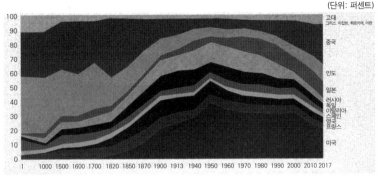

세계 주요 국가가 세계 경제에서 차지하는 비중

(단위: 퍼센트)

(출처: 제프 데자댕, www.visualcapitalist.com)

게 경제에서 차지하는 비중은 '일관되게' 늘어난다. 인도의 비중이 감소한 만큼 그대로 '복사, 붙여넣기' 했다는 생각이 들 정도로 영국의 경제 규모가 성장한다. 참으로 슬픈 식민지 경제의 비극이다.


## 왜 '힌두 경제성장률'이라는 용어가 나왔는가

인도 경제를 상징하는 두 번째 키워드는 '낮은 경제성장률'이다. 지금이야 인도가 높은 성장률을 누리고 있지만 과거에는 그렇지 못했다. 앞 장에서 언급한 앵거스 매디슨의 추산에 따르면 인도 경제는 1913년부터 1950년까지 연평균 0.23퍼센트 증가하는 데 그쳤다.[14] 말이 좋아서 0.23퍼센트이지 평균 인구 증가율에도 미치지 못하는 수준이었으니 사실상 경제가 정체하거나 후퇴했다고 표현하는 게 정확하다. 하지만 이 시기는 영국의 식민 지배를 받던 시절이었다. 영국에게 엄청난 수탈을 당하던 시기였으니 낮은 경제성장률이 어느 정도 이해된다고 할 수 있다.

그렇다면 식민 지배를 벗어난 거대한 신생 독립 국가 인도는 과연 고도성장의 길을 걸어갔을까? 안타깝게도 그렇지 못하다. 매디슨의 추산에 따르면 1950년부터 1973년까지 인도의 연평균 경제성장률은 고작 3.54퍼센트에 불과하다. 1947년에 영국으로부터 독립하고도 왜 이렇게 한참이나 낮은 경제성장률을 벗어나지 못했을까? 그리고 이러한 추세가 무려 1990년대 초반까지 이어진 이유는 무엇일까? 이제 그 이야기를 해보자.

독립 직후부터 오랜 기간 지속된 인도의 낮은 경제성장률은 워낙에 악명이 높아서 이를 지칭하는 별명이 생길 정도였다. 하긴 1950년대부터 1980년대까지 국내총생산은 3퍼센트 중반대에 1인당 국민소득은 1퍼센트 초반대라는 낮은 성장률을 수십 년간 유지했으니 오죽하겠는가? '힌두 경제성장률Hindu growth rate'이라는 단어는 바로 이런 인도 특유의 저성장을 자조적으로 지칭하는 단어다. 이 용어는 누가 맨 처음 사용했을까?

인도의 경제학자인 비카스 미슈라Vikas Mishra는 1962년 자신의 저서『힌두교와 경제성장Hinduism and Economic Growth』에서 힌두교 특유의 숙명론과 현실에 대해 안분지족하는 태도가 경제성장에 도움이 되지 않는다는 주장을 펼쳤다.[15] 이후 그의 제자였던 라즈 크리슈나Raj Krishna가 3퍼센트대 중반에 불과한 경제성장률을 지칭하는 말로서 '힌두 경제성장률'이라는 단어를 최초로 사용한 것으로 알려져 있다.

한편 다른 경제학자들은 인도의 저성장이 힌두교 특유의 성향에 기인했다기보다는 1947년 인도의 독립 이후 1990년대에 이르기

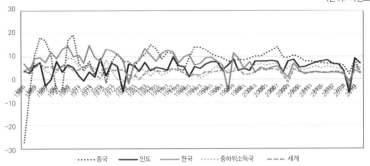

### 1961년 이후 한국, 중국, 인도 등의 경제성장률[16]

(단위: 퍼센트)

······중국 ——인도 ——한국 ······중하위소득국 ——— 세계

(출처: 세계은행 자료를 기초로 필자가 재구성했다.)

까지 인도 정부가 보호무역주의와 과도한 시장개입을 통해 경제를 운영한 결과라고 주장한다. 인도 정부의 경제 운용방식이 독립 이후 약 30년간 인도 경제에 어떠한 악영향을 미쳤는지는 다음 장에서 자세히 설명하겠다.

인도의 저성장은 경쟁국들과 비교해보면 좀 더 확연해진다. 위의 그래프는 1961년 이후 중국, 인도, 한국 3개국의 경제성장률을 중하위 소득국 및 세계 평균과 비교한 것이다. 1960년부터 2020년까지 60년 동안 초록색으로 표시된 인도의 경제성장률이 중국을 추월한 경우는 고작 13번에 머물고 나머지 47년의 기간 동안 중국은 일관되게 인도의 경제성장률을 상회해왔다.

1961년부터 인도가 본격적인 경제개혁을 시행하기 전인 1990년까지 약 30년 동안 평균 경제성장률은 약 4.2퍼센트 수준이다. 인도가 속한 중하위 소득국의 평균이 오히려 인도보다 더 높은 4.3퍼센트를 기록하고 있다. 게다가 이 기간 한국과 중국의 평균 경제성장률은 최저 5퍼센트대에서 최대 10퍼센트를 기록했다.

### 주요 국가의 평균 경제성장률

(단위: 퍼센트)

| 연도 | 1961~ 1970 | 1971~ 1980 | 1981~ 1990 | 1991~ 2000 | 2001~ 2010 | 2011~ 2020 | 1961~ 1990 | 1991~ 2020 |
|---|---|---|---|---|---|---|---|---|
| 중국 | 5.0 | 6.2 | 9.3 | 10.5 | 10.6 | 6.8 | 6.8 | 9.3 |
| 인도 | 4.0 | 3.1 | 5.6 | 5.6 | 6.8 | 5.1 | 4.2 | 5.8 |
| 한국 | 9.5 | 9.4 | 10.0 | 7.2 | 4.7 | 2.5 | 9.6 | 4.8 |
| 중하위 소득국 | 5.4 | 3.8 | 3.6 | 3.3 | 5.6 | 4.0 | 4.3 | 4.3 |
| 세계 | 5.2 | 3.8 | 3.2 | 3.0 | 3.0 | 2.4 | 4.1 | 2.8 |

중하위 소득국은 세계은행 기준으로 인도가 여기에 속한다.
(출처: 세계은행 자료를 필자가 재구성했다.)

 

　또한 1990년대 들어서 인도 경제가 경제개혁 조치 덕분에 높은 경제성장률을 유지했다고는 하지만 실제로는 1991년부터 2020년까지 인도의 평균 경제성장률은 5.8퍼센트 내외인 반면 중국은 이보다 더 높은 9.3퍼센트대를 유지한다. 그러다 보니 1960년 기준 1인당 국민소득이 중국은 89.5달러, 인도는 82.2달러로 거의 차이가 없었지만 60년이 지난 지금은 그야말로 크게 차이가 벌어졌다. 실제로 국제통화기금이 추산한 2022년 기준 중국의 1인당 국민소득은 약 1만 2,970달러로 인도의 약 5배 수준이다. 각도기의 눈금이 처음에는 큰 차이가 안 나지만 점점 그 간격이 벌어지듯이 60년의 세월 동안 두 나라의 간극이 엄청나게 벌어진 셈이다. 그렇다면 인도의 낮은 경제성장률이 그렇게 오랫동안 지속된 이유는 무엇일까? 인도가 영국으로부터 독립한 1947년으로 돌아가 보자.

# 3

# 규제의 왕국에서 자유시장경제로 변모하다

## 왜 인도는 '잃어버린 30년'을 보내야 했는가

인도 경제전문가인 컬럼비아대학교의 아르빈드 파나가리아Arvind Panagariya 교수는 인도 정부의 경제정책 실패로 인해 독립 이후 무려 30년간이나 지속된 저성장의 시대를 '잃어버린 30년'이라고 불렀다.[17] 무슨 이유로 무려 30년 동안이나 저성장이 계속된 것일까? 이것을 이해하기 위해서는 잠시 인도의 현대 정치를 이해해야 한다.

인도가 독립한 1947년부터 1989년까지 40년이 넘는 기간 동안의 정치를 한 문장으로 요약하면 '네루 집안의 3대(할아버지, 딸, 손자)가 마치 인도 총리 자리가 가업家業이라도 되듯이 물려주면서 인도 정치를 좌지우지하던 시대였다.'라고 말할 수 있다.[18] 40년 중 잠깐 네루 집안이 아닌 다른 사람들이 총리직을 수행한 시기가 있었으나 길지 않았다.

네루 총리는 1910년대 영국 케임브리지대학교의 트리니티 칼리지를 졸업했으며 영국 유학 중에 페이비언협회Fabian Society[19] 사상에 영향을 받았다. 그 결과 그의 경제 정책은 전반적으로 사회주의적 색채, 보호무역주의, 정부의 적극적인 개입을 옹호하는 특색을 띠게 되었다. 그의 뒤를 이어받은 딸(인디라 간디)과 손자(라지브 간디) 역시 정도의 차이는 있었으나 전반적으로 사회주의적 경제 정책을 꾸준히 추진했다.

1940년대 후반부터 1950년대 초반까지 여러 아시아 국가가 식민지에서 독립하거나(인도, 인도네시아, 대만, 한국) 전쟁의 폐해를 벗어나(중국, 일본) 경제성장의 길에 나서기 시작했다. 이들 나라의 출발점은 비슷했다. 모든 나라가 처음에는 이른바 '수입 대체 산업화Import Substitution Industrialization'[20]를 추진했다. 외세에 의존하지 않고 자급자족과 산업화를 이루어야 한다는 생각은 대부분의 나라가 비슷했다.

하지만 이 나라들은 이후 상반된 길을 택하게 된다. 우선 우리나라, 대만, 중국은 내수 지향적이고 폐쇄적인 사고방식의 덫에 빠지지 않고 1960~1970년대에 걸쳐 적극적으로 수출시장을 두드렸다. 반면 인도는 자급자족과 수입 대체 산업화라는 두 가지 경제 정책을 중점적으로 추진하면서 무역정책 역시 관세 부과 등을 통해 수입을 억제하는 전형적인 보호무역주의 정책을 시행하게 된다.

그나마 얼마 안 되는 재원은 정부에 의해서 중화학 공업 부문으로 집중되었다. 하지만 정부의 보호막에 안주한 중화학 공업은 극심한 비효율에 시달리게 되고 재원이 부족한 소비재 산업 부문은 정부의 과도한 규제로 인해 가내수공업 수준의 경쟁력이 낮은 기업만 난립하는 상황이 되었다. 수입 대체 산업화의 부작용으로 중화학

공업을 중심으로 한 공공 부문의 비대화와 소비재 산업을 중심으로 한 민간 경제에 대한 과도한 규제로 변질된 것이다.[21]

영국의 식민 지배 시절을 가리키는 '브리티시 라지British Raj'라는 단어가 있다. 라지Raj는 힌디어로 '국가' 또는 '정부'를 뜻하므로 브리티시 라지는 '영국 정부의 지배'라는 뜻이다. 그런데 독립 이후에는 각종 규제로 점철된 인도 정부의 경제 운용방식을 비판하는 '라이센스 라지Licence Raj'라는 말이 등장한다. 한마디로 규제 공화국이라는 뜻이다. 독립 이후 인도 정부의 각종 규제가 얼마나 악명 높았으면 영국 식민정부의 지배와 비교하는 수준에 이르렀을지 짐작할 수 있다.

인도 정부는 여기에서 한발 더 나아가 주요 산업을 국유화하기에 이른다. 1950년대부터 1980년대 초반에 이르기까지 대부분의 은행, 보험사, 석유회사, 광산회사, 항공사 등이 줄줄이 국유화되었다. 자급자족에 대한 환상, 수입 대체 산업화에 대한 맹신, 정부의 보호막 아래 안주하는 중화학 공업의 낮은 경쟁력, 각종 인허가와 규제에 발목 잡힌 소비재 산업 등 총체적인 경제적 난국 속에서 빈곤 탈출은 느리기만 했다.[22]

결과적으로 독립한 지 한 세대가 지난 1980년 초반 1인당 국민소득은 독립 직후와 비교해서 겨우 50퍼센트 정도 상승했을 뿐이다. 좀 심하게 말하자면 인도가 가지고 있던 성장잠재력을 거의 일깨우지도 못한 채 약 30년의 세월이 흘러간 것이다.

## 1990년대 자유화 조치로 경제 체질이 바뀌었다

1980년대 들어서면서 규제 일변도 경제 정책에 대한 반성과 함께 정부의 재정 지출 확대와 루피화 가치 하락이 맞물리면서 해외시장에서 인도 상품의 경쟁력이 느리지만 천천히 개선되었다. 정부는 경제 일부분의 규제를 풀어주는 등 민간 부문에 활력을 불어넣기 위해서 노력하게 된다. 그 덕분에 독립 이후 30년 동안 연평균 3퍼센트 중반의 성장에 그쳤던 인도 경제는 1981년부터 1988년까지 연평균 5퍼센트에 육박하는 제법 높은 경제성장률을 기록했다. 하지만 행복한 시절은 그리 오래가지 않았다. 우선 인도의 주요 교역 상대국이자 군수 물자 제공 국가였던 구소련이 붕괴했다. 그러자 수출에 어려움을 겪는 가운데 해외 수입이 꾸준히 늘어났고 외화보유고는 줄어들었다. 게다가 정부마저 재정적자에 시달리면서 이른바 '쌍둥이 적자'에 내몰렸고 1991년 인도는 외환위기를 겪게 된다. 인도는 우리나라에 닥친 외환위기를 6년 먼저 겪은 것이다.

1991년 6월 집권한 라오 총리는 외환위기에 휩싸인 인도 경제를 조속히 회복시켜야 하는 힘든 임무를 부여받았다. 그는 경제 자유화를 통해 산업 경쟁력을 제고하겠다는 목표로 집권한 지 채 두 달도 되지 않은 시기에 전격적으로 새로운 산업정책을 발표했다. 우선 인도 제품의 수출경쟁력을 확보하기 위해 루피화를 대폭 평가 절하하고 소비재 수입을 제외한 각종 투자와 수입 관련 인허가 제도를 폐지했다. 또한 인도에 대한 해외직접투자 문호를 대폭 개방했고 수입 관세의 점진적 인하, 법인세 인하,[23] 통신업, 항공운수업, 은행업 등 주요 산업에 대한 민간 기업의 참여 허용과 같은 자유화 조치도 취했다.

1998년 집권한 국민민주동맹National Democratic Alliance 정부도 라오 총리의 경제개혁 조치를 대부분 계승했다. 법인세율을 30퍼센트대로 추가 인하했고 소비재에 대한 수입허가 제도를 철폐하고 수입 관세를 추가로 낮췄고 100퍼센트 외국자본으로 회사를 세울 수 있게 허용했다. 가장 의미 있는 산업 자유화 조치는 1999년 발표된 신통신정책New Telecom Policy이었다. 이를 기폭제로 인도의 이동통신이 비약적으로 발전할 수 있게 된다. 1990년대 이후의 각종 자유화 조치들 덕분에 인도 경제는 확실히 체질이 바뀌었다. 많은 경제연구자가 이때부터 인도 경제가 세계 경제에 본격적으로 편입되기 시작했고 발전의 길에 들어섰다고 평가한다.

하지만 2004년 집권한 만모한 싱Manmohan Singh 정권은 그 이전까지 인도 경제가 거둬들인 성장의 과실을 빈곤퇴치에 사용하는 데 큰 관심을 기울이면서 안타깝게도 전임 정권에서 추진했던 경제개혁 정책을 가속하지 못했다. 그 결과 2004년부터 약 10년 동안 뚜렷한 경제개혁 조치는 찾기 힘들다. 반면 인도에 진출한 외국계 기업에 불리한 조세 제도를 도입했고 토지의 구입을 어렵게 하는 토지구매법도 통과시키는 등 정책 실패를 거듭했다.

2014년 집권한 나렌드라 모디 총리의 경제 정책에 대해서는 2장의 앞부분에서 자세하게 설명했다. 간략하게 요약하자면 각종 조세 제도를 개혁하고 부정부패 퇴치에서도 일정 수준의 성과를 내면서 연 7~8퍼센트 내외의 경제성장률을 이끌었다. 물론 2020년 이후 발생한 코로나 팬데믹 사태로 인해 인도는 G20 국가 중 가장 심한 경기 위축을 경험하기도 했다. 하지만 2021년 후반기 이후 대부분

극복한 것으로 평가된다.

1947년 이후의 인도 경제 역사를 간략히 요약하자면 1980년대까지 이어진 사회주의적, 보호무역주의적, 정부 주도의 비효율적인 경제 운용으로 인해 느림보 걸음을 계속하다가 1990년대 이후 약 10년간 지속된 경제 자유화 조치로 비로소 진정한 의미의 경제성장에 들어서게 되었다. 2000년 들어 경제개혁 조치가 잠시 주춤하기도 했지만 2014년 모디 총리 집권 이후 비교적 높은 경제성장률을 유지하고 있다.

그러나 여전히 인도의 발목을 잡고 있는 문제가 있다. 아무리 경제성장률이 높아졌다고는 하나 아직도 인도가 풀지 못한 가장 큰 문제, 인도 하면 가장 먼저 떠오르는 바로 그 문제인 빈곤과 빈부 격차이다.

# 4

# 소득 격차가 크고 부의 분배가 불평등하다

## 최고 부유층으로 부가 집중돼 있다

2018년 9월 영국의 최대 일간지인 『더 선』에 재미있는 구인 광고가 올라왔다. 인도 신문인 『힌두스탄 타임스』는 이 구인 광고를 인용해서 기사를 썼다.[26] 인도의 한 갑부가 스코틀랜드에 소재한 세인트앤드루스대학교에 신입생으로 입학한 딸이 머물 수 있도록 현지에 대저택을 매수한 후 딸의 시중을 들고 저택을 관리할 사람 12명을 구한다는 내용이었다. 그의 딸은 대학 입학 선물로 대저택과 12명의 하인을 받게 된 것이다.

채용을 담당했던 인력회사의 홈페이지에는 하우스 매니저 1명, 가정부 3명, 정원사 1명, 전담 가사도우미 1명, 비서 1명, 일꾼 3명 등의 주요 업무도 제법 상세히 적혀 있었다. 아침에 학생을 깨우고 스케줄을 관리하고 화장을 도와주고 의상을 챙기고 출입문을 대신 열어주고 쇼핑을 같이 가주는 등 학생의 일거수일투족을 다 시중드는 것이었다. 연봉은 개별 협의가 원칙이었는데 1인당 최소 3만 파운드(약 5,000만 원)부터 시작된다고 알려졌다. 한마디로 차원이 다른 부자들의 세계다.

인도에는 이처럼 상상을 초월하는 부자도 많지만 상상을 초월하는 빈자가 더 많다. 극단적인 부와 빈곤이 공존하는 것이다. 본격적으로 부의 불평등을 이야기하기 전에 인도의 소득 격차가 얼마나 심한지 이야기해보자.

세계은행의 최근 자료에 따르면 가장 소득 격차가 심한 나라는 남아프리카공화국(지니계수 0.630), 나미비아(0.591), 수리남(0.579), 잠비아(0.571) 등이 있고 빈부 격차가 가장 작은 나라는 슬로베니아(0.246), 체코(0.250), 벨라루스(0.253) 등이 있다.[25] 인도는 가장 최근 자료가 2019년 기준이었는데 지니계수는 0.357 정도로 167개국 중 77위다. 참고로 우리나라는 0.314(2016)로 36위, 중국은 0.382(2019)로 98위를 차지하고 있다.[26]

몇몇 독자들은 '어? 인도의 지니계수가 생각보다 그리 높지 않네.'라고 생각할 수 있다. 소득의 분포만 보자면 그렇다. 하지만 문제는 좀 더 깊은 곳에 숨어 있다. 바로 사람들이 소유한 부의 불평등 정도가 얼마나 심각한지를 살펴봐야 한다. 다음 표는 2021년 6월 유명 투자은행인 크레디트 스위스가 발표한 「세계 부 보고서」의 일부분이다.[27] 이 표를 보면 인도에서 부의 분배가 얼마나 불평등한지를 쉽게 확인할 수 있다.

첫째, 인도에서 총재산이 1만 달러(1,200만 원)도 채 안 되는 성인이 전체 성인 인구의 77퍼센트가 넘는 무려 7억 6,000만 명이나 된다. 총재산이 10만 달러(1억 2,000만 원)에 미치지 못하는 인구는

## 한국, 중국, 인도의 재산 분포 추이

| | | 인도 | 중국 | 한국 |
|---|---|---|---|---|
| 성인 총 인구수(단위: 만 명) | | 99,044 | 110,496 | 4,249 |
| 성인 1인당 재산(평균값, 단위: 달러) | | 14,252 | 67,772 | 211,369 |
| 성인 1인당 재산(중앙값, 단위: 달러) | | 3,194 | 24,067 | 89,672 |
| 재산분포<br>(퍼센트) | 1만 달러 이하 | 77.2 | 20.9 | 14.8 |
| | 1만~10만 달러 | 21.1 | 66.1 | 38.3 |
| | 10만~100만 달러 | 1.7 | 12.5 | 44.4 |
| | 100만 달러 이상 | 0.1 | 0.5 | 2.5 |
| 재산 기준 지니계수 | | 0.823 | 0.704 | 0.676 |

(출처: 「세계 부 보고서 2021」, 크레디트 스위스, 2021년 6월)

## 소득 계층별로 국가 전체의 부에서 차지하는 비중

(단위: 퍼센트)

| | 상위 1퍼센트 | 상위 5퍼센트 | 상위 10퍼센트 |
|---|---|---|---|
| 인도 | 40.5 | 61.7 | 72.5 |
| 중국 | 30.6 | 48.9 | 59.9 |
| 한국 | 23.6 | 42.0 | 53.9 |

(출처: 「세계 부 보고서 2021」, 크레디트 스위스, 2021년 6월)

전체 성인 인구의 98퍼센트를 넘어선다.

둘째, 인도 성인의 평균 재산 규모가 1만 4,252달러인 데 반해 중앙값은 겨우 3,194달러로서 그 차이가 4.5배에 달한다. 즉 인도 성인 2명 중 1명은 3,194달러도 안 되는 재산을 보유하고 있다. 극단적으로 부유한 소수에 의해 평균값이 왜곡되는 평균의 함정 현상이 나타나는 것을 알 수 있다.[28] 이에 비해 우리나라와 중국은 중앙값과 평균값의 차이가 2.4배와 2.8배 수준이다.

셋째, 상위 1퍼센트에 속하는 사람들이 인도 전체 부의 40퍼센트 이상을 소유하고 있고 상위 10퍼센트로 넓혀보면 70퍼센트 이상이다. 우리나라와 중국과 비교해도 최고 부유층으로 부가 집중된 현상을 확인할 수 있다.

## 부의 불평등이 지리적으로도 존재한다

인도에서 부의 불평등은 계층 간뿐 아니라 지리적으로도 존재한다. 인도의 1인당 국민소득은 약 2,400달러 수준이다. 하지만 워낙에 땅도 넓고(국토 면적이 우리나라의 약 33배) 인구도 14억 명을 넘다 보니 지역적인 빈부 격차도 매우 크다. 그렇다면 인도 내 총 28개 주와 8개 연방직할지 중에서 가장 잘사는 지역은 어디일까?

얼핏 생각하면 수도인 뉴델리라고 생각할 수 있다. 하지만 뉴델리는 3등이고 아라비아해에 접한 남서부의 고아Goa가 1등이다. 면적 기준으로는 인도에서 가장 작은 주이지만 그럼에도 불구하고 서울시의 6배에 달한다. 450년간 포르투갈의 식민 지배를 받았던 까닭에 포르투갈 문화와 남부 인도의 문화가 융합된 독특한 분위기가 형성되어 있어서 많은 해외 관광객이 찾는 지역이다. 주력 산업인 관광 산업 덕분에 1인당 국민소득이 매우 높아서 7,000달러를 넘어선다.

두 번째로 잘사는 동네는 시킴Sikkim으로 1인당 국민소득이 6,400달러 정도 된다. 인도 북동쪽에 삐죽이 나와 있는 8개가량의 주들이 있는데 그중에서도 위쪽으로 솟아오른 곳이 시킴이다. 인구가 100만 명도 안 되는 아주 작은 주인데 무려 1975년까지 독립 왕국으로 존재하고 있다가 주민투표를 거쳐 인도에 합병된 곳이다.

## 인도 주·연방직할지별 1인당 국민소득

| 순위 | 주·연방<br>직할지 | 2020년 3월 말 기준<br>(루피) | 2019년 3월말 기준<br>(달러) | 2019년 3월 기준<br>인도 평균대비(퍼센트) |
|---|---|---|---|---|
| 1 | 고아 | 520,030 | 7,029 | 335 |
| 2 | 시킴 | 487,201 | 6,421 | 306 |
| 3 | 델리 | 427,309 | 5,817 | 277 |
| 4 | 찬디가르 | 359,030* | 5,297 | 252 |
| 5 | 하리아나 | 290,712 | 3,840 | 183 |
| 6 | 카르나타카 | 246,880 | 3,359 | 160 |
| 7 | 푸두체리 | 244,431 | 3,334 | 159 |
| 8 | 케랄라 | 225,484* | 3,327 | 158 |
| 9 | 텔랑가나 | 250,920* | 3,321 | 158 |
| 10 | 구자라트 | 222,486* | 3,283 | 156 |

*2019년 3월 말 집계 기준.
(출처: 인도 통계부의 2021년 3월 발표자료)

면적은 넓지 않지만 저지대에서 히말라야산맥까지 다양한 고도가 펼쳐지는 특이한 곳으로서 계단식 논을 활용한 쌀농사와 관광 산업으로 상당한 부를 축적했다.

세 번째로 잘사는 동네가 바로 수도인 뉴델리인데 약 5,800달러 정도 된다.

네 번째로 잘사는 동네인 찬디가르도 역시나 좀 특이한 곳이다. 이곳은 주는 아니고 연방직할지인데 1인당 국민소득은 약 5,300달러 정도다. 스위스에서 태어나 프랑스에서 주로 활동한 유명 건축가인 르 코르뷔지에Le Corbusier가 설계한 도시로 유명하다. 이 도시는 연방직할지면서 인접한 펀자브와 하리아나Haryana 주의 수도를 겸하고 있다.

하지만 1~4위까지는 모두 관광업에 특화된 지역이거나 면적이나 인구가 작은 연방직할지다. 인구도 수천만 명 정도 되고 면적도 제법 넓은 제법 주다운 주끼리의 순위를 살펴보면 하리아나(5위), 카르나타카(6위), 케랄라(8위), 텔랑가나(9위), 구자라트(10위) 등이 상위권에 있다. 그나마 이런 지역의 1인당 국민소득이 3,000달러를 넘어선다.

그렇다면 가장 가난한 지역은 어디일까? 인도 북부에 있는 2개 주인 우타르프라데시Uttar Pradesh와 비하르Vihar가 가장 낙후되어 있는데 그중에서도 가장 가난한 동네는 비하르 지역이다. 1인당 국민소득이 700달러가 채 되지 않으니 하루 벌이가 2달러도 되지 않는 지역이다. 이어 우타르프라데시(31위), 비하르에 인접한 자르칸드Jharkhand(30위), 그 앞으로 북동부 8개 주 중 3개 주인 마니푸르Manipur(29위), 아삼Assam(28위), 메갈라야Meghalaya(27위) 등이 있다.

요약하자면 아라비아해를 인접한 인도 서부와 남부 지역은 전체적으로 그나마 경제 사정이 좋지만 북부와 동부 지역은 그렇지 못한 상황이다. 따라서 경제적으로 그나마 앞서 있는 인도의 서부와 남부의 구자라트, 마하라슈트라, 타밀나두, 케랄라, 카르나타카 등의 지역을 이해하지 못하면 현재의 인도 경제를 이해하지 못하게 된다. 인도 경제를 견인하는 이들 지역에 대해서는 3장에서 따로 설명했다.

계층 간, 지역 간 극심한 빈부 격차 이외에도 인도 경제의 또 다른 특징은 무엇일까? 바로 계급 간, 성별 간 차별과 부정부패가 아닐까? 그 이야기를 이어가 보자.

# 5

# 인도에서는 어떤 차별이 벌어지고 있을까

## 카스트에 따라 소득과 재산 축적이 달라진다

2012년 인도 내 1,000개 기업(전체 주식시장 상장액의 5분의 4를 차지)을 대상으로 조사한 결과 전체 등기 임원 중 92.6퍼센트가 이른바 '상위 카스트'라는 연구 결과가 발표되었다. 상위 카스트에 속하지 못하는 기타 후진 계급 출신은 3.8퍼센트였고 불가촉천민과 기타 부족을 통칭하는 지정 카스트와 지정 부족은 3.5퍼센트였다.[29]

인도의 카스트는 크게 5계급으로 나뉜다. 브라만, 크샤트리아, 바이샤, 수드라, 그리고 불가촉천민을 포함한 기타 계급이다. 상위 카스트는 통상 브라만, 크샤트리아, 바이샤 계급을 말한다. 그렇다면 1,000대 주요 기업의 임원 자리의 92.6퍼센트를 독차지한 상위 카스트는 전체 인구의 얼마나 될까? 주별로 또 조사 시기별로 그 비중이 차이가 나지만 통상 상위 카스트는 인도 전체 인구의 약 4분의 1, 기타 후진 계급은 약 2분의 1, 불가촉천민과 기타 부족 계급

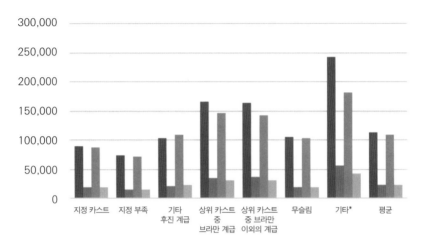

**카스트 계급 차이에 따른 소득과 소비의 차이**

(단위: 루피)

■ 연평균 가계소득　■ 1인당 소득　■ 연평균 가계 소비　■ 1인당 소비

\*힌두교나 이슬람교에 속하지 않고 하위카스트에 속하지 않는 계급으로 인도 전체 인구의 약 0.004퍼센트를 차지하며 경제적으로 매우 부유한 파르시 민족이 대표적이다. (출처: 「부의 불평등, 인도의 계급과 카스트 1961~2012」)

이 나머지 약 4분의 1을 차지한다. 전체 인구의 약 25퍼센트에 불과한 특정 계급이 사실상 인도 기업의 수뇌부를 점령하고 있다고 해도 과언이 아니다.

경제활동에서 이렇게 엄연하게 존재하는 카스트에 따른 차별은 결국 카스트 계급에 따라 소득이나 재산 축적의 규모가 달라지는 결과를 낳는다. 2018년 11월에 발표된 「부의 불평등, 인도의 계급과 카스트 1961~2012」에 따르면 지정 카스트와 지정 부족 계급은 인도 전체 평균과 비교하여 각각 21퍼센트, 34퍼센트가량 낮은 소득을 벌어들이는 것으로 나타났다. 기타 후진계급도 인도 전체 평균에 비해서 8퍼센트가량 낮은 소득을 얻고 있는 것으로 조사되었다. 반면 상위 카스트는 인도 평균 소득보다 평균 45퍼센트 이상을 더 벌고 있는 것으로 나타났다.[30, 31]

소득 격차가 꾸준히 발생하는 상황에서 카스트 계급에 따른 재산 격차는 당연하다. 같은 보고서에 따르면 전체 인구의 4분의 1에 불과한 상위 카스트 힌두교도가 인도 전체 부의 41퍼센트를 차지하고 있다. 반면 인도 인구의 7.8퍼센트나 되는 지정 부족은 고작 3.7퍼센트를 소유하는 것으로 나타났다. 이 보고서는 2011년 재산 소득 조사에 근거했는데 2020년 코로나 팬데믹 사태가 발생하면서 부자는 더욱 부자가 되고 가난한 사람은 더욱 가난해지는 부의 편중 현상은 더 심해졌을 것으로 추정된다.

카스트에 의한 차별은 지역에 따라 그 정도가 상당히 다르게 나타나는데 일반적으로 인도 남부로 내려갈수록 카스트에 의한 차별이 완화된다. 반면 북부 지역에서 그 정도가 심한 것으로 알려져 있는데 인도 현지 연구자들에 따르면 북부의 비하르, 우타르프라데시, 라자스탄 같은 지역에서는 아직도 차별이 심하다고 한다.[32] 그중 비하르와 우타르프라데시는 인도에서 가장 가난한 지역 1, 2위를 다투는 곳이다. 그럼 우타르프라데시에서 카스트 차별은 어느 정도 수준일까?

장 드레즈Jean Drèze를 포함한 3명의 경제학자는 2012년 아주 단순하지만 재미있는 조사를 실시했다.[33] 인구가 약 150만 명가량 되는 도시 알라하바드(우타르프라데시주 소재)의 주요 정부 기관, 법원, 검찰, 산업협회, 노동조합, 학교 등의 홈페이지에 접속해서 그 조직의 고위직 명단 중에서 소위 상위 카스트에 속하는 사람들의 비율이 얼마인지를 조사했다. 참고로 인도인은 이름을 보면 대부분 상대의 카스트를 알아맞힐 수 있다. 예를 들어 미슈라Mishra, 데사이 Desai, 무케르지Mukherjee, 차테르지Chatterjee, 아차리아Acharya, 바트 Bhat, 라오Rao, 샤르마Sharma 등의 성은 최상위 계층에 속하는 브라만의 성이다.

그들이 찾아낸 내용은 상당히 충격적이었다. 우타르프라데시의 경우 전체 인구의 약 21퍼센트에 불과한 상위 카스트가 법원과 경찰을 포함한 사법기관 고위직의 70퍼센트에서 심하면 거의 100퍼센트를 차지하고 있었다. 게다가 이런 현상은 법원이나 경찰과 같은 공공 부문에서뿐만 아니라 민간 부문, 즉 NGO, 변호사협회, 각종 노조, 언론사 등에서도 뚜렷이 나타나거나 일부는 공공 부문보다도 더 심각했다. 마지막으로 좀 더 우울한 소식은 상위 카스트가 예술계와 대학교 학생회 대표자의 70~90퍼센트를 차지하고 있었다. 어찌 보면 가장 자유롭고 미래지향적이어야 할 예술가 집단과 대학생 집단에서도 상위 카스트의 권력 독점이 그대로 나타나고 있는 것이다. 현재는 물론 미래에도 건재할 것이라는 우울한 전망이 가능하다. 그렇다면 그때로부터 약 10년이 지난 지금은 상황이 좀 바뀌었을까?

2021년 9월 우타르프라데시 주 정부는 소폭의 개각을 단행했다. 이 개각의 결과를 분석한 신문 기사에 따르면 총 24명의 주 정부 장관 중 무려 16명이 상위 카스트에 속한다고 한다(조금 전에 언급한 대로 상위 카스트는 우타르프라데시 인구 중 21퍼센트에 불과하다). 분석 대상을 장관급 인사까지 넓히면 대상자는 총 60명이다. 그들 중 상위 카스트 27명, 기타 후진 계급 23명, 지정 카스트 9명, 이슬람교도 1명으로 구성되어 있다. 안타깝게도 바뀐 게 별로 없다.[34]

## 여성 경제참여율은 이슬람 국가와 비슷하다

카스트 차별만큼이나 성차별도 인도를 괴롭히는 문제다. 인도 여성이 직면한 다양하고 심각한 차별의 문제가 있겠지만 여기서는 인도 여성의 경제활동에 대해서만 살펴보기로 하자.

인도에서 여성의 지위, 특히 경제적 지위는 다음 페이지의 표 하나로 다 설명된다고 해도 과언이 아니다. 세계은행에서 발표한 자료[35]로서 전 세계 약 190개 국가 중 여성의 경제활동 참여율이 가장 낮은 하위권 10개 국가를 집계한 표다. 인도보다 여성의 경제참여율이 낮은 국가는 딱 9개인데 모두 이슬람 국가다. 게다가 예멘, 이라크, 이란, 아프가니스탄, 시리아 등은 내전이나 정치적 불안으로 오랫동안 정정 불안을 겪고 있다. 결론적으로 이슬람 국가를 제외하고 서구식 자유민주주의 정치체제와 시장 경제체제를 가진 국가 중 여성의 경제활동 참여율이 세계에서 가장 낮은 나라는 인도라고 이해하면 되겠다.[36]

안타까운 점은 1990년대 초반에 그나마 30퍼센트대를 유지하던 비율이 꾸준히 하락하여 2021년에는 20퍼센트대 밑으로 떨어졌다는 것이다. 하락 폭도 매우 커서 오랜 내전으로 고통받는 예멘(11.2퍼센트 감소)과 유사한 수준으로 감소했다.

2020년 코로나 팬데믹 사태가 터지면서 인도에서 여성의 경제활동은 더욱더 힘들어졌다. 여성들은 대부분 정규직이 아니라 언제든지 해고가 가능한 일용직 노동에 종사하고 있었는데 코로나 팬데믹 사태가 터지자 가장 먼저 해고됐다. 그 결과 코로나 팬데믹 사태가 가장 극심했던 2020년 4~6월 중 여성의 경제활동 참여율은

**세계에서 여성의 경제활동 참여율이 가장 낮은 10개국**

(단위 : 퍼센트)

| 순위 | 국가 | 1990년 | 2000년 | 2010년 | 2021년 | 1990년과 2021년 차이 |
|---|---|---|---|---|---|---|
| 1 | 예멘 | 17.1 | 20.5 | 10.0 | 6.0 | △11.2 |
| 2 | 이라크 | 8.3 | 9.6 | 11.9 | 11.1 | 2.8 |
| 3 | 요르단 | 13.9 | 15.5 | 16.1 | 13.5 | △0.4 |
| 4 | 이란 | 10.0 | 13.8 | 15.2 | 14.4 | 4.4 |
| 5 | 아프가니스탄 | 15.2 | 14.8 | 15.1 | 14.8 | △0.3 |
| 6 | 이집트 | 22.3 | 20.5 | 23.2 | 15.4 | △6.9 |
| 7 | 알제리 | 10.9 | 12.4 | 14.2 | 15.7 | 4.8 |
| 8 | 시리아 | 19.1 | 20.8 | 13.0 | 15.7 | △3.3 |
| 9 | 지부티 | 14.2 | 15.1 | 16.9 | 17.2 | 3.0 |
| 10 | 인도 | 30.4 | 30.5 | 26.0 | 19.2 | △11.2 |

(출처: 세계은행 데이터뱅크)

15.5퍼센트까지 떨어졌고 그 후 7~9월 중 힘겹게 16.1퍼센트까지 회복한 것으로 조사됐다.[37] 남아선호사상으로 인해 공공연하게 벌어지는 여아 낙태와 영아 살해를 피해서 살아남아도 여학생은 불평등하게 주어지는 교육의 기회를 견뎌야 한다. 성인이 되어 바늘구멍 같은 취업의 기회를 뚫고 힘겹게 노동시장에 진입해도 여성에게 가혹하기만 한 것이 인도의 현실이다.

여성의 경제활동 참여율이 낮은 데는 여러 가지 이유가 있다. 우선 여성을 평등한 동료 또는 동반자로 인정하지 않고 오로지 숭배의 대상(힌두교에는 수많은 여신이 존재한다) 또는 성적 대상으로만 인식하는 왜곡된 의식 때문이다. 둘째, 가사노동은 오롯이 여성의 것이라고 인식하는 고루한 가치관이 고쳐지지 않고 있다. 그러다 보니 인도 여성은 남성 대비 10배 가까이 많은 시간을 가사노동에 쓰고 있다. 이는 전 세계에서 세 번째로 높은 수준이다. 이렇다 보니 집 밖으로 나서서 제대로 된 경제활동에 참여할 수가 없다. 게다가 경제 구조적인 문제도 여성의 경제활동 참여를 어렵게 한다.[38] 농촌 지역에서 일용직 노동에 종사하던 수천만 명의 여성들이 점진적인 농업 기계화로 인해 그 일자리마저 잃게 되었다. 농촌의 유휴인력을 다양한 경공업 제조공장(가발, 신발, 의류 등)으로 흡수했던 과거의 우리나라나 현재의 중국과는 달리 인도는 아직도 노동집약적인 제조업이 제대로 발달하지 못하고 있다. 따라서 농촌에서 일자리를 잃은 여성들은 그대로 노동시장에서 낙오되는 것이다.[39]

오죽하면 장 드레즈 교수와 노벨경제학상 수상자인 아마르티아 센Amartya Kumar Sen 교수가 공저한 『불확실한 영광』에서 '전 세계에서 차별과 불평등이 존재하지 않는 곳은 없지만 인도만큼 '심각한 수준의 차별과 불평등의 칵테일'을 가진 독특한 나라도 찾기 힘들다.'라고 진단했을까.[40] 필자는 이 두 사람이 '인도의 빈곤은 크게 카스트 계급 간, 경제 계층 간, 남녀 성별 간의 3개의 차별이 만들어내는 끔찍한 합주곡'이라고 진단한 부분을 읽고 정확하고 날카롭게 인도의 문제점을 짚었다는 생각이 들었다.

이러한 차별과 함께 인도 경제의 발전을 막는 또 하나의 중요한 걸림돌은 부정부패와 각종 비효율이다. 이제 그 이야기를 해보자.

# 6

# 인도 경제성장의 걸림돌은 무엇인가

## 왜 도시 빈민층과 농민은 재산을 눈앞에서 잃었는가

2016년 11월 8일 밤 인도 정부는 기습적인 화폐개혁을 발표했다. 대략적인 내용은 이러했다.

"오늘 밤 자정부터 가장 고액권인 500루피와 1,000루피의 사용을 금지한다. 500루피와 1,000루피 지폐를 가지고 있는 사람들은 연말까지 근처 은행에 가서 새 지폐로 환전해야 한다. 다만 1인당 환전할 수 있는 한도가 있다."

그 이후에 얼마나 큰 혼란이 일어났을지는 독자 여러분이 상상하는 그대로다. 다른 나라에서는 쉽사리 상상할 수 없는 이렇게 극단적인 정책이 왜 동원되었을까? 워낙에 고액권을 활용한 뇌물 수수가 기승을 부리다 보니 그야말로 극약 처방을 내린 것이다. 물론 여러 가지 부수적인 이유도 있었다. 이웃 나라인 파키스탄과 연계된 테러 조직이 조직적으로 제조한 위조지폐가 인도 내에서 대량으로 유통되고 있었기에 그 문제를 해결할 필요가 있었다. 또한 모디 총리가 추진하고자 하는 각종 인프라 투자를 위해서는 투자재원의 조성이 필수였다. 이를 위해서는 침대 밑에 숨겨둔 불법 또는 합법 자금을 금융 시스템 안으로 끌어들일 필요도 있었다.

하지만 이러한 전격 작전이 발표되기 2주 전에 인도 내 판매 부수 2위의 힌디어 신문인 『다이닉 자그란Dainik Jagran』에서 500루피와 1,000루피 지폐의 사용이 중단될 수 있다는 루머가 이미 보도되었다.[41] 실제로 많은 재벌이 현금으로 보유하고 있던 고액권을 급하게 소액권으로 바꾸었다는 소문이 파다하게 퍼졌다. 결국 이런 소식을 미리 알아내지 못한 죄 없는 서민들만 화폐 사용 중지 조치의 피해를 봤다. 평생을 피땀 흘려 모은 돈을 고액권으로 바꿔서 집 안에 잘 모셔놓고 있던 도시 빈민층과 농민 중에서 상당수는 정부에서 정한 '환전 한도'를 초과하는 옛날 돈을 끝끝내 환전하지 못해 한순간에 재산이 눈앞에서 날아가 버리는 믿을 수 없는 일을 겪어야 했다.

재산이 사라지는 건 그나마 나은 편이었다. 인도는 11월에도 무더위가 기승을 부린다. 몇 시간씩 은행 건물 앞에서 뙤약볕을 맞아가며 환전할 차례를 기다리던 사람들은 인파에 떠밀리고 깔리다가 크고 작은 부상을 당했고 심장마비로 사망한 사람들도 부지기수로 나왔다.[42] 몇몇은 화병으로 목숨을 끊는 끔찍한 일도 일어났다. 결국 거의 100명에 달하는 사람들이 화폐개혁 조치를 전후하여 목숨을 잃었다.[43] 이때의 사건이 얼마나 충격적이었는지는 이 사건을 모티프로 하거나 시대 배경으로 사용한 인도 영화가 5편이나 만들어진 것을 보면 알 수 있다.

하지만 사람들의 창의적 아이디어는 끝이 없는 법이다. 화폐개혁 조치가 발표되자 거액의 현금을 갖고 있던 많은 사람이 갖가지 방법을 동원하기 시작했다. 우선 평소에도 현금거래가 빈번하던 귀금속 시장으로 달려가 대거 금을 구입하기 시작했다. 인도인들은 세계에서도 둘째가라면 서러워할 정도로 금을 사랑하는 민족이다. 웬만한 인도 현지인 결혼식에 가면 현란한 귀금속에서 뿜어져 나오는 광채에 결혼식이 끝나고도 눈앞이 어지러울 정도다. 여하튼 인도 국민의 발 빠른 귀금속 사재기 덕분에 단 며칠 사이에 금값이 50퍼센트 가까이 올랐다.

좀 더 창의성을 발휘한 사람들은 철도청에서 가장 먼 거리만 골라서 일등석을 예약하기 시작했다. 며칠 후에 무료로 환불을 받으면 새로운 화폐를 받게 될 테니 자연스럽게 자금을 세탁할 요량이었다. 물론 이러한 자금세탁 움직임을 포착한 철도청이 일정 금액 이상의 환불은 현금이 아니라 수표나 계좌이체로만 진행하겠다는 방침을 정하면서 일등석 좌석 예약 폭주는 순식간에 사라졌다.

지인이나 자기 집에 고용된 하인들을 총동원해서 1인당 환전 한도에 맞춘 금액을 주고 여러 번 다른 은행 지점에 다녀오게 하는 애교스러운 사례도 당연히 많았다. 이 시기에 난데없이 돈벼락을 맞은 곳은 힌두교 사원들이었다. 어차피 1인당 환전 한도를 훌쩍 넘어서서 환전이 불가능한 돈을 쓰지도 못하고 무효화되니 헌금이나 해야겠다는 심정으로 인도 각지에 있는 힌두 사원의 시주함에는 500루피와 1,000루피 지폐 헌금이 넘쳐났다.[44]

## 왜 비리와 부정부패가 발생할 여지가 큰가

2020년 11월에 발표된 국제투명성기구의 「세계 부패 바로미터」 보고서에 따르면 아시아 주요 17개국의 국민에게 교육이나 보건의료 등 기본적인 공공서비스를 받기 위해서 지난 12개월 사이에 뇌물을 제공한 경험이 있는지를 물었더니 39퍼센트에 달하는 인도인들이 그렇다고 대답하여 17개국 중 1위를 차지했다. 그 뒤를 캄보디아(37퍼센트)와 인도네시아(30퍼센트)가 따랐다.[45]

이런 부패가 발생하는 근본 원인은 무엇일까? 첫째는 지나친 규제가 존재하기 때문이다. 기업을 옥죄는 복잡한 조세 제도와 각종 인허가 제도뿐만 아니라 관할구역이 중첩되는 여러 개의 정부 기관이 귀에 걸면 귀걸이 코에 걸면 코걸이식 단속을 반복하기 때문이다. 둘째는 몇몇 산업 부문에서는 아직도 정부와 공공기관이 생산과 공급을 독점하면서 비리와 부정부패가 발생할 여지가 크기 때문이다.

사소하고 중요하지 않은 것까지 일일이 규제하고 간섭하는 '규제의 왕국'은 단순히 사업하기 힘든 나라가 아니다. 부정부패가 쉽게 싹트는 나라가 될 가능성이 크다. 불필요하고 엄격한 규제를 만들어놓고는 실제 집행은 하지 않고 큰 선심 쓰듯이 잘못을 눈감아주면서 뇌물을 받는 일이 빈번하게 일어나기 때문이다.

실제로 한 국가의 부패 정도는 그 나라가 얼마나 불필요한 규제를 하는지, 기업가가 규제로 인해 얼마나 사업을 하기 어려운지 등과 밀접하게 관련되어 있다. 세계은행은 매년 약 190여 국가를 대상으로 '사업수행지수Doing Business Index'를 측정해서 발표한다. 각

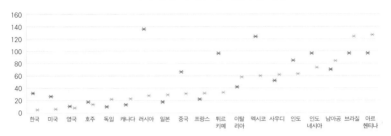

### G20 국가의 부패지수와 사업수행지수

(출처: 국제투명성기구, 세계은행 자료 참조)

국가에서 창업하고 지속해서 사업을 영위해 나가려고 할 때 얼마나 용이한지를 측정한 지수다. 가장 최근 발표를 보면 190개국 중 1위는 뉴질랜드, 2위는 싱가포르, 3위는 홍콩, 4위는 덴마크, 5위는 우리나라이다. 인도는 63위다.

위의 그림에서 G20 국가만 따로 뽑아서 사업수행지수를 회색 별표로 표시했다. 그런데 검정색 별표는 무슨 지수인데 사업수행지수와 비슷한 패턴을 보이는 것일까? 바로 국제투명성기구에서 매년 측정해서 발표하는 '부패지수'다. 왼쪽 아래에 있는 한국, 미국, 영국, 호주 등의 나라는 부패지수가 낮고 사업수행의 어려움도 작게 나타난다. 반면 인도, 인도네시아, 남아공, 브라질, 아르헨티나 등은 부패지수가 높고 사업의 어려움도 큰 것으로 나타난다.

인도의 부패 문제가 조금씩 개선되고 있다고는 한다. 하지만 아직도 국제투명성기구에서 측정한 2022년 기준 부패지수는 100점 만점에 40점으로 전 세계 180여 국가 중 85등이다. 가나, 세네갈, 르완다, 세이셸 같은 여러 아프리카 국가가 인도보다 점수가 높다.

## 왜 외부인을 내부인과 다르게 대하는가

1년에 서너 번 대사관에서는 인도 내에서 사업을 영위하는 기업체 관계자를 불러 모아 회의를 한다. 한국 기업들이 인도에서 겪고 있는 어려움을 듣고 인도 정부에 전달하여 해결하는 것이 대사관의 주요 업무 중 하나이기 때문이다. 보통 업종에 따라 10여 개의 기업이 따로 모이게 되고 경제 분야를 담당하는 외교관들도 같이 자리한다. 이러한 회의에서 오고 가는 대화들은 일정한 패턴을 따르게 된다.

이런 회의는 통상 경제 분야를 담당하는 외교관이 새롭게 부임한후 우리 기업들에게 들은 고충을 인도 정부에 건의하여 시정해보려는 의욕이 넘쳐서 자리가 만들어진다. 회의가 시작되면 외교관들은어떤 이야기라도 좋으니 허심탄회하게 이야기해달라고 기업체 담당자들에게 계속 권한다. 그러나 2년만 지나면 인도 같은 '냉탕'을떠나 '온탕'으로 부임하게 될 외교관과는 달리 짧게는 4, 5년 길게는 10년 넘게 인도에만 근무하면서 그야말로 산전수전을 다 겪은기업체 주재원들은 이런 회의에서 대개 말이 별로 없다.

이유는 여러 가지이다. 대체로 대사관에서는 행정 편의를 위해동종업종의 기업들을 불러 모을 수밖에 없다. 막상 그 자리에 모인기업들 입장에서는 경쟁업체들과 한자리에 모인 셈이다. 자신들의영업 비밀을 손쉽게 털어놓기가 어렵다. 2년이 지나면 떠나게 될외교관에게 아무리 자신들이 겪고 있는 어려움이나 불합리한 처우를 이야기해봤자 임기 이내에 해결될 가능성이 낮기 때문에 '얘기해 봤자 뭐 하나?'라는 심정으로 입을 다물고 있는 경우도 있다. 그러다가 가장 오래 근무했거나 혹은 성격이 좀 적극적인 사람 한 명이 물꼬를 트기 시작하면 그제야 조금씩 이야기가 진행된다.

인도에 처음 진출한 기업들이 겪는 경험의 순서에 따라 정리해보면 다음과 같다. 우선 인도라는 나라에 처음 진출하여 합작 파트너와 사업관계를 맺거나 거래처와 계약을 하게 되면 숨은 독소 조항으로 가득 찬 계약서 초안을 마주하게 된다. 우리나라처럼 웬만한 거래에는 이른바 '표준거래 약관' 또는 '표준거래 계약서'가 존재하는 사회가 아니다. 계약서 조항을 하나하나 꼼꼼하게 뜯어서 읽어보지 않고 아무 생각 없이 서명했다가는 결정적인 분쟁이 발생했을 때 꼼짝없이 손해를 감수하게 된다. 인도 진출 초기부터 좀 비싼 비용이 들더라도 실력이 좋은 현지 법무법인을 고용한 외국계 기업들은 이러한 독소 조항들을 빠짐없이 발견할 수 있다. 하지만 비용 좀 아끼려고 법률검토를 제대로 안 한 기업은 나중에 큰코다치게 된다.

계약서 협상이 다 끝나서 서명하려 해도 끝날 때까지 끝난 게 아니다. 다 합의해놓고 막판에 서명을 앞두고는 갑자기 더 낮은 가격을 요구하거나 이미 마무리된 쟁점을 다시 끄집어내는 경우도 비일비재하다. 한국 기업의 담당자로서는 난감할 수밖에 없다. 계약서 협상이 다 끝났다고 이미 한국에 있는 본사에 보고했고 본사의 고위급 임원이 계약서에 서명하기 위해 비행기를 타고 인도로 날아오고 있는 중이다. 그런데 인도인들은 중요 쟁점을 다시 논의하자고 하는 것이다. 이제 비행기에서 내린 임원에게 '깨질' 일만 남은 것이다. 어쩔 수 없이 인도인들이 막판에 요구하는 사항을 울며 겨자먹기로 들어줄 수밖에 없게 된다. 인도인들은 이렇게 외국계 기업의 생리와 약점을 정확히 알고 이것을 자신들에게 유리하게 이용할

줄 안다.

공공부문에서 발주하는 토목건설 사업에서도 상황이 만만치 않다. 인도에서는 입찰의 단계가 2단계로 나뉘는데 통상 기술경쟁력을 심사하는 1차 입찰과 가격을 심사하는 2차 입찰로 구성된다. 1차 입찰에서의 점수와 2차 입찰에서의 가격을 합리적으로 조합하여 최종 우선협상대상자를 선택하는 대부분의 나라와는 달리 인도에서는 최종 우선협상대상자 선정 시 1차 입찰을 통과한 기업 중에서 가장 낮은 가격을 써낸 기업을 무조건 뽑는 형태의 발주 형태도 많다. 한마디로 최소한의 기술 수준만 겨우 갖춘 기업이 1차 심사를 턱걸이로 통과한 후 2차 심사에서 헐값을 써내서 계약을 따낼 수 있는 환경이 갖춰져 있는 것이다. 이렇게 계약을 수주한 기업들은 거의 예외 없이 인도 토종기업이고 발주처와의 협의를 거쳐 계약금액을 차츰차츰 증액하는 방식으로 결국에는 자신들의 손익분기점까지 금액을 올리게 되는 것이다.

우여곡절 끝에 한국 기업이 수주를 해서 계약서에 서명까지 했다고 해도 끝난 게 아니다. 사업 발주자의 빈번한 사양 변경과 이에 따른 설계 변경이 비일비재하게 일어난다. 대형 건설사업이든 작은 가전제품을 하나 만드는 일이든 설계를 하나 바꾼다는 것은 그 뒤에 따라오는 생산라인과 납품처까지 바꿔야 할 수도 있는 일이다. 한마디로 설계 변경 한 건 한 건이 모두 다 돈이 드는 일이다. 때로는 순수하게 성능을 향상시키기 위해, 때로는 특정 기업을 하청업체로 참여시키기 위해 수시로 설계 변경이 일어난다. 그리고 이러한 설계 변경에 따른 생산원가 상승을 발주처에게 청구하여 받아낼 수 있을지 없을지는 순전히 기업의 능력에 달려 있다. 여기에 아직도 사라지지 않은 뇌물문화 또한 빠질 수 없다.

인도에 진출하는 외국 기업에 비해 인도 기업들은 더 많은 정보를 갖고 있을 수밖에 없다. 인도 기업들은 이러한 '비대칭적 정보 상황'을 적극적으로 활용한다. 따라서 인도에 처음 진입하여 전후좌우도 제대로 분간 못 하는 외국계 기업이라면 더욱더 정신을 바짝 차려야 한다.

인도를 흔히 대표적인 '저신뢰 사회'라고 부른다. 자신이 속한 가족, 마을, 씨족집단, 카스트에 속한 사람들에게는 끈끈한 유대감과 신뢰를 갖지만 이러한 범주를 벗어난 타인들은 믿지 못하는 사회라는 뜻이다. 그렇다 보니 자신의 씨족집단, 마을, 카스트에 속한 사람들에게는 선뜻 신용으로 돈도 빌려주고 동업하지만 그렇지 않은 외부의 사람들과 신뢰를 쌓는 데는 많은 시간이 걸린다.

대도시에서 대기업에 근무하고 있는 인도인들마저 이러한 행태에서 자유롭지 못한 경우가 종종 발견된다. 자신의 직속상관, 카스트, 마을, 언어집단, 종교집단에 대한 충성심 앞에서는 조직의 규율이나 규칙을 준수해야 한다는 가장 기본적인 규범조차 무력해진다. 이렇게 되면 서양인들과 우리처럼 근대화의 과정을 겪은 동아시아인들이 생각하는 서구적 관료 사회의 특징들, 즉 분업화와 전문화, 책임과 권한의 명확화, 청렴결백, 능력과 연공 서열에 따른 공정한 인사 평가 등이 작동하지 않는 상황도 때때로 발생한다.[46] 서구적 합리주의와는 다른 나름대로의 원리에 따라 움직이는 인도의 모습이라고 하겠다.

# 7

# 왜 인도에는 세금을 내는 사람이 적을까

## 인도는 세금을 제대로 내지 않는 사회다

국세청 발표 자료에 따르면 2020년 기준으로 우리나라 국민 약 2,700만 명이 자신의 소득을 신고했다. 근로소득세를 납부한 월급 생활자와 종합소득세를 납부한 자영업자를 합한 숫자이다. 세금 신고를 했으나 소득이 낮아서 세금을 내지 않는 사람들('납세 미달 인원'이라고 불린다)을 제외하면 실제 세금 납부자의 숫자가 줄어들기는 한다. 그러나 전체인구(2020년 기준 5,178만 명) 중 53.2퍼센트가량이 자신의 소득을 신고했다.[47] 어린이와 청소년 그리고 경제활동에서 은퇴한 세대를 제외하면 사실상 모든 경제활동 인구의 소득 상황이 상당히 투명하게 집계되고 있다는 이야기이다.

그렇다면 인구가 약 14억 명인 인도에서는 과연 몇 명이나 소득세를 납부할까? 매년 2월 초 정부의 예산안이 의회에 제출되고 4월 1일에 회계연도가 시작되기 전까지 의회에서 예산 관련 논의가 진행될 때 빼먹지 않고 나오는 질문이 바로 이 질문이다.

"지금 인도에서는 몇 명이나 소득세를 내고 있어요?"

2019~2020 회계연도 기준으로 그 숫자는 8,132만 2,263명에 불과하다.[48] 14억 인구 중에서 고작 8,000만 명이다. 더욱더 놀라운 것은 여기에는 개인뿐만 아니라 법인까지 포함된 숫자라는 것이다. 법인을 제외한 개인은 몇 명이나 소득세를 내고 있을까?

인도에는 매년 2월 1일 재무부 장관이 인도 의회에 직접 출석하여 정부 예산안을 설명하는 연설하는 전통이 있다. 통상 예산안을 포함하여 그해 정부의 경제정책 방향을 설명하는데 2017년 2월에는 조금 특별한 내용이 연설에 포함되었다. 당시 재무장관이었던 아룬 자이틀리Arun Jaitley는 '2015~2016 회계연도 중 총 3,700만 명가량이 소득세 신고를 했는데 그나마 이중 990만 명의 소득이 면세 한도(연소득 25만 루피) 이하였다.'라는 자료를 제시했다. 결론적으로 소득세를 단 한 푼이라도 내는 사람이 전체인구의 2퍼센트에도 미치지 못한다는 것이다.[49]

자이틀리 장관은 그러면서 "지난 5년간 1,250만 대의 차량이 판매되고 매년 2,000만 명이 해외여행을 떠나는 인도의 현실에 비추어 소득세 납부 규모는 터무니없이 낮다. 우리 인도는 '세금을 제대로 내지 않는 사회tax non-compliant society'"라고 진단했다.[50] 자이틀리 장관의 연설과 비슷한 시기에 각 국가의 유권자 인구 대비 소득세 납세자 비율도 발표되었다. 이 역시 놀랄 만한 수준이었다. 북유럽 국가의 경우 유권자의 90퍼센트 이상이 납세자였으나 인도의 경우 유권자의 10퍼센트도 되지 않는 사람들만 세금을 내고 있었다.[51]

왜 이렇게 제대로 세금을 내는 사람이 적을까? 일단 전체 노동인구의 10명 중 9명이 제대로 된 노동계약서도 없는 소위 '임시노동자'이기 때문이다. 노동계약서가 없다 보니 언제든지 해고를 당하게 마련이고 사회보장보험은 물론이고 퇴직금도 없다. 상황이 이런데 제대로 된 소득세 신고를 기대하는 것 자체가 무리이다. 자영업자들의 소득세 탈루 규모도 작지 않을 것으로 예상된다. 게다가 소득세 부과 대상을 확대하여 세수 기반을 넓힌다고 해도 세금을 징수할 세무 공무원들의 수도 턱없이 부족하다. 그러다 보니 징수하기 편한 부가가치세와 같은 간접세나 그렇지 않으면 소수의 대기업으로부터 법인세를 받는 데 점점 의존하고 있다.

## 조세 당국은 외국계 기업에 호의적이지 않다

때로는 인도의 과세 당국이 대기업이나 외국계 기업을 대상으로 무리하게 법인세를 부과해서 문제가 되기도 한다. 대표적인 사례를 살펴보자. 2007년 전후는 인도 이동통신 산업에 대한 해외직접투자가 급격하게 늘어난 시기였다. 영국에 본사를 둔 통신사인 보다폰Vodafone 역시 홍콩에 있는 허치슨 왐포아가 보유한 인도 통신회사 허치슨 에사르Hutchison Essar의 지분 중 67퍼센트를 110억 달러에 매수하여 인도 진출에 나섰다. 보다폰의 입장에서는 지분의 직전 소유주가 홍콩 법인이었고 주식 매매 거래 또한 인도 영토 밖에서 이루어졌으므로 인도의 세금 부과 대상이 아니라고 주장했다.

인도 세무 당국의 생각은 달랐다. 실제 거래의 목적물인 통신회사의 실체가 인도에 소재하고 있으므로 인도 세무 당국이 과세할

권한이 있다고 맞받아쳤고 결국 취득가액의 20퍼센트에 해당하는 막대한 세금을 부과했다. 5년간의 지루한 법정 공방 끝에 2012년 인도 대법원은 보다폰의 손을 들어주었다. 그러자 인도 정부는 해외에서 이루어진 거래에 대해서도 소급 과세를 할 수 있는 새로운 법을 만들었다.[52, 53] 아예 대법원의 판결 결과를 뒤집는 새로운 법을 제정한다는 것은 누가 봐도 인도 정부를 불쾌하게 한 '괘씸죄'를 저지른 보다폰을 콕 집어 겨냥한 조치였다.

인도 세무 당국은 보다폰에 당초 부과했던 790억 루피에 각종 이자 등을 더해 무려 1,980억 루피(약 4조 원 규모)를 새롭게 부과했다. 해외투자자들은 물론 인도 내에서도 이러한 세금 소급 적용은 자충수라는 지적이 많았다. 인도의 조세 행정에 겁먹은 해외투자자들이 인도 진출을 꺼리게 되는 부작용을 불러일으킬 것이라는 이유에서였다.

물론 보다폰도 가만히 당하고만 있지는 않았다. 인도 정부를 상대로 국제중재재판소에 소송을 제기했고 결국 2020년 9월 승소 판결을 얻어냈다.[54] 국제중재재판소의 판결에도 불구하고 우익정치인을 포함한 일부 인사들은 계속 보다폰에 대한 세금 추징을 시도해야 한다고 목소리를 높이기도 했다. 하지만 코로나 팬데믹 사태 장기화로 인해 해외 투자자금 유입이 줄어들 것을 우려한 모디 정부는 결국 소급 과세를 중단하는 입법에 나서겠다고 발표하기에 이른다.[55]

인도에 진출한 외국계 선진국 기업들은 인도 과세 당국이 조세 행정이라는 명목으로 사실상 외국계 기업을 차별대우하고 있다고 주장한다. 멀쩡하게 잘 영업하고 있는 외국계 은행만 콕 집어서 세무조사를 한 후 엄청난 금액을 과세하거나 외국계 기업이 공장을 신축할 때는 가만히 보고 있다가 다 끝난 후에 갑자기 신축 공장에 들어선 공장 설비를 트집 잡아 막대한 세금을 추징하기도 한다. 로열티 수입에 대해서는 낮은 세율을 적용해주다가 어느 날 갑자기 "잠깐만. 이제부터 높은 세율 적용해야겠어. 그리고 소급해서 부과할래."라고 나오기도 한다. 한마디로 예측하기가 쉽지 않다.

그렇다면 인도 조세 당국은 왜 이렇게 예측 가능성이 낮고 때로는 심하다 싶은 행태를 보이는 걸까? 우선 만성적인 세수 부족에 시달리는 인도 정부의 입장에서는 자국 대기업 또는 외국계 기업으로부터 부족한 세수를 채우고 싶은 유혹을 떨쳐버리기 쉽지 않다. 법령의 해석에서 매우 큰 재량권을 갖는 인도 공직사회의 특성 또한 이러한 분위기를 부추긴다. 게다가 인도 특유의 대기업과 해외 기업에 대한 반감에 편승한 일부 정치인과 언론의 선동적 행태도 더해지면 외국 기업에게는 어려운 상황이 시작되는 것이다.

세계은행의 '사업수행지수'를 통해 인도의 사업환경을 살펴보자. 사업수행지수는 사업체를 창업하여 건설 허가를 받고 토지나 건물을 등기한 후 금융기관으로부터 돈을 빌려 세무 당국에 세금을 내면서 사업을 하다가 마지막 순간에 폐업하는 사업 사이클 전체를 대상으로 사업하기가 얼마나 용이한지를 평가하는 지수이다. 2020년 기준 인도는 전 세계 190개 국가 중에서 63위를 차지하면서 그다지 나쁘지 않은 성적을 기록했음을 독자들도 기억할 것이다. 그렇다면 세부적인 항목에서는 어떨까?

건축허가를 받거나(190개 국가 중 27위), 생산활동에 꼭 필요한 전기를 끌어오거나(22위), 금융기관에서 돈을 빌리거나(25위) 하는 등의 행위는 세계 20위권의 높은 순위를 기록했다. 그렇다면 도대체 어떤 분야에서 얼마나 낮은 순위를 기록했기에 최종 순위 63위를 기록한 것일까? 창업 절차(136위) 및 자산이나 건물을 등기하는 절차(154위), 계약 불이행 시 이를 강제하는 것(163위) 등이 어렵기 때문이다. 여기에 조세제도의 불투명으로 인한 세금 납부의 어려움(115위)도 한몫을 했다. 인도의 조세 행정에 불만을 쏟아내는 외국계 기업들의 주장에 고개가 끄덕여지는 순위이다.

게다가 2015년까지는 190개국 중에서 무려 160위권을 맴돌던 조세 납부 환경이 그나마 한참 개선되어 115위까지 올라선 것이다. 한마디로 인도에서 사업을 하게 되면 전기나 상하수도 또는 자금과 같은 물리적인 자원을 동원하는 데는 큰 어려움을 겪지 않지만 공무원들을 상대해야만 하는 창업 신고, 각종 등기와 재판 절차, 그리고 납세 등에서는 상대적으로 어려움을 겪을 수도 있다는 이야기가 된다.

모디 정부가 들어서면서 조세는 노동법과 함께 가장 중요한 개혁 분야로 중점 추진됐다. 실제로 주별로 각각 다른 세율로 부과되던 소비세도 오랜 진통 끝에 통일하여 2017년부터는 새로운 물품서비스세Goods and Services Tax 체계를 도입하는 등 조세 분야 합리화를 위한 인도 정부의 노력은 계속되고 있다. 하지만 예측 불가능하고 돌발적인 인도의 조세 행정 그리고 중앙정부의 지침과 지방정부의 실제 행정 조치가 따로 돌아가는 인도 특유의 환경에 외국계 기업이 적응하기는 쉽지 않다.

미국의 사상가인 벤저민 프랭클린은 "죽음과 세금, 이 두 가지는 인생에서 피할 수 없다."라고 말했다. 거기에 더해서 '인도에서는 조세 행정의 예측가능성이 떨어진다'는 점을 추가로 기억해야 할 것 같다.

# 인도의 산업별 중심지는
# 어디이고 특징은 무엇인가

인도는 우리나라의 30배가 넘는 엄청난 면적을 자랑하는데 총 28개 주와 8개 연방직할지가 있다. 이들 지역은 경제 구조, 규모, 성장 가능성에서 매우 큰 차이를 보인다. 눈부신 경제성장을 이루는 지역도 있지만 그렇지 못한 지역도 있다.

제조업의 중심지로 불리는 지역, 금융업의 메카, 그리고 인도뿐만 아니라 전 세계 IT 기술이 총집결한 지역. 이 지역들을 모르고는 인도의 경제성장을 논할 수 없다.

　인도에는 총 28개 주와 8개의 연방 직할지가 있다. 말이 지방자
치단체이지 주 인구가 수천만 명에 달하는 지역이 심심치 않게 있
고 면적 또한 우리나라보다 넓다. 사정이 이러하다 보니 경제 규모,
경제성장 속도, 산업구조, 도시화 정도, 천연자원 분포, 각종 경제
규제 등이 제각각일 수밖에 없다.

　총 36개 지방자치단체 중 경제와 산업의 측면에서 우리의 눈길
을 끄는 지역들은 다음과 같다.

- 경제 규모 기준 5대 주
  (마하라슈트라, 타밀나두, 우타르프라데시, 구자라트, 카르나타카)
- 수출 규모 기준 5대 주
  (마하라슈트라, 구자라트, 카르나타카, 타밀나두, 텔랑가나)
- 해외투자 유치 기준 5대 주
  (마하라슈트라, 카르나타카, 타밀나두, 구자라트, 뉴델리)

- 세수税收 수입 기준 5대 주

  (마하라슈트라, 타밀나두, 카르나타카, 우타르프라데시, 구자라트)


  구자라트, 뉴델리, 마하라슈트라, 카르나타카, 타밀나두 등이 인도 경제와 산업을 떠받치는 역할을 하고 있다고 이해하면 되겠다. 이들 지역에 대한 이해 없이는 인도의 경제와 산업 전반에 대한 이해가 불가능하다고 해도 과언이 아니다. 이제 이들 지역과 이곳의 주력 산업에 대해서 알아보도록 하자.

# 1

# 구자라트는 인도 정치의 중심지다

## 왜 타타자동차는 구자라트를 선택했을까

인도 북동부에 위치한 웨스트벵갈주 농민들의 분노가 하늘을 찌르고 있었다. 수많은 농민이 소유한 비옥한 농지를 웨스트벵갈 주정부가 수용하여 거대 기업인 타타자동차에 넘기는 결정이 알려졌기 때문이다. 9,000명이 넘는 농민들이 농지를 잃게 되었는데 타타자동차의 생산공장에 고용될 지역 주민은 고작 수백 명에 불과했다. 농민들의 실망은 분노로 바뀌었다. 그런데 여기에 기름을 끼얹는 사건이 발생한다. 일부 농지의 수용 절차가 불법적이었다고 당시 웨스트벵갈주 제1야당(현재 웨스트벵갈주 집권 여당)인 트리나물의회당이 문제를 제기한 것이다.

당시 야당 당수(2011년 이후 웨스트벵갈 주지사)인 마마타 바네르지 **Mamata Banerjee**가 무려 25일이나 단식농성을 벌이며 집권 여당과 타타자동차에 맞섰다. 결국 그녀는 당시 인도 총리인 만모한 싱의 서한을 받고서야 단식농성을 멈추고 반대 의견을 철회했다. 농지를 잃은 수천 명의 가난한 농민, 인도 굴지의 대기업, 무능한 지방정부, 열정적이고 선동적인 여성 야당 당수의 목숨을 건 처절한 단식농성 등을 인도 언론이 놓칠 리가 없었다. 2006년 12월 내내 인도 뉴스는 이 소식으로 도배되었다.

타타자동차의 국민차 타타나노Tata Nano 생산 프로젝트는 농민들과 야당의 반대를 힘겹게 뚫고 2년 넘게 웨스트벵갈주 싱구르 지역에서 진행되었으나 진척 속도가 느렸다. 지역 주민들의 반감을 끝끝내 극복하지 못했고 주변 인프라가 열악하여 공장 건설 속도가 지연되었다. 결국 2008년 10월 초 타타자동차 라탄 타타Ratan Tata 회장은 웨스트벵갈에서 철수하겠다는 최종 통보를 주지사에게 전달하고 주지사의 집무실을 나섰다.

웨스트벵갈 철수 결정이 알려지자마자 가장 먼저 러브콜을 보낸 사람은 다름 아닌 나렌드라 모디(현 인도 총리이자 당시 구자라트 주지사)였다.[1] 라탄 타타에게 '환영합니다(수스와가탐, Suswagatham)'라는 문자메시지까지 직접 보낸 것으로 알려졌다. 자신이 주지사로 있는 구자라트로 와 달라는 짧지만 강력한 호소였다. 안드라프라데시, 카르나타카, 마하라슈트라 같은 여러 주가 타타자동차를 유치하려고 나섰지만 결국 타타자동차는 구자라트를 최종적으로 선택했다.

우리는 경상도 하면 '양반의 고장' '유교의 본산'이 떠오른다. 여수시나 순천시를 생각하면 자연히 화학 산업이 떠오른다. 인도인들은 구자라트를 인도 정치와 힌두교의 중심지, 자동차와 제약 산업의 중심지라고 생각한다. 인도의 경제와 산업을 말하면서 절대로 빼놓을 수 없는 첫 번째 지역인 구자라트는 어떤 곳일까?

## 구자라트는 인도양으로 나가는 관문이다

구자라트는 북쪽으로는 파키스탄이 있고 서쪽으로는 인도양이 인접한 인도 중서부 지역이다. 인구가 약 6,000만 명이고 면적은 한반도 전체 면적(22만 1,000제곱킬로미터)보다 조금 작은 19만 6,000제곱킬로미터로서 인도에서 5번째로 넓은 주다. 역사적으로 구자라트는 바다에 인접하지 못한 인도 북부의 배후 지역이 인도양으로 뻗어나갈 수 있는 관문 역할을 해왔다. 또한 구자라트 주민들은 지정학적 위치를 십분 발휘해서 과거에는 해상무역에 종사했고 현재는 다양한 산업계에서 두각을 나타내고 있다. 덕분에 이 지역은 인도 전체 평균과 비교해서 1인당 국민소득은 꽤 높은 편이다.

구자라트는 나렌드라 모디 총리의 정치적 기반이기도 하다. 모디 총리가 2001~2014년까지 무려 14년 동안 주지사를 지낸 곳이기 때문이다. 그가 주지사로 재임하는 동안 인프라 건설, 공공서비스 부문의 효율성 제고, 주 정부 재정 건전화, 각종 규제 정비를 통해 상당한 수준의 경제성장을 이루었다. 주지사 임기를 마치고 2014년 인도 인민당 총리 후보로 출마하면서 '구자라트식 경제발전 모델'을 인도 전역으로 확산하겠다는 공약을 제시함으로써 유권자의 마음을 사로잡았다.

1947년 독립과 함께 시작된 초기 인도의 정치 무대는 구자라트 출신이 점령했다고 해도 과언이 아니다. 실제로 지금 길거리에 돌아다니는 인도인의 길을 막고 "인도가 독립할 때 가장 중요한 역할을 한 사람 다섯 명 이름을 대보세요."라고 하면 십중팔구는 마하트마 간디Mahatma Gandhi, 무함마드 알리 진나Muhammad Ali Jinnah, 사다르 발라브바이 파텔Sardar Vallabhbhai Patel, 자와할랄 네루Jawaharlal Nehru, 빔라오 람지 암베드카르Bhimrao Ramji Ambedkar 등의 인물을 거론할 것이다.

이 중 두 명이 구자라트에서 태어나고 자랐고(간디, 파텔) 한 명이 구자라트에서 태어나지는 않았으나 구자라트 출신 집안에서 태어났다(무함마드 알리 진나). 독립 시기에 인도를 움직인 다섯 영웅 중셋이 구자라트 출신이다. 구자라트는 영국 식민지 시절부터 무역업이 발달하면서 경제적 풍요를 누려왔고 독립을 전후하여 자연스럽게 정치세력화도 잘 이루어졌다. 덕분에 구자라트는 독립 시기부터 자연스럽게 정치의 중심지가 되었다.


## 구자라트 경제발전 모델은 어떻게 생겨났을까


'구자라트식 경제발전 모델'로 돌아가 보자. 구자라트 경제발전 모델을 한마디로 규정하기는 어렵지만 대체로 인프라 건설 투자 확대와 기업 친화적 정책 도입이고 산업적으로 보자면 제조업 중심 성장 정책이라고 볼 수 있다. 구자라트 경제발전 모델은 어떤 배경에서 태어난 것일까?

2002년 3월 구자라트에서 대규모 반이슬람 폭동이 일어나면서 많은 사람이 죽거나 다치는 이른바 '고드라 폭동 사건'이 일어났다.[2]

힌두교 근본주의 세력이 강한 구자라트는 이미 1969년과 1985년에도 힌두교도와 이슬람교도가 충돌하여 수백 명이 죽거나 다치는 일이 있었다. 그런데 2002년에는 그 피해 규모가 훨씬 컸다. 힌두교 우월주의 정치조직인 국민의용단RSS, Rashtriya Swayamsevak Sangh의 일원이었던 당시 모디 주지사가 이슬람교도에 대한 힌두교도들의 조직적인 테러가 자행되는 동안 적절한 대응 조치를 취하지 않았다는 주장도 일부에서 제기되고 있다.

2002년의 폭동은 구자라트는 물론이고 인도 전체를 충격에 빠뜨렸다. 종교 갈등이 심해진 구자라트에 투자를 꺼리는 기업가들을 설득하기 위해 궁리하던 나렌드라 모디(당시 주지사)에게 타타자동차가 웨스트벵갈에서 철수한다는 소식은 절호의 기회였다. 과격한 힌두교 우월주의자라는 이미지를 벗고 싶었던 나렌드라 모디 주지사의 이해관계와 나노 자동차 생산공장 부지를 찾고 있던 타타그룹의 이해관계가 찰떡같이 맞아떨어지게 된 셈이다.

물론 타타그룹이 모디 총리의 문자메시지 한 개만 믿고 투자 결정을 내렸다는 말은 아니다. 상당 기간 타타그룹과 구자라트 주정부 사이에 물밑 교섭이 진행된 덕분에 공장 설립을 위한 기본 합의는 불과 2주 만에 전광석화처럼 완료될 수 있었다. 공장은 1년이 조금 넘은 시점에 완공되었다. 뒤이어 포드, 마루티-스즈키Maruti Suzuki 등 인도 내 유명 자동차 회사의 투자가 구자라트로 몰렸다. 이후 릴라이언스Reliance, 에사르Essar, 아다니Adani, 라슨앤드투브로Larsen & Toubro 등 다른 업종에 속한 대기업의 투자도 그야말로 호황을 이루게 된다. 이제 나렌드라 모디 주지사는 '힌두교 우월주의자'에서 '경제발전의 대명사'로 완전히 이미지를 탈바꿈하게 된다.

이러한 정책은 구체적인 효과로 나타났다. 2004~2012년까지 구자라트주는 인도 전체 평균인 8.3퍼센트를 상회하는 연평균 10.1퍼센트의 경제성장률을 이루었다. 또한 교육 부문 투자 확대로 같은 기간 동안 문맹률을 거의 10퍼센트가량 낮추었고 도시뿐만 아니라 농촌 지역에서도 상당한 소득 증대 효과를 거두었다. 도로와 교량 등 각종 경제 인프라에 대한 투자도 구자라트의 경제성장에 적지 않은 기여를 했다.

# 2

# 구자라트는 빠른 경제 성장을 했다

## 구자라트는 이미 인더스 문명의 핵심이었다

구자라트식 경제발전 모델의 실체가 있다고 주장하는 사람들은 대략 이렇게 주장한다. 첫째, 인프라 투자와 제조업 우선 정책으로 인해 급속한 경제성장을 이룬 것은 칭찬받을 만하다고 주장한다. 인프라 투자→제조업 기업 유치→제조업 기업의 투자 확대→고용 확대→경제성장으로 선순환이 이루어지는 구자라트식 경제발전 모델이 실체적으로 존재한다고 주장한다. 둘째, 구자라트의 경제성장을 가능하게 한 이 모델을 인도 전역으로 확대해서 재생산할 수 있다고 주장한다. 미국 컬럼비아대학교의 아르빈드 파나가리아Arvind Panagariya 교수 등이 구자라트의 성공을 칭찬하는 대표적인 경제학자다.

하지만 실제로 구자라트식 경제발전 모델의 실체가 없다고 주장하는 의견도 만만치 않다. 나렌드라 모디가 구자라트 주지사직을 수행하면서 뭔가 특별한 정책을 잘해서가 아니라 구자라트가 이미 가지고 있던 역사적, 문화적 특성이 그 지역의 경제성장을 가능하게 했다는 주장이다. 다시 말해서 나렌드라 모디가 무임승차를 한 것에 불과하다는 말이다. 구자라트식 경제발전 모델은 실체가 없다고 주장하는 사람들의 근거는 무엇일까?

첫째, 구자라트식 경제발전 모델이라는 것이 결국 지역 정치인과 대기업이 협업한 결과에 불과하다는 것이다. 모디 총리가 구자라트 주지사로 재임하던 약 14년 동안 그가 추진했던 각종 정책은 시장 친화적 정책이 아니라 기업 친화적 정책, 좀 더 노골적으로 이야기하면 마루티-스즈키, 타타, 릴라이언스 같은 초대형 기업의 투자를 유치하기 위한 대기업 친화적 정책에 불과했다고 주장하는 것이다. 실제로 구자라트주에서 해당 기간 고용의 상당 부분을 차지하는 중소기업 창업과 고용 확대가 대기업만큼 활발하지 못했다는 비판이 제기되기도 한다. 현재 인도에서 가장 영향력 있는 경제학자 중 한 명인 비벡 데브로이**Bibek Debroy**는 모디 총리의 정책은 결국 기업 친화적 정책에 불과했다고 주장하는 대표적인 경제학자다.[3]

당시 주지사 나렌드라 모디는 자신의 이미지를 '경제발전의 화신'으로 포장하기 위해 대기업의 구자라트 투자 유치에 적극적으로 나섰는데 그 과정에서 무리한 정책도 많이 추진했다. 대표적으로 기업의 토지 매입 절차를 간소화하고 시장가격보다 싼 가격으로 토지를 대기업에 넘겨주는 등 '반시장적 정책'을 시행했다는 것을 예로 들 수 있겠다.

둘째, 구자라트 지역이 가진 역사적, 문화적 특성이 경제성장을 가능하게 했다는 것이다. 이 지역은 인도양 해상무역 경로와 인접한 천혜의 지리 조건을 갖춘 덕분에 수천 년 전에 이미 인더스 문명의 핵심 지역이었다. 해당 지역에 대한 고고학 조사 결과 기원전 1,000년에서 750년 사이에 저 멀리 이집트, 바레인 등 중동 지역과도 교역을 했다는 증거가 나올 정도다. 그리고 16세기를 전후하여 인도와 무역을 했던 유럽 주요국의 무역상들도 구자라트를 '매우 부유한 지역'으로 알고 있었다. 따라서 활발하고 역동적인 상업적 기반과 전통을 유지하고 있던 구자라트 지역은 나렌드라 모디 주지사가 아니라 다른 사람이 주지사였더라도 비슷한 수준의 경제 성장을 이루었으리라는 주장이다. 한마디로 구자라트의 성장은 과거부터 축적되어 온 상업적 전통을 물려받은 '유산 효과Legacy Effect'에 기인했다는 것이다.[4]

우리나라도 과거 개성상인은 송상松商, 의주상인은 만상灣商, 평양상인은 유상柳商, 동래상인은 내상萊商 등의 이름으로 불리며 무역 활동을 장악했다. 인도에도 구자라트를 기반으로 하는 구자라티 상인, 구자라트에 인접한 라자스탄 출신의 마르와리 상인, 그리고 조로아스터교를 신봉하는 파르시 상인 등 3개의 대형 상인집단이 존재한다. 이들 상인집단은 영국 식민지 시대 이전부터 활발하게 무역 활동에 종사했는데 현재까지도 그 존재감이 매우 크다. 현재 인도를 호령하는 대기업 대부분이 이들 3개 상인집단에서 기원했을 정도다. 이들 상인집단에 대한 자세한 이야기는 다음 장에서 펼쳐진다.

수천 년 동안 유럽과 인도를 잇는 무역로의 요지에 터 잡아 살면서 상술을 갈고닦은 구자라티 상인의 수완은 유명하다. 그늘의 DNA에 깃든 상인의 기질은 1990년대를 전후하여 인도가 경제 자유화와 규제 개혁을 통해 시장경제 체제로 한 걸음 더 나아가면서 빛을 발하게 된다. 꾸준한 경제성장도 이어지면서 그 덕분에 구자라트는 나렌드라 모디가 주지사직을 떠나던 2014년을 전후해서 경제 자유화 이전과 비교하여 상전벽해의 변화를 경험하게 된다.

결론적으로 수백 년 넘게 이어져 온 구자라티 상인의 뛰어난 상술과 척박한 환경을 두려워하지 않고 인도 전역으로 뻗어나가서 촘촘하게 완성한 네트워크 등이 있었기에 구자라트의 빠른 경제성장이 가능했다는 것이 구자라티식 경제발전 모델을 부정하는 사람들의 주장이다.

여담이지만 구자라트가 다른 지역보다 상대적으로 더 빠르게 성장했다는 주장 자체에 이의를 제기하는 사람들도 있다. 그들은 2004~2012년까지 구자라트주가 인도 평균인 연평균 8.3퍼센트보다 높은 10.1퍼센트의 성장세를 구현한 것은 놀랍기는 하지만 마하라슈트라주(주도는 금융업의 허브인 뭄바이), 구자라트만큼이나 산업화가 많이 진전되어 있는 타밀나두(가장 유명한 도시는 첸나이)가 각각 10.8퍼센트와 10.3퍼센트 성장한 것과 비교하면 구자라트의 성장세가 딱히 놀라운 것은 아니라고 주장한다.

가장 최근 통계자료인 2020년 3월 수치에 따르면 구자라트의 1인당 국민소득은 3,280달러 수준으로 인도 전체에서 10위이다. 고아, 시킴, 찬디가르, 뉴델리, 푸두체리와 같은 5개의 꼬맹이 주와 연방직할지를 제외하면 5위권으로 뛰어오른다. 2010년 이후 눈부시게 발전한 IT 산업과 금융업의 발달에 힘입어 상대적으로 더 빠르게 발전한 카르나타카와 마하라슈트라, 제조업이 구자라트만큼 발달한 타밀나두가 근소한 차이로 구자라트를 앞섰다.

## 파텔 모텔 카르텔은 어떻게 형성됐을까

역경에 굴하지 않고 익숙하지 않은 환경에서 꿋꿋하게 세력을 뻗어나가는 구자라트인의 특징은 인도 내부뿐만 아니라 해외에서도 빛을 발한다. 해외 거주 인도인 중 구자라트인이 차지하는 비중은 유난히 높다. 공식적인 가장 최근 기록은 2015년 1월의 발표이다. 인도 전체 인구에서 구자라트 출신 주민은 약 6퍼센트에 불과한데 해외 거주 인도인 커뮤니티에서는 무려 33퍼센트를 차지하며[5] 미국 거주 인도인 커뮤니티에서는 약 20퍼센트 정도라고 한다.[6]

지금은 그렇지 않지만 미국에 이민 간 우리나라 이민 1세대는 주로 세탁소를 많이 경영했다. 중국과 이탈리아 이민 1세대는 중국 음식점과 피자집을 주로 운영했다. 그렇다면 미국에 처음 이주한 (본격적인 이주는 제2차 세계대전을 전후하여 이루어졌다) 구자라트인은 주로 어떤 직종에 종사했을까? 바로 호텔업이다. 인도에서 이미 이들은 숙박업에서 상당한 시장 지배력을 가지고 있었다. 본거지인 구자라트를 떠나 동쪽과 남쪽으로 진출하면서 구자라트인은 일가친척이 거처할 곳을 먼저 마련했고 뒤이어 이들 지역을 일종의 베이스캠프로 개발했다. 그 덕분에 인도 내 호텔 산업이 현대화되면서 다수의 구자라트인이 자신들이 보유한 부동산을 업그레이드하여 호텔로 개장하여 오늘날과 같은 시장 지배력을 갖추었다.

미국에 진출하기 시작한 구자라트인도 가장 잘할 수 있는 일, 바로 호텔 경영에 나서게 된다. 2006년 10월 미국 내 호텔과 모텔이 총 5만 3,000개가량이었는데 그중 무려 2만 1,000개인 40퍼센트 이상을 구자라트 출신이 소유하고 있었다.[7] 인도인, 특히 구자라트 출신들이 미국의 숙박업을 좌지우지하고 있다고 해도 과언이 아닌 수준이다. 구자라트인 중에는 파텔Patel이라는 성을 가진 사람들이 많다. 이 사람들이 인도에서는 물론 미국에서도 호텔, 특히 체인형 대형 호텔이 아니라 중소규모 호텔을 많이 소유하고 있다.

미국에는 '아시아계 미국인 호텔 소유주 협회'라는 단체가 있는데 약 2만 명의 회원 중 대부분은 인도인들이고 보유한 호텔은 미국 전체 호텔의 절반을 훌쩍 넘는다.[8] 그 덕분에 손님을 친절하게 접대하는 인도인의 호의적 태도를 일컫는 '파텔 환대' 또는 파텔 가문이 모텔을 지배한다는 뜻의 '파텔 모텔 카르텔'이라는 말까지 등장하게 되었다. 제2차 세계대전이 한창이던 1940년대에 가난에 찌든 고향을 떠나 미국에 정착한 파텔 성을 가진 많은 구자라트인이 그야말로 피와 땀을 흘려가며 미국 내 숙박업계에서 입지를 넓혀 갔다. 2020년대인 지금 그들의 3세대가 경영권을 물려받아 성공적으로 중소형 호텔을 운영하고 있다.


## 구자라트의 주요 산업은 자동차, 화학 제약이다

자동차 이야기로 다시 돌아가 보자. 타타그룹의 나노 자동차 프로젝트는 그 이후 어떻게 되었을까? 구자라트의 주도인 아마다바드Ahmedabad 인근의 작은 도시인 사난드Sanand에 들어선 나노 생산공장은 연산 25만 대 규모였다. 그러나 2008년부터 10년간 총판매고는 1만 대에도 미치지 못했다. 결국 타타자동차는 이 공장을 티아고Tiago 등 자사의 다른 소형차 생산공장으로 활용하게 되었다.

하지만 구자라트 주정부의 입장에서는 대성공이었다. 타타자동차 이후에 스즈키, 포드, 혼다 등 다국적 자동차 회사와 히어로모터스와 같은 인도 토종 모터사이클 제조회사 등의 공장을 유치하면서 타밀나두와 함께 명실상부한 인도 자동차 산업의 중심지로 자리매김하는 데 성공했다. 또한 꾸준한 추가 투자가 이어지면서 스즈키가 구자라트 내 생산공장에서 리튬이온배터리와 전기차를 생산할 계획이다. 타타자동차 역시 사난드에 소재한 공장을 전기차 공장으로 활용할 계획이라고 알려졌다.

자동차 산업 이외에도 화학 산업과 의약품 제조업 또한 구자라트의 주요 산업이다. 인도는 워낙에 복제약으로 유명한 국가인데 그중에서 약 30퍼센트가량을 구자라트에 위치한 제약회사들이 생산한다. 까다롭기로 유명한 미국식품의약국FDA의 승인을 받은 약품 제조공장만 130여 개가 넘게 구자라트에 소재하고 있다. 구자라트를 빼놓고는 인도의 제약 산업을 논하기 어려운 실정이다.

이외에도 인도 다이아몬드 거래의 중심지인 수라트, 중화학 공업이 발달한 아마다바드와 바도다라, 안클레슈와르, 바피 같은 도시도 모두 구자라트에 소재한다. 게다가 북쪽에 위치한 라자스탄에 비해서 그나마 강수량이 풍족해 면화, 땅콩, 담배 등 이른바 환금작물도 잘 재배되고 있으니 여러모로 축복받은 땅이라고 하겠다.

# 3

# 마하라슈트라는 경제와 금융의 중심지다

## 마하라슈트라에는 금융 중심지와 빈민가가 공존한다

2008년에 개봉한 영국 대니 보일 감독의 영화 「슬럼독 밀리어네어」를 보고 빈민촌의 열악한 상황에 충격을 받은 관객들이 꽤 있었다. 상하수도 시설은 물론 제대로 된 화장실도 없고 방인지 거실인지도 모를 컴컴한 공간에 10여 명이 다닥다닥 붙어서 생활하는 허름한 판잣집이 끝도 없이 이어진 풍경……. 세계에서 가장 큰 빈민가인 다라비 빈민가Dharavi slum이다.

2제곱킬로미터라는 넓지 않은 면적에 무려 100만 명이 거주하는 믿기 어려운 인구 밀도로 세상에서 인구 밀도가 가장 높은 지역으로도 알려져 있다. 밑변이 약 1킬로미터, 양변이 약 2킬로미터가 넘는 뾰족한 삼각형처럼 생긴 이 지역은 뭄바이 한복판에 있다. 빈민층에게는 거주 지역이면서 뭄바이 지역에서 발생한 쓰레기를 모아 재활용하는 장소이기도 하고 또 한편으로는 소규모 공장들이 모여 있는 공업 지대이기도 하다.

하지만 뭄바이는 엄청난 규모의 자금이 오고 가는 서남아시아 최대의 금융 중심지이기도 하다. 다라비 빈민가에서 얼마 떨어지지 않은 곳에는 유명한 인도 금융기관의 본사들이 멋진 현대식 건물에 자리잡고 있다. 구자라트가 탄탄한 제조업과 농업으로 꾸준하게 부를 축적해왔다면 뭄바이가 주도인 마하라슈트라주는 금융업, 제조업, 농업으로 빠른 성장을 이루어왔다. 그렇다면 인도 경제와 금융의 중심지인 마하라슈트라의 과거, 현재, 미래 모습은 어떨까?

인도 경제의 심장이라고 할 수 있는 마하라슈트라를 이해하기 위해서는 어쩔 수 없이 역사 이야기를 조금 할 수밖에 없다. 마하라슈트라 지역의 경제사를 이해하는 데 필요한 키워드 3개를 꼽으라고 한다면 동인도회사, 면화 산업, 금융 중심지가 될 것 같다. 동인도회사가 인도에 진출하여 세력을 확장하기 시작하는 17세기로 거슬러 올라가 보자.

동인도회사의 입장에서 뭄바이(당시 이름은 봄베이)는 아라비아해를 접하고 있는 지리적 이점으로 인해 가장 중요한 무역 거점 중 하나였다. 따라서 동인도회사가 인도에 최초로 설립한 4개의 무역 거점인 수라트(1619년), 마드라스(1639년), 봄베이(1668년), 캘커타(1690년)에 뭄바이가 포함된 것은 어찌 보면 당연한 결과였다. 뭄바이를 거점으로 서서히 동쪽으로 영향력을 확대하기 시작한 영국은 1850년쯤에 이르러서는 뭄바이에서 약 700킬로미터 북동쪽에 위치한 나그푸르 지역을 포함하여 수백 킬로미터 밖에 있는 대부분 지역을 영향권 아래에 두게 되었다.

한편 인도에 대한 지배권이 동인도회사에서 영국 정부로 공식적으로 넘어간 것은 1858년이었다. 그 이후로 1947년 인도가 독립을 획득할 때까지 영국의 통치는 계속되었다. 독립 이후 약 10년이 지난 1956년 지역 언어를 기초로 인도의 주를 새롭게 획정하는 작업이 시작되었다. 1960년 구자라티 방언을 사용하는 마하라슈트라 북쪽의 구자라트가 새롭게 주 지위를 얻어 분리 독립하면서 현재의 마하라슈트라주 모습이 완성되었다.

인도는 영국에 각종 농산물과 천연자원을 공급하는 원료 조달 지역 취급을 받았다. 하지만 1800년대 후반에 들어서면서 각종 농산물을 1차로 가공하는 간단한 형태의 제조업이 제법 발달하게 되었다. 가장 대표적인 분야가 바로 목화와 설탕 산업이었다. 목화는 인도 전역에서 골고루 재배되기는 하지만 특히나 마하라슈트라와 인접한 텔랑가나와 카르나타카에서 생산된 목화를 1차로 가공하는 산업이 마하라슈트라를 중심으로 발달하면서 구자라트와 더불어 마하라슈트라가 목화 산업의 중심지로 자리매김하게 되었다. 이미 1900년대 초반에 목화 재배 지역만 1만 2,000제곱킬로미터가 넘는 방대한 지역이었고 방적에서 직조에 이르는 산업 분야에 고용된 인원만 60만 명에 육박할 정도였으니 그 규모를 짐작할 만하다. 현재도 섬유 산업은 인도 국내총생산의 약 5퍼센트, 인도 제조업 생산의 약 14퍼센트, 총수출의 약 11퍼센트를 차지하는 중요한 산업으로 농업에 이어 두 번째로 많은 인구를 고용하는(직간접 고용 규모 약 1억 2,000만 명) 중요한 산업이다.[9]

# 뭄바이는 어떻게 인도 금융업의 중심지가 되었는가

뭄바이는 동인도회사 시대부터 영국령 지배에 이르기까지 꾸준히 발달한 무역업을 바탕으로 각종 무역 관련 금융업이 최초로 발달하기 시작했다. 이러한 전통이 현재 인도의 금융 중심지로 발돋움하는 밑바탕이 되었다. 우연인지 모르겠으나 전체 경제 규모가 아시아의 금융 중심지인 홍콩과 비슷한 마하라슈트라주는 인도는 물론 서남아시아의 금융 중심지로 군림하고 있다. 그렇다면 인도의 금융업은 현재 어떠한 모습인지 알아보자.

인도의 금융기관은 크게 7개로 나뉜다. ① 상업은행, ② 보험회사, ③ 비은행금융기관(NBFC라고 부른다), ④ 각종 협동조합, ⑤ 연금기금, ⑥ 뮤추얼펀드, ⑦ 기타 금융기관 등이다. 여기에 2015~2017년을 전후하여 새롭게 등장하여 돌풍을 일으키는 이른바 결제은행도 빼놓을 수 없다.[10]

인도의 금융 산업의 특징은 무엇일까? 첫째, 인도의 금융 산업의 중심지는 뉴델리도 캘커타도 아닌 뭄바이라는 점이다. 인도의 중앙은행인 인도준비은행, 인도 최대 국영은행인 스테이트뱅크오브인디아, 최대 민간은행인 HDFC은행 등 상당수가 뭄바이에 본점을 두고 있다. 각종 보험회사와 연금기금, 뮤추얼펀드뿐만 아니라 인도의 양대 주식시장인 봄베이증권거래소와 국립증권거래소도 모두 뭄바이에 있다.

둘째, 인도 금융 산업에 종사하는 금융기관의 종류는 많지만 상업은행이 전체 금융자산의 약 3분의 2를 보유하고 있는 구소나. 달리 말하면 마치 우리나라의 1980년대를 보는 듯 각종 펀드와 보험

회사의 발전 단계가 아직도 낮은 느낌이다. 상업은행은 크게 2종류로 나뉘는데 국가가 소유하고 있는 국영상업은행과 순수 민간자본이 소유하는 민영상업은행이다. 국영상업은행은 총 12개로 스테이트뱅크오브인디아가 가장 대표적이다. 민간은행은 총 22개로 HDFC은행, ICICI은행, 액시스은행, 코탁마힌드라은행 등이 있다. 외국계 은행은 총 46개가 진출해 있다. 특정 주에서만 영업허가를 받아 영업하는 지역농업은행이 56개가 있으며 특정한 도시에서 소규모로 영업하는 조합형 은행은 무려 10만여 개에 달하는 것으로 알려져 있다.

셋째, 국영상업은행이 은행 산업에 미치는 영향력이 절대적이라 할 수 있다. 회계연도 2021~2022년(2021년 4월~2022년 3월) 말 기준 은행 보유 자산은 약 2조 6,782억 달러로 집계된다. 이 중에서 12개 국영상업은행 자산이 약 1조 5,945억 달러, 민간은행 자산이 약 9,251억 달러 수준이다. 지점망에서도 큰 차이가 난다. 인도 최대 국영상업은행인 스테이트뱅크오브인디아와 최대 민간은행인 HDFC은행의 지점 수는 약 2만 4,000개와 5,800여 개로 약 4배 차이가 난다. 하지만 수익성 측면에서는 민간은행이 좀 더 나은 편이어서 국영상업은행이 연간 약 890억 달러가량의 이자수익을 벌어들인 반면 점포 수와 종업원 수가 훨씬 작은 민간은행은 약 600억 달러 가까이 벌어들였다.

넷째, 은행 부문의 무수익자산 문제가 꽤 심각하다. 무수익자산이란 은행이 고객에게 빌려준 돈 중에서 이자를 90일 이상 연체한 문제 자산을 말한다. 우리나라는 주요 은행의 무수익자산 비율(무수익자산/전체 자산)이 약 0.2~0.3퍼센트 내외를 유지하고 있다. 하지만 인도 은행들, 특히 자본금 기준 3대 국영상업은행인 스테이트뱅크 오브인디아, 펀자브내셔널은행**PNB, Punjab National Bank**, 바로다은행 **BOB, Bank of Baroda**의 경우 2022년 12월 말 기준 무수익자산 비율이 각각 3.14퍼센트, 9.76퍼센트, 4.53퍼센트에 달한다. 무수익자산 비율이 우리나라 은행의 10배에서 30배에 달하는 것이다. 왜 이리도 무수익자산 비율이 높은 걸까? 2000년대 들어서면서 엄청난 규모의 은행차입을 통해 공격적으로 사업 확장에 나섰던 인도 주요 대기업의 투자 사업 상당수가 실패하거나 낮은 수익을 내면서 자금을 공급했던 주요 국영 상업은행의 대출자산이 대거 부실화되었고 그 문제가 지금까지도 해결되지 못했기 때문이다. 국영 상업은행에 비해 그나마 리스크 관리에 성공한 민간 상업은행도 2022년 12월 말 기준 각각 1.23퍼센트(HDFC은행), 3.07퍼센트(ICICI은행), 2.38퍼센트(Axis은행) 수준이다.

다섯째, 우리에게 조금 낯선 NBFC라는 금융기관이 있는데 인도 전역에 1만 2,000여 개가 소재한다. 우리나라의 리스회사와 비슷한 금융기관으로 고객에게 예금을 받지 않고 주로 고객이나 기업에 대출을 전문적으로 행하는 기관이다. 인도 정부가 특정 분야에 정책금융을 공급하기 위해 세운 NBFC도 있고, 인도 국민이라면 모터사이클이나 자동차를 살 때 최소한 한 번 정도는 이용하는 민간 NBFC도 있다.[11]

인도 정부가 상업은행의 부실자산 급증을 해결하기 위해 은행에 대한 리스크 관리를 강화하자 NBFC로 대출 수요가 몰리면서 이들 기관의 내출 규모가 크게 늘어나기 시작했다. 그런네 2018년 가장 대표적인 NBFC인 IL&FS가 그동안 투자했던 인프라 프로젝트의 수익성 저하로 인해 유동성 위기로 내몰리면서 결국 NBFC 산업 전체의 유동성 위기로 번져나갔다. 이러한 NBFC 산업의 위기는 엉뚱하게도 다른 곳으로 불똥이 튀었는데 바로 자동차 산업이었다. 인도 국민 절반은 자동차나 모터사이클을 구입할 때 전액을 현금으로 내지 않고 NBFC의 리스 금융을 이용한다. 그런데 유동성 위기에 몰린 많은 NBFC가 자동차 리스 할부 금융의 규모를 줄이면서 인도의 자동차 내수 판매 부진으로 연결되었다.

결국 2000년대부터 이어진 인도 대기업의 무분별한 차입이 상업은행의 부실화를 불러일으켜 문제가 됐다. 이를 해결하기 위해 인도 정부가 상업은행의 부실자산 관리를 강화하자 NBFC의 대출 급증으로 이어졌다. 하지만 몇 년 지나지 않아 NBFC마저 부실화되자 내수 판매를 늘려왔던 자동차 업계와 건설업계는 큰 어려움을 겪었다. 경제의 모든 부문은 이렇게 밀접하게 연결되어 있다.

# 4

# 인도의 금융 산업은 어떻게 발전할 것인가

## 모디 총리의 JAM 트리니티는 어떤 정책일까

2014년 8월 15일 제68차 인도 독립기념식이 뉴델리의 레드포트에서 열렸다. 그날도 예외 없이 미세먼지로 희뿌연 하늘 아래 수많은 내외 귀빈들이 앉아 있었고 전통의상을 차려입은 나렌드라 총리가 연단에 섰다. 2014년 5월 총리에 취임한 나렌드라 모디 총리의 첫 번째 독립기념일 행사 데뷔인 셈이었다.

인도에서 벌어지는 공식행사라면 언제나 그렇듯 무려 한 시간이 넘는 모디 총리의 연설이 계속되고 있었다. 그 연설에서 모디 총리가 발표한 여러 정책과 계획 중에서 저소득층의 금융 접근성 강화를 목표로 한 '금융포용을 위한 국가 미션Pradhan Mantri Jan Dhan Yojana'이라는 이니셔티브는 크게 눈에 띄는 정책은 아니었다. 하지만 몇 년 지나지 않아서 그가 추진한 이 정책이 보조금 정책은 물론 금융 산업 전반에 엄청난 영향을 미치게 된다.

줄여서 JAM 트리니티라고 불리는 이 정책은 여러 가지 목적을 띠고 탄생했다. 우선 JAM 트리니티의 첫 번째 목표는 정부가 저소득층에게 보조금을 지급하는 은행계좌Jan Dhan account와 정부가 2009년부터 꾸준히 보급해온 일종의 주민등록증(아다르 카드Aadhaar card) 그리고 핸드폰 번호를 연결하여 정부가 지급하는 각종 보조금의 누수를 막고 저소득층에게 빠짐없이 전달되도록 하겠다는 것이다.[12]

물론 모디 총리가 언급하지 않은 여러 가지 숨겨진 목적도 있었다. 공무원이 저지르는 보조금 횡령을 방지하는 한편 시골 방방곡곡에 있는 농민들의 침대 밑에 잠들어 있던 현금을 제도권 금융 안으로 끌어들이고자 했다. 그럼으로써 2000년대 이후 지속적으로 자산 건전성 악화를 경험하고 있던 상업은행에게는 예금이라는 값싼 재원을 제공하려는 목적이었다. 또한 이렇게 조성된 값싼 재원을 통해 은행은 모디 정부가 추진하려던 각종 대규모 인프라 사업 투자에 나설 수 있었으니 그야말로 일석사조의 정책이었다고 할 수 있다.

정부의 강력한 정책 의지에 힘입어 2016년 6월까지 2억 2,000만 개의 새로운 은행 계좌가 개설되고 약 57억 달러의 신규 예금이 금융 제도권으로 편입되었다. 2018년 6월에는 그 증가 규모가 3억 1,800만 개의 계좌와 120억 달러에 이르렀다. 기네스 세계기록에 의하면 모디의 독립기념일 연설 직후인 2014년 8월 23일부터 8월 29일까지 1주일 동안 무려 1,809만 6,130개의 신규 계좌가 개설되면서 전 세계에서 1주일 동안 가장 많은 은행 계좌가 개설된 기록을 갱신했다.[13]

그런데 2014년을 전후한 그 당시 JAM 트리니티의 세 요소 중 가장 눈길을 받지 못했던 세 번째 요소인 핸드폰을 통한 금융 접근이라는 개념은 시간이 지나면서 인도의 금융을 획기적으로 바꾸기 시작한다. 정부가 금융에서 모바일 접근이 얼마나 중요하면서 효과적인지를 빠르게 인식하게 된 것이다.

## 인도인 중 4억 5,000만 명이 쓰는 결제 앱이 있다

손안에 쏙 들어오는 핸드폰을 켜고 앱을 하나 실행하면 많은 것을 할 수 있다. 가게에서 물건값을 낼 수 있고 여러 은행으로 자유롭게 송금할 수도 있다. 전기료, 핸드폰 요금, 가스비도 낼 수 있고 비행기, 버스, 기차, 지하철, 영화 티켓도 살 수 있다. 심지어 이 앱을 통해 코로나19 테스트 예약과 백신 예약까지 가능하다. 카카오페이나 삼성페이인 줄 알았다면 틀렸다. 인도인들이 사용하는 페이티엠paytm이라는 디지털 결제 앱 이야기다.

우리나라 국민 중 약 3,500만 명이 사용한다는 카카오페이가 서비스를 시작한 것이 2014년 9월이다. 그로부터 3년도 지나지 않아 인도에서도 카카오페이와 유사한 기능을 가진 앱이 우후죽순처럼 등장하여 그야말로 선풍적인 인기를 끌었다. 그중에서도 단연 선두는 페이티엠 앱이다. 총가입자 수는 2021년 말 기준 4억 5,000만 명이며 한 달에 한 번 이상 꾸준히 사용하는 사람 수는 약 1억 5,000만 명에 달한다.[14] 페이티엠 앱 하나만으로도 이미 한 달 기준 총결제 회수가 12억 회를 넘어설 정도로 디지털 결제 앱은 인도인들의 금융 생활에 깊게 뿌리 내렸다.[15]

인도 금융 산업의 미래, 특히 어느 분야에서 가장 큰 발전을 기대할 수 있을지를 살펴보자. 인도의 금융시장은 상업은행의 영향력이 매우 크다고 했다. 뒤집어서 표현하면 그 이외의 분야인 보험, 연기금, 뮤추얼펀드 등 타 분야는 아직도 발전 가능성이 크다는 이야기가 된다.

예를 들어보자. 한 나라의 금융 산업 규모를 측정하는 방법에는 여러 가지가 있겠지만 그 나라의 국내총생산과 비교하는 방법이 가장 단순하면서도 직관적일 것이다. 2021년 기준으로 미국이나 영국은 국내총생산 대비 소매 대출 비율이 각각 76퍼센트와 88퍼센트다. 하지만 인도는 13퍼센트 수준이다. 미국과 영국은 주택담보대출이 각각 77퍼센트와 59퍼센트이지만 인도는 6퍼센트 수준이다.[16] 선진국은 금융시장이 잘 갖춰져 있어서 대출을 이용해 물건을 사거나 사업을 시작해서 영위할 수 있다. 하지만 인도는 좀 심하게 말하자면 현금을 손에 들고 있지 않으면 물건을 사기도 새로운 사업을 시작하기도 힘든 경제라는 것이다.

보험이나 자산운용 분야는 더욱 심하다. 인도는 전체 보험 산업이 포괄하는 피보험 자산 규모가 국내총생산의 19퍼센트 수준인데 반해 미국이나 일본은 250퍼센트를 넘어선다. 뮤추얼펀드가 운용하는 자산 규모도 인도는 국내총생산의 12퍼센트인 반면, 미국과 영국은 각각 120퍼센트와 67퍼센트를 기록하고 있다. 인도 금융회사의 총자본 규모는 2000년대 초반 국내총생산의 약 6퍼센트 수준에서 2021년에는 24퍼센트에 이를 정도로 제법 빠르게 성장했지만 아직도 다양한 금융 산업 분야는 발전 초기 단계에 머물고 있다.

흔히들 인도를 21세기와 17세기가 공존하는 나라라고 말한다. 이러한 평가는 금융 산업에도 그대로 적용된다. 아주 단적인 예로 현금자동인출기ATM와 디지털 결제 앱의 사례를 살펴보자. 인도 면적의 30분의 1도 되지 않는 우리나라는 2020년 말 기준 총 11만 7,000여 대의 현금자동인출기가 설치되어 있다. 인도는 2021년 9월 말 기준 21만 3,000여 대에 그친다. 우리나라는 현금자동인출기 한 대당 420여 명이 이용하는 반면 인도는 그 숫자가 6,500명을 넘어선다. 인도 전체 평균으로 현금자동인출기 한 대가 담당하는 면적이 15제곱킬로미터를 넘으니 전기도 제대로 들어오지 않는 시골 마을에서는 그야말로 한 대 있을까 말까 한 귀한 물건인 셈이다. 그러다 보니 웬만한 시골에서는 은행이나 현금자동인출기를 한 번 찾아가려면 족히 한나절은 걸리게 된다. 결국 하루 벌어 하루 먹고사는 농민들은 차라리 현금을 집에 모아두는 편을 택하게 된다.

하지만 다른 한편으로는 앞에서 설명한 페이티엠과 같은 디지털 결제 앱이 엄청나게 발달한 곳 또한 인도다. 단순하면서도 직관적인 화면에 우리나라와는 달리 각종 공인인증서 없이도 편하게 이용할 수 있어서 인도 상류층은 물론 중산층도 이러한 디지털 결제 앱을 매우 적극적으로 활용한다. 디지털 결제 앱의 등장에는 인도 정부의 정책도 한몫했다. 인도 정부는 세계적으로 빠르게 번지고 있던 디지털 결제 분야의 확대에 편승하는 한편, 통상적인 금융 산업에서 소외된 중소기업과 저소득층도 금융 산업에 쉽게 접근할 수 있도록 하기 위해서 결제은행이라는 특수한 형태의 은행업을 허가하기로 결정했다.

인도 정부는 2013년부터 정책 검토에 들어 갔고 인도 기준으로는 제법 빠른 기간인 몇 년 만에 법령을 제정했다. 41개 업체로부터 신청서를 받아 11개 업체에 사업허가를 했고 2022년 현재 총 6개 업체가 영업 중이다. 이 중에서 페이티엠은행과 우리나라로 치면 KT에 해당하는 바르티에어텔이 소유한 에어텔결제은행 등 2개 업체가 전체 시장의 약 90퍼센트를 점유하고 있다.

## 뭄바이는 어떤 문제에 직면해 있는가

마하라슈트라는 탄탄한 농업을 뒷배경으로 하면서 서남아시아 최대 경제와 금융의 중심지인 뭄바이를 품고 있다. 그렇다고 미래 먹거리에 대한 걱정이 없을까? 그렇지 않다. 마하라슈트라도 많은 고민을 안고 있다. 다행히 빠른 속도로 정상화되었지만 2020년 이후 약 2년간 마하라슈트라를 강타한 코로나 팬데믹은 인도의 다른 지역과 비교하여 이 지역에 상당히 큰 피해를 안겼다. 2022년 3월 말까지 인도에서 발생한 코로나 팬데믹 관련 사망자 52만 1,000명 중 무려 28퍼센트에 해당하는 14만 8,000명이 마하라슈트라 주민이었다. 4,300만 명의 확진자 중에서도 약 18퍼센트인 787만 명을 차지했다. 사실상 마하라슈트라는 인도 전체를 통틀어 가장 혹독하게 코로나19 피해를 보면서 2020년과 2021년에 각종 인프라 공사가 속절없이 지연되고 주 정부와 각종 민간 기업도 정상적인 영업활동을 펼치기 어려웠다.

그다음 고민은 금융 허브로서 뭄바이가 가진 매력이 조금씩 떨어지고 있다는 점이다. 뭄바이는 전통적 의미의 금융기관, 즉 지점을 개설하고 창구를 열어서 대면 영업을 하는 은행, 보험사, 연기금, 뮤추얼펀드의 중심지라고 할 수 있다. 그러나 최근 들어 각종 핀테크 기업들이 뉴델리와 뭄바이의 높은 부동산 비용과 극심한 대기오염 등을 피해 IT 관련 인력을 손쉽게 채용할 수 있는 카르나타카주의 벵갈루루로 발길을 돌리고 있다. 물론 현재 뭄바이에 소재하는 핀테크 기업들이 벵갈루루보다 조금 더 많은 상황이다. 뭄바이가 벵갈루루에게 급격하게 경쟁력을 잃고 있다고 단정하기는 어렵다. 하지만 결국 도시도 다른 도시와의 경쟁에서 자유로울 수 없다는 점을 고려하면 금융 부문에서 IT 역할이 커지면 커질수록 벵갈루루와 경쟁을 벌여야 하는 뭄바이의 상황은 더욱더 힘들어질 수밖에 없을 것이다.

# 5

# 카르나타카는 젊음과 미래의 중심지다

## 왜 벵갈루루는 살기 좋은 도시 1위일까

2021년 넷플릭스를 통해 개봉하면서 엄청난 센세이션을 불러일으켰던 영화 「화이트 타이거」 속으로 들어가 보자. 영화의 후반부에 주인공 발람을 태운 기차가 끝도 없이 뻗은 철길을 따라 달리고 있다. 발람은 자신의 무릎에 놓인 큼지막한 가죽가방을 꼭 끌어안고 있다. 그는 자신의 고용주인 아숙을 무참하게 살해하고 정치인들에게 바치려고 했던 돈 가방을 탈취했다. 이윽고 목적지에 도착해 가죽가방을 품에 안고 에스컬레이터를 내려오는 발람의 눈에는 자신이 저지른 죄로 인한 두려움뿐만 아니라 앞으로 닥쳐올 미래에 대한 희망과 설렘으로 가득 차 있다. 멋들어진 현대식 건물이 빼곡히 들어선 그곳, 아숙을 죽인 발람이 찾아온 그곳은 바로 카르나타카 제1의 도시 벵갈루루다.

영화에는 크게 3개 지역이 등장한다. 영화의 초반부에는 인도에서 가장 빈곤한 지역인 북동부의 비하르 지역이 등장한다. 1인당 국민소득이 인도 평균(약 2,400달러)의 3분의 1 수준(약 700달러)에 불과한 극심한 빈곤 지역이다. 폐병에 걸린 아버지가 제대로 치료도 못 받고 죽어간 곳, 영특하고 야망이 가득한 발람을 학교에서 중퇴시킨 후 돈을 벌어오라고 강요하는 억압적이고 보수적인 대가족이 살던 곳. 바로 '인도의 과거'를 상징하는 곳이다.

이런 곳을 떠나 발람은 젊은 아쇽 부부의 운전기사가 되어 수도인 뉴델리에 정착한다. 좀 더 정확히 말하자면 뉴델리 인근의 구루가온이라는 신도시다. 하지만 발람이 목격한 것은 정치인들에게 뇌물을 갖다 바치는 부패하고 무기력한 자신의 고용주였다. 부패와 이권 다툼이 가득한 뉴델리는 바로 '인도의 현재'를 상징하는 도시다. 발람이 인도의 무기력한 현재를 상징하는 아쇽을 죽인 후 도망쳐서 도착한 벵갈루루는 여러 가지 면에서 비하르나 뉴델리와는 다르다. 젊고 활기찬 도시는 인도의 실리콘밸리라 불리는 정보통신산업의 중심지다. 인도 전체 스타트업 기업 10개 중 4개가 창업된다는 이 도시는 '인도의 미래'를 상징한다.

면적이 329만 제곱킬로미터로서 면적 기준으로는 세계에서 7번째로 큰 나라인 인도는 남북 길이는 3,214킬로미터이고 동서 길이는 2,933킬로미터에 이르는 거대한 나라다. 그러다 보니 다양하다는 말로는 부족할 정도로 엄청난 자연환경과 기후환경을 보유하고 있다. 하지만 북부의 잠무카슈미르와 히마찰프라데시 지역(중국 접경 히말라야 지역) 등 일부 지역을 제외하고 1년 중 짧게는 6개월, 길게는 9개월 동안 매우 더운 날씨가 지속된다.

특히 남부 지역은 거의 1년 내내 무더위가 지속되는데 평균적으로 북부 지역보다 습도가 높은 편이다. 항상 선선한 날씨에서 살아오던 영국 출신 식민 지배자들이 남인도에 도착해서 느꼈을 충격이 짐작된다. 무더위를 피해 고산지대로 새로운 정착지를 찾아다니던 영국인들 눈에 띈 도시가 바로 벵갈루루(옛 이름은 뱅갈로르)다. 지금은 인도의 미래를 상징하는 도시이며 인구 1,400만 명에 달하는 인도 5대 도시 중의 하나이다. 하지만 18세기 영국 식민지 시대 이전까지는 인도의 어디에나 존재하는 흔한 중소도시 중 하나였다. 남인도의 엄청난 무더위를 피해서 영국인들이 해발고도 920미터에 위치한 벵갈루루에 정착하기 시작하면서 본격적으로 도시가 발전한다.

매해 인도 정부는 살기 좋은 도시를 뽑는 설문조사를 한다. 인구가 100만 명 이상 되는 대도시 중에서 거의 예외 없이 1위 자리를 차지하는 도시가 바로 벵갈루루다. 척박한 인도에서 살기 좋은 도시를 뽑는다는 것 자체가 도토리 키 재기라는 느낌이지만 그래도 꾸준하게 1등을 차지한다는 것은 여러 가지를 말해준다고 하겠다. 먼저 해발 900미터가 넘는 높이가 다른 남인도 도시보다 상대적으로 선선한 날씨를 제공한다는 점이 가장 크다. 게다가 다른 도시에 비해서 상대적으로 많은 정원과 나무들 덕분에 벵갈루루의 기온은 더 낮게 유지된다. 약 300킬로미터 떨어진 남인도의 또 다른 대표 도시인 첸나이(벵골만에 인접한 항구도시로 습도가 높다)와 연중 최고, 최저 기온을 비교한 그래프를 보면 뱅갈루루가 얼마나 쾌적한 환경인지를 알 수 있다.

둘째, 벵갈루루에는 기본적으로 고학력 젊은층이 선호할 만한 일자리가 많다. 지금은 벵갈루루가 인도 IT의 중심으로 각인되어 있

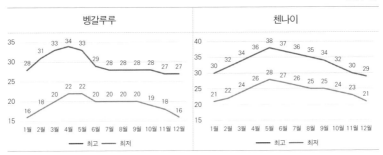

**벵갈루루와 첸나이 연중 최고기온과 최저기온**

(단위: ℃)

지만 이미 그 이전부터 인도의 방위 산업과 항공우주 산업의 중심지였다. 파키스탄이나 중국과 멀리 떨어져 안전하다고 여겨진 벵갈루루에 종업원 규모만 1만 명에 달하는 인도 제1의 국영 항공우주 산업체인 HAL Hindustan Aeronautics Limited이 자리잡은 것은 당연한 결과였다. 이외에도 세계 굴지의 항공우주 산업체인 보잉, 에어버스, 굿리치, 다이나매틱스, 허니웰, GE항공사업부 등이 벵갈루루에 연구개발센터 또는 엔지니어링센터를 오래전부터 운영해왔다. 그 덕분에 벵갈루루 소재 항공우주 기업들은 인도 전체 항공우주 산업 매출액의 약 3분의 2를 차지한다.

IT 산업 또한 빼먹을 수 없다. 벵갈루루라는 도시 하나만으로도 인도 전체 IT 수출의 약 35퍼센트를 차지한다. 1991년 이후 인도 경제가 자유화되면서 빠르게 성장하기 시작한 인도 굴지의 IT 기업 대부분이 벵갈루루를 본거지로 하고 있다. 인도 최초의 스타트업이라 할 수 있는 인포시스와 위프로의 뒤를 따라 많은 IT 기업이 벵갈루루에 정착했기 때문이다. 또한 구글, 페이스북, 마이크로소프트 등 해외 주요 IT 기업의 인도 내 네트워크도 이곳 벵갈루루에 자리

**인구 100만 명 이상 도시 중 살기 좋은 10개 도시 순위**[17]

| 순위 | 도시명 | 지역명 | 점수 |
|---|---|---|---|
| 1 | 벵갈루루 | 카르나타카 | 66.70 |
| 2 | 푸네 | 마하라슈트라 | 66.27 |
| 3 | 아마다바드 | 구자라트 | 64.87 |
| 4 | 첸나이 | 타밀나두 | 62.61 |
| 5 | 수라트 | 구자라트 | 61.73 |
| 6 | 나비뭄바이 | 마하라슈트라 | 61.60 |
| 7 | 코임바토르 | 타밀나두 | 59.72 |
| 8 | 바도다라 | 구자라트 | 59.24 |
| 9 | 인도르 | 마디아프라데시 | 58.58 |
| 10 | 그레이터뭄바이 | 마하라슈트라 | 58.23 |

잡고 있다. 이렇다 보니 인도 각지에서 우수한 성적으로 공과대학을 졸업한 똑똑한 인도 청년들이 너도나도 정착하고 싶어하는 도시가 된 것이다.

## 남인도 도시들은 어떻게 살기 좋은 곳이 되었을까

기왕에 살기 좋은 도시 이야기가 나왔으니 좀 더 이야기를 나눠보자. 인도 정부가 발표한 살기 좋은 도시 순위를 자세히 들여다보면 몇 가지 재미있는 특징이 발견된다. 첫째, 러크나우(우타르프라데시 주도), 자이푸르(라자스탄 주도), 조드푸르, 칸푸르, 뉴델리 등 이른바 북인도의 주요 도시들은 단 한 곳도 10위 안에 들지 못했다. 가장 높은 순위는 13위를 차지한 뉴델리였다. 둘째, 인도에서 경제적으로 가장 발전한 지역이라 할 수 있는 마하라슈트라주, 타밀나두

주, 구자라트주 등에 소재하는 대도시가 10개 도시 순위의 대부분을 차지하고 있다. 인도 정부는 살기 좋은 도시 지수와 함께 각 도시의 행정 능력을 평가하는 지수Municipal Performance Index도 발표한다. 여기에서도 남인도 3, 4개 주가 두각을 나타냈고 북인도의 도시들은 전반적으로 낮은 점수를 얻었다.

그렇다면 어떠한 요인이 남인도 소재 도시들을 살기 좋은 도시로 만들었을까? 남인도는 어떠한 매력이 있는 것일까? 그것을 알기 위해서는 남인도를 대표하는 또 다른 주인 타밀나두를 살펴보아야 한다.

# 6

# 타밀나두는 남인도 제조업의 중심이다

## 첸나이는 어떻게 인도의 디트로이트가 되었는가

넓디넓은 인도 아대륙sub-continent을 한두 마디로 정의하기는 매우 어렵다. 하지만 아주 크게 나누었을 때 상대적으로 종교적 영향력이 약하고 경제적으로 풍요로운 남부 지역과 힌두 근본주의적 색채가 좀 더 강하고 경제적으로 빈곤한 중북부 지역으로 나누곤 한다. 남인도를 대표하는 6개 주를 북쪽에서부터 나열하면 마하라슈트라, 안드라프라데시, 고아(마하라슈트라와 카르나타카에 끼어 있는 꼬맹이 주), 카르나타카, 타밀나두, 케랄라다. 상대적으로 발달된 인프라, 안정적인 거버넌스 구조, 해외투자에 좀 더 친화적인 각종 제도 등 다른 지역과 비교하여 경제성장에 필요한 선결 조건을 갖추고 있다. 이 중에서 남인도를 대표하는 제조업의 중심은 타밀나두이다.

타밀나두의 중심도시는 영국 식민지 시절 마드라스라는 이름으로 불리던 첸나이로 현재는 인도 자동차 산업의 중심이다. 인도는

1년에 약 450만 대가 조금 넘는 차량을 생산하는데 중국, 미국, 일본, 한국에 이어 세계 5대 자동차 생산국이다.[18] 전통적으로 인도의 자동차 산업은 뉴델리, 그 인근 지역, 마하라슈트라의 제2의 도시 푸네Pune를 중심으로 발전해 왔다. 하지만 제조업 육성이라는 목표를 세운 타밀나두 주정부가 해외 자동차 업계에 끈질기게 러브콜을 보내면서 1995년 미국의 포드가 외국계 자동차 기업으로는 처음으로 첸나이에 공장을 설립했고 인도 자동차 산업의 중심지로서 성장할 수 있는 밑거름이 되었다. 이로부터 채 2년이 지나지 않은 1997년 우리나라의 현대자동차도 첸나이에 진출하여 그 이듬해 공장 가동을 시작했고[19] 2021년 7월 누적 생산 대수 1,000만 대를 돌파하는 등 지속적인 성장세 속에 인도 자동차 내수시장 2위의 자리를 굳건히 지키고 있다.[20]

첸나이에는 현대자동차 이외에도 BMW, 르노-닛산, 미쓰비시 등 글로벌 자동차 기업의 완성차 공장 또는 부품 공장이 자리 잡고 있다. 이들 업체의 연간 생산능력을 다 합치면 약 140만 대에 이른다. 자동차 산업 육성을 위해 타밀나두 정부가 제공한 각종 인센티브뿐만 아니라 인도공과대학 마드라스 분교를 포함한 수준 높은 교육기관에서 교육받은 노동 인력, 첸나이 항구로 직접 연결되는 물류 경쟁력 또한 첸나이를 빠른 시간 내에 인도 자동차 산업의 중심지로 키우는 데 도움이 되었다. 타밀나두 주정부와 주민은 이제 자신들의 도시를 '인도의 디트로이트'라는 별명으로 부르며 자랑스러워하고 있다.

물론 첸나이와 그 인근 지역에는 외국계 자동차 기업뿐만 아니라 아쇽리랜드Ashok Leyland와 같은 인도 현지 상용차 제조업체의 생산

공장, 마힌드라&마힌드라의 연구개발센터, 로열엔필드**Royal Enfield**
와 야마하**Yamaha**와 같은 모터사이클업체, 타이어 제조업체가 입주
하여 제조업 중심지로서 첸나이가 제공하는 시너지 효과를 누리고
있다. 자동차 산업 외에 타 제조업 분야에서도 첸나이의 해외투자
유치 노력은 성과를 맺고 있다. 2022년 3월에는 우리나라의 삼성
전자가 2,600억 원을 들여 냉장고용 컴프레서 제조공장을 짓기로
타밀나두 주정부와 합의하기도 했다.[21]


## 타밀나두는 어떻게 국내총생산 2위가 되었는가

탄탄한 제조업 기반, 다른 주에 비해서 높은 도시화 비율, 제조업
못지않게 발달한 농업 등 1차 산업 덕분에 타밀나두는 인도 전체를
통틀어 11위 수준인 면적과 6위에 불과한 인구 규모(약 7,200만 명,
인도 전체의 5.9퍼센트)에도 불구하고 당당히 국내총생산 규모로는
마하라슈트라에 이어 2위를 차지하고 있다.[22] 3위를 차지한 우타르
프라데시가 2억 명이 넘는 인구를 보유하고 있는 점을 고려하면 인
구 규모가 우타르프라데시의 3분의 1 정도인 타밀나두의 경제력은
상당한 수준이라고 하겠다.

인도 경제성장의 주요한 재원 중 하나인 해외직접투자 유입액 기
준으로 살펴보아도 타밀나두는 선전하고 있다. 비록 유수 금융기관
의 본점을 보유한 마하라슈트라, 세계 IT의 중심이라고 해도 과언
이 아닌 카르나타카, 북인도의 제조업 중심이자 현 나렌드라 모디
총리의 정치적 고향인 구자라트, 인도 정치와 행정의 중심지인 델

| 순위 | 주 | 명목 국내총생산 (조 루피) | | 비중 | 국내총생산 (10억 달러) | 실질 국내총생산 (조 루피) | |
|---|---|---|---|---|---|---|---|
| | | 2019 ~2020년 | 2018 ~2019년 | 2018 ~2019년 | 2019년 | 2019 ~2020년 | 2018 ~2019년 |
| 1 | 마하라슈트라 | – | 26.3 | 13.9퍼센트 | 399.9 | N/A | 20.4 |
| 2 | 타밀나두 | 18.5 | 16.3 | 8.6퍼센트 | 247.6 | 13.1 | 12.2 |
| 3 | 우타르프라데시 | 16.9 | 15.8 | 8.4퍼센트 | 240.7 | 11.7 | 11.2 |
| 4 | 구자라트 | N/A | 15.0 | 8.0퍼센트 | 228.3 | N/A | 11.9 |
| 5 | 카르나타카 | 16.3 | 14.9 | 7.9퍼센트 | 226.8 | 11.6 | 10.9 |
| 6 | 웨스트벵갈 | 12.5 | 10.9 | 5.8퍼센트 | 165.6 | 7.9 | 7.4 |
| 7 | 라자스탄 | 10.2 | 9.4 | 5.0퍼센트 | 143.2 | 7.1 | 6.8 |
| 8 | 안드라프라데시 | 9.7 | 8.6 | 4.6퍼센트 | 131.1 | 6.7 | 6.2 |
| 9 | 텔랑가나 | 9.7 | 8.6 | 4.6퍼센트 | 130.8 | 6.6 | 6.1 |
| 10 | 마디아프라데시 | 9.1 | 8.1 | 4.3퍼센트 | 123.0 | 5.6 | 5.2 |

* 실질 국내총생산은 2011~2012년 불변 가격 기준

### 인도 주별 해외투자 유입액(2019년 10월~2022년 9월)[24]

| 순위 | 주 이름 | 해외투자 유입액 | | 비중(퍼센트) |
|---|---|---|---|---|
| | | 루피화 기준(억 루피) | 달러화 환산(억 달러) | 2018~2019년 |
| 1 | 마하라슈트라 | 35,133.1 | 471.7 | 28 |
| 2 | 카르나타카 | 29,310.6 | 393.6 | 23 |
| 3 | 구자라트 | 22,883.3 | 306.6 | 18 |
| 4 | 델리 | 16,546.0 | 222.0 | 13 |
| 5 | 타밀나두 | 5,911.1 | 79.0 | 5 |
| | 인도 전체 | 126,147.2 | 1,692.0 | |

리에 비해 다소 밀리기는 하지만 꿋꿋하게 해외직접투자 유치 순위 5위 내외를 유지하면서 해외자본을 끌어들이고 있다.

지금까지 인도 경제를 좌지우지하는 지역을 살펴보았다. 경제 규모와 외국인 해외투자 유치 규모에서 부동의 1위를 지키고 있는 금융업의 중심지 마하라슈트라주, 인도 IT의 중심지인 카르나타카,

새롭게 떠오르는 북인도의 제조업 중심지 구자라트, 남인도의 숨겨진 강자 타밀나두는 다양한 인센티브와 투자 유치 전략을 통해 경제발전에 노력하고 있다.

그렇다면 이들 지역에서 추진하는 경제개발 전략을 가능하게 하는 경제인들은 누구일까? 이들 지역에서 태어났거나 이들 지역을 본거지로 활약하는 경제인들은 누가 있을까? 이제 그들에 대해서 이야기를 해보자.

# 인도의 기업인들은 어떻게 부를 축적했는가

누군가는 종교 박해를 피해 인도에 이주한 후 막대한 부를 쌓았고 누군가는 척박하고 가난한 고향을 떠나 새로운 곳에서 가문을 일으켰다. 멀리는 수천 년에서 가깝게는 수백 년 전까지 거슬러 올라가는 인도의 전통적인 기업과 기업인들의 이야기다.

그들은 어떻게 지금의 부를 축적할 수 있었을까? 그들은 인도의 정치, 사회 현실과 어떻게 얽혀 있는 것일까?

인도 경제계를 좌지우지하는 3개 상인집단을 꼽아보자면 파르
시, 마르와리, 그리고 구자라티 상인집단이 있다. 파르시는 무려
1,400년 전인 7세기경에 페르시아 지역을 떠나 인도에 정착했다.
유일신을 믿는 종교로는 인류 역사상 가장 최초로 등장한 조로아스
터교라는 독특한 종교를 신봉하면서 무굴제국 시기는 물론 영국 식
민 지배 시기에 걸쳐 막대한 부를 축적했다. 지금도 뭄바이를 근거
지로 하여 타타 가문을 비롯한 유수한 가문을 배출한 집단이다.

사막의 먼지바람이 날리는 인도 북서부의 라자스탄에서 기원한
마르와리 상인집단도 인도 경제를 논할 때 빼놓을 수 없다. 척박하
고 가난한 고향을 떠나 서서히 동진하면서 현재는 웨스트벵갈주의
콜카타를 근거지로 삼아 부를 일궜다. 독립 이후 파르시 집단과 더
불어 인도 산업의 근대화를 견인했다.

비교적 최근에 그 세력을 확장하기 시작했지만 무섭세 성장하고
있는 구자라티 상인집단은 릴라이언스그룹의 무케시 암바니**Mukesh**

Ambani와 아다니그룹의 가우탐 아다니Gautam Adani가 가장 대표적인 기업가라고 할 수 있다. 인도 경제계를 대표하는 이들 기업인과 기업에 관한 이야기를 시작해보자.

# 1

# 인도 경제는 3대 상인집단이 좌우한다

## 마르와리는 어떻게 금융·산업자본을 얻었는가

뉴델리에서 남서쪽으로 차를 타고 가다 보면 길가에 나무와 풀은 점차 사라지고 건조지대로 변하는 것을 목격할 수 있다. 낙타 투어로 유명한 사막 도시 자이살메르까지 가지 않고 중간에 있는 조드푸르 인근에만 도착해도 기후는 꽤 건조해진다. 제대로 된 농사를 지을 수 없는 건조한 이 라자스탄 지역이 300년 전은 물론이고 현재에도 인도 경제계를 좌지우지하는 마르와리Marwari 집단이 태어난 곳이다.[1]

마르와리 집단이 척박하고 가난한 고향을 떠나[2] 인도 북동부의 벵갈, 비하르, 오리샤 지역에 집중적으로 진출하기 시작한 것은 무굴제국의 악바르 황제Akbar-i-azam 때까지 거슬러 올라간다.[3] 그들은 끈끈한 혈연관계와 뛰어난 상술을 발휘하여 정착하는 곳마다 상권과 토지소유권을 차례로 손에 넣었다. 특히 무굴제국 시기와 영국의 식민 지배기를 거치면서 무역과 금융업에서 뛰어난 능력을 발휘했다. 1700년대 초반 무굴제국 황실의 전주錢主 노릇을 한 사람들도 마르와리였고 영국이 인도 대륙에서 프랑스를 쫓아내고 주도권을 확보하게 되는 플라시 전투(1757년)에서 영국에 전쟁자금을 지원한 것도 마르와리였다.[4]

영국의 식민 지배가 막바지에 이르면서 마르와리 집단은 '금융자본'에서 '산업자본'으로 변신한다. 그들은 제1차 세계대전을 전후하여 영국 정부의 독점하에 있었던 황마포 거래에 진출하기 시작했다. 이후에는 면화와 설탕 거래에도 진출하여 생산시설을 하나둘씩 설립하거나 인수했다. 인도가 독립한 후 마르와리 집단은 타타 가문을 앞세운 파르시 집단과 더불어 거의 유일하게 산업자본과 생산시설을 소유한 집단이었다. 파르시와 마르와리에 의해서 인도의 건국 직후 산업화가 진행되었다 해도 과언이 아니다.

다음의 표에서도 볼 수 있듯이 『포브스』가 2021년 선정한 인도 10대 부호 목록에서 마르와리 출신이 4명이나 포함되어 있다. 인도판 월마트라 할 수 있는 D마트의 소유주인 라다키산 다마니Radhakishan Damani, 철강왕 락슈미 미탈Lakshmi Mittal, 진달철강을 소유한 괴짜 철강왕 나빈 진달Naveen Jindal, 비를라그룹의 총수 쿠마르 망갈람 비를라Kumar Mangalam Birla 등이다.[5]

## 파르시 집단은 서양의 유대인과 닮아 있다

인구 14억 명에 이르는 인도 경제를 호령하는 또 하나의 집단이

| 순위 | 이름 | 재산 규모(억 달러) | 비고 |
| --- | --- | --- | --- |
| 1 | 무케시 암바니 | 927 | 구자라티 |
| 2 | 가우탐 아다니 | 748 | 구자라티 |
| 3 | 쉬브 나다르 | 310 | – |
| 4 | 라다키산 다마니 | 294 | 마르와리 |
| 5 | 사이프러스 푸나왈라 | 190 | 파르시 |
| 6 | 락슈미 미탈 | 188 | 마르와리 |
| 7 | 사비트리 진달* | 180 | 마르와리 |
| 8 | 우다이 코탁 | 165 | 구자라티 |
| 9 | 팔론지 미스트리 | 164 | 파르시 |
| 10 | 쿠마르 비를라 | 158 | 마르와리 |

* 사비트리 진달은 진달철강을 이끌고 있는 나빈 진달의 어머니다.

있다. 마르와리에 비해 인구수는 훨씬 적고 폐쇄적이며 독특한 종교와 문화를 고수하면서 빠르게 인구가 감소하는 공동체다. 바로 조로아스터교*를 믿는 파르시 집단이다.[7] 그들은 7세기경에 페르시아(현재의 이란) 지역에서 평화롭게 살고 있었는데 이슬람교가 세력을 확장하자 인도로 넘어온다. 한마디로 종교 박해를 피해서 도망쳐 온 난민 집단이었다.

인도의 파르시 집단이 서양의 유대인과 유사하다고 말하기도 한다. 두 집단 모두 유대교와 조로아스터교라는 자신들만의 독특한 유일신 종교를 갖고 있고 자녀 교육에 엄청난 투자를 하며 오랫동안 근면 성실한 태도로 막대한 부를 축적하여 각자 정착한 국가에서 상당한 지위를 획득했기 때문이다. 종교 박해를 피해서 들어온

---

*   배화교拜火敎로도 알려져 있다.

새 땅 인도에 정착하기 위해 파르시 집단은 집권 세력과 협력하고 활발하게 자선활동을 하는 것을 생존의 수단으로 삼는다.[8]

파르시 집단은 최초로 정착했던 인도 북서부의 척박한 건조지대를 떠나 남인도의 뭄바이에 자리잡은 이후 영국 정부의 목화와 아편 무역에 마르와리 집단과 함께 깊숙이 관여했다. 이를 통해 축적한 막대한 부를 활용하여 뭄바이 곳곳에 엄청난 규모의 부동산을 사들였다. 그 덕분에 지금까지도 뭄바이에서 가장 입지가 좋은 부동산은 파르시 집안이 소유하고 있다는 농담 같은 진담이 나올 정도다. 물론 자신들이 벌어들인 돈으로 병원, 학교, 고아원을 계속 지어서 사회에 기부하는 것도 잊지 않았다. 타타그룹은 손을 대지 않은 산업 분야가 없을 정도로 광범위한 사업을 운영하는 대기업이다. 바로 이 기업의 소유주인 타타 가문이 대표적인 파르시 가문인데 '인도 산업의 아버지'라고 불리는 잠셋지 타타Jamsetji Tata와 그의 일가친척으로부터 유래했다. 이외에도 미스트리Mistry 가문, 와디아Wadia 가문 등 유명한 기업가 가문을 배출했다.[9]

하지만 이들 파르시 집단에게도 고민은 많다. 1941년을 전후하여 14만 명이 넘던 후손이 이제는 5만 명 내외로 줄어들면서 '존립'을 걱정해야 하는 시대가 도래했다.[10] 파르시 사이의 결혼에서 태어난 자식이 아닐 경우 파르시로 인정하지 않는 폐쇄적 성격과 급속하게 줄어드는 젊은층의 출산율 등 복합적인 이유 때문이다.[11] 그럼에도 불구하고 아직도 그들의 영향력은 막강하다. 재산 대부분을 자선 재단에 기부하는 바람에 『포브스』의 부호 목록에서 빠졌지만 사실상 인도 최대 부자 가문 중 하나인 타타 가문까지 포함하면 인도 최대 부자 가문 10개 중 3개가 파르시 출신이다. 게다가 인도 최대 백신 제조회사인 인도혈청연구소를 이끄는 푸나왈라 가문을 포함해 다양한 가문들도 꾸준히 세력을 확장하고 있다.

## 구자라티는 최근 빠르게 부상한 집단이다

마르와리와 파르시가 짧게는 수백 년에서 길게는 1,000년을 넘게 거슬러 올라가는 역사를 가진 상인집단이라면 최근 수십 년 사이에 빠르게 부상한 제3의 집단이 있다. 바로 인도 서부의 구자라트를 근거로 하는 구자라티 상인집단이다. 물론 구자라트 지역에도 오래전부터 무역업과 금융업으로 부를 일군 가문들이 많이 있었다. 7,000킬로미터에 달하는 인도의 해안선에서 무려 4분의 1에 해당하는 약 1,700킬로미터의 해안선을 독차지한 구자라트 지역은 고대와 중세부터 각종 향신료, 농산물, 직물 등이 유럽과 중동을 거쳐 인도 북서부로 유입되는 핵심적인 무역 통로가 되어왔기 때문이다.

마르와리 상인이 육로무역상에서 산업자본으로 변모했다면 구자라티 상인은 육상무역뿐만 아니라 해상무역에서 축적한 부를 바탕으로 산업자본으로 변모했다고 볼 수 있다. 과거에는 인접한 중동은 물론 아프리카에도 진출하여 무역 활동을 펼쳤고 현대에 들어와서는 인도 내 다른 어떤 지역보다도 활발하게 해외로 이주하여 이른바 재외인도인NRI, Non Resident Indian의 핵심 세력으로 성장한 집단이 바로 구자라티 상인이다.[12]

하지만 구자라티 집단이 본격적으로 세력을 확장하여 파르시 집단을 대표하는 타타 가문이나 마르와리 집단을 대표하는 비를라 가

문과 어깨를 견주며 인도 전체에서 1, 2위를 다투는 수준까지 올라
간 것은 최근 수십 년 사이의 일이다. 파르시와 마르와리 집단이 전
통적인 부호를 상징한다면 구자라티 집단은 1990년대 이후 인도
의 시장 자유화, 좀 더 가까이는 구자라트 출신 나렌드라 모디 총리
의 정치적 영향력이 커지기 시작한 2000년대 이후 빠른 속도로 성
장했기 때문이다. 대표적인 구자라트 출신 기업인으로는 인도 최대
기업의 자리를 놓고 경쟁하는 릴라이언스그룹의 무케시 암바니, 아
다니그룹의 가우탐 아다니, 인도 최대 제약회사를 이끄는 딜립 샹
비Dilip Shanghvi, 인도의 '민족주의 은행가'로 불리는 우다이 코탁
Uday Kotak 등이 있다.

  인도 경제계를 쥐락펴락하는 이들 3개 집단 중에서 인도 전체 인
구에서 차지하는 비중은 가장 작지만 엄청난 영향력을 보유한 파
르시 집단부터 먼저 살펴보자. 사실상 뭄바이에 집단으로 거주하는
이들 파르시를 대표하는 기업가 가문은 타타 가문이다. 그들이 약
70년 전 인도 정부에 강제로 빼앗겼던 항공사를 되찾은 이야기부
터 시작해보자.

# 2

# 타타는 어떻게 글로벌 기업이 되었는가

## 70년 만에 에어인디아를 되찾다

인도에는 매년 2월 1일 재무부 장관이 의회에 직접 출석하여 정부 예산안을 설명하는 전통이 있다. 또한 해당 회계연도 중 주요 민영화 계획이나 큰 규모의 계약발주 계획도 동시에 발표한다. 2021년 2월 초에도 예년과 마찬가지로 인도 정부의 예산안이 의회에 제출되었다. 인도의 국적 항공사인 에어인디아Air India를 회계연도 이내에 민영화하겠다는 계획도 발표되었다. 그리고 2021년 10월 정부는 에어인디아를 인도 최대 재벌기업 중 하나인 타타그룹에 약 24억 달러를 받고 매각한다고 발표했다.

에어인디아에 대한 민영화가 본격적으로 논의되기 시작한 지 거의 20여 년이 지났지만 그동안 민영화는 지지부진하게 진행되었다. 2000년대에 들어서기 전부터 이미 비효율적인 경영으로 인해 적자가 누적되고 있던 에어인디아를 매각해야 한다는 공감대는 넓게 형성되어 있었다. 2001년 최초로 민영화를 시도했을 당시에도 현 집권당인 인민당이 주요 멤버로 참여했던 국민민주연합이 집권 중이었으나 에어인디아의 민영화는 제대로 진행되지 못했다.

정부가 2001년에 에어인디아 지분 중 40퍼센트라는 다소 어정 쩡한 규모의 지분을 매각하려 하자 당시에는 관심을 보이는 기업이 없었다. 과반수에도 미치지 못하는 지분을 매입해봤자 경영권을 확보하지 못할 것이고 60퍼센트의 지분을 보유한 정부의 비효율적인 경영이 지속될 게 뻔했다. 굳이 지분을 인수할 이유를 찾지 못한 것이다. 그 후 2018년에 나렌드라 모디 총리가 다시 한 번 지분의 76퍼센트가량을 매각하려 했지만 시장의 반응은 여전히 냉담했다. 에어인디아에 소수의 지분을 남겨놓은 채 회사 경영과 항공 산업에 영향력을 행사하려고 하는 정부의 꿍꿍이에 산업계가 냉정하게 등을 돌린 것이었다.

결국 2020년에 에어인디아를 매각하기 위한 세 번째 시도가 있었다. 이번에 정부는 지분 100퍼센트 전체를 넘기겠다고 발표하면서 분위기가 반전되었다. 코로나 사태가 길어지면서 에어인디아는 물론이고 전 세계 항공업계가 엄청난 타격을 입었지만 빨리 회복될 것이라는 기대감 또한 민영화 협상에 도움이 되었다.

1868년 잠셋지 타타가 설립한 타타그룹은 성장을 거듭하여 2022년 현재 그룹 총매출액이 1,280억 달러가 넘고 전 세계 종업원 수가 무려 90만 명에 이르는 세계적인 대기업이 되었다. 종사하는 사업 분야만 해도 자동차, 항공, 화학, 방산, 일반 소비재, 전기, 금융 등에 이를 정도로 인도 경제에 깊숙하게 자리잡고 있다.

에어인디아는 애초에 1932년 타타그룹 산하의 타타항공사Tata

**Airlines**로 창업된 회사다. 제항기르 라탄지 다다보이 타타**J. R. D. Tata, Jehangir Ratanji Dadabhoy Tata**는 타타그룹 회장을 무려 1938년부터 1991년까지 역임한 전설적인 기업인이다. 또한 엄청난 항공 마니아로서 이 사람으로부터 인도의 항공업 자체가 시작되었다고 해도 과언이 아니다. 그는 인도 최초의 민간 조종사로서 항공사 창업 초기에는 조종사로도 근무했다. 1932년 10월 15일에 현재의 파키스탄 영토인 카라치에서 비행기를 직접 몰고 이륙해서 뭄바이에 착륙하는 인도 역사상 최초의 상업 항공편을 조종하기도 했다.

이후 타타항공사는 지속적인 성장을 구가했다. 서남아시아에 주재하던 영국인을 포함한 외국인 부유층을 대상으로 고급화된 항공 서비스를 제공한 덕분이었다. 그 당시에는 비행기 자체가 워낙에 고가의 교통수단이었기 때문에 일반인의 접근이 어려웠다. 타타항공사는 브랜드에 더욱더 고급스러운 이미지를 부여하기 위해 승무원에게 비단으로 제작한 인도 전통의상인 사리sari를 유니폼으로 입혔다고 한다.

인도에는 1954년에 제정된 시민 훈장 '바라트 라트나Bharat Ratna'가 있다. '바라트'는 힌디어로 자기 나라를 일컫고 '라트나'는 산스크리트어로 보석을 의미한다. 해마다 뛰어난 업적을 남긴 3명 이내의 민간인에게 정부가 수여하는 그야말로 궁극의 명예 훈장이다. 대부분 현재 생존해 있는 인도 국적자에게 수여되며 예외적으로 넬슨 만델라 대통령과 같은 외국인이나 사망한 사람에게 추서하기도 한다. 자와할랄 네루, 인디라 간디Indira Gandhi와 같은 유력 정치인들이 주로 많이 수상했다. 경제학자 아마르티아 센, '인도 핵무기의 아버지'라 불리는 과학자 압둘 칼람Abdul Kalam, 크리켓 선수 사친

텐둘카르Sachin Tendulkar도 훈장을 받았다. 마땅한 수상자가 없으면 몇 년간 시상하지 않거나 1년에 단 한 명에게만 수여하는 등 수상자 선정에 있어서 꽤 까다로운 훈장이다. 이 훈장이 최초로 제정된 1954년 이후 기업인으로는 유일하게 J. R. D. 타타가 받았다. 인도 경제계에서 그의 위치를 짐작할 수 있을 것이다.

## 에어인디아 민영화는 어떤 의미인가

인도 정부는 1953년 영국으로부터 독립한 지 겨우 6년 만에 타타항공사를 포함한 9개 민간 항공사를 국영화한 후 국내선과 국제선을 각각 담당하는 인디언에어라인과 에어인디아로 개편했다. 젊은 시절 영국에서 유학하며 사회주의에 크게 영향을 받은 인도의 초대 총리 자와할랄 네루가 단행한 국가 기간산업 국영화 정책의 일환이었다. 하지만 70여 년이 지난 지금 항공사 국영화는 자와할랄 네루의 여러 경제 정책 중 가장 대표적인 실패 사례로 손꼽힌다. 독립 이후 지속된 네루의 사회주의적 경제 정책과 이를 그대로 계승한 그녀의 딸인 인디라 간디의 경제 정책은 1990년대까지 인도 경제를 저성장의 악순환 속으로 밀어 넣었다 해도 과언이 아니다.

항공 분야뿐만 아니라 보험업, 금융업, 광산업 등이 이후에 시차를 두고 점차 국영화되었다. 국영화된 산업은 하나같이 낮은 생산성과 높은 비효율로 인해서 고전을 면하지 못했다. 이러한 국영화는 정치인과 이들을 맹목적으로 따르는 국민에게는 멋진 일이었을 것이다. 기업인을 '탐욕스러운 악당'으로 낙인찍은 후 이러한 탐욕스러운 무리로부터 선량한 다수의 국민을 구출해내는 고귀하고 숭고한 일이라고 '국영화' 작업을 포장하곤 했으니 말이다. 하지만 사회주의적 경제 정책과 정부의 어설픈 경영 개입은 하루가 다르게 경쟁이 격화되는 세계 항공 산업의 냉혹한 현실을 당해낼 수 없었다.

2018년에 나렌드라 모디 총리가 에어인디아의 지분 76퍼센트가량을 매각하려 시도했다. 당시 에어인디아는 엄청난 부채, 적자 노선, 최고 경영층의 무능, 수십 년 동안 해묵은 과거 항공사 파벌 간의 경쟁 등에 시달리면서 경영 상태가 더 이상 악화될 수 없을 정도로 악화된 상황이었다. 워낙에 문제가 심각하다 보니 선뜻 에어인디아를 인수하겠다고 나서는 희망자도 없었다. 결국 지분 100퍼센트를 넘기겠다는 정부의 결단과 과거 자신들이 창업한 항공사를 되찾아 세계적인 항공사로 부활시키겠다는 타타그룹의 이해관계가 맞아떨어져 최초 창업자의 품으로 돌아가게 된 것이다.

20년 넘게 끌어오던 에어인디아의 민영화 성공은 여러 가지 면에서 상징적인 의미가 크다. 일단 정부는 물론 산업계에서도 정부가 지분 100퍼센트를 다 내놓는 파격 조건의 민영화 시도마저 실패하면 에어인디아의 청산을 검토할 수밖에 없을 것이라는 분위기가 감지되었다고 한다. 더 이상 국민의 세금을 들여서 항공사의 적자를 메울 수 없다는 공감대가 퍼지기 시작했다. 다행히 과거 주인이었던 타타그룹이 인수자로 나서면서 민영화가 성사되었다.

에어인디아의 민영화는 나렌드라 모디 정부의 입장에서는 꾸준히 강조해왔던 민영화와 자유 시장경제로의 이행에 대한 의지를 다시 한 번 대외적으로 천명하는 기회가 되었다. 타타그룹의 입장에서는 1953년 거의 강탈하다시피 빼앗긴 항공사를 되찾아 옴으로써 이동통신과 전자 산업 등을 주력으로 최근 빠르게 성장한 릴라이언스그룹 등 신흥 재벌의 급부상으로 인해 살짝 2군으로 밀려나는 듯한 인상을 주었던 타타그룹이 재도약하는 중요한 발판이 되리라고 기대하고 있다.

인도 현지 언론들도 에어인디아의 민영화에 발맞춰 다양한 분석 기사를 쏟아냈다. 한동안 지지부진한 것으로 평가되었던 중앙정부의 민영화와 자유 시장경제 도입 의지가 아직 살아 있음을 보여주는 사건이라는 긍정적 평가가 압도적이다. 나렌드라 모디 정권은 그동안 기회가 있을 때마다 "정부는 사업을 해서는 안 된다."라는 말로 자신들의 철학을 표현해왔다. 그런 정부의 철학을 시장과 전 세계 투자자에게 확실하게 전달했다는 평가도 덧붙였다.

정부 지분 100퍼센트 민영화 계획이 발표된 2021년 2월로부터 약 11개월이 지난 2022년 1월 말 마침내 에어인디아의 경영권을 타타그룹으로 넘기기 위한 각종 행정절차가 마무리되었다. 최종적으로 에어인디아의 이사진마저 일괄사퇴하면서 에어인디아는 타타그룹의 품으로 돌아가게 되었다. 최종적으로 경영권이 넘어가던 2022년 1월 27일을 전후하여 인도 내 각종 방송매체와 신문은 "민영화를 이루겠다는 모디 총리의 정치적 결단이 결실을 맺었다."라면서 칭찬 일색의 기사를 쏟아내기 바빴다. 거의 70년 만에 항공사를 되찾게 된 타타그룹은 과연 과거의 영광을 재현할 수 있을지, 에어인디아뿐만 아니라 다른 국영기업도 민간 매각을 통해 효율화하려는 모디 정부의 노력이 제2, 제3의 결실을 추가로 맺을 수 있을지는 정부의 의지와 시장 상황 등의 변수에 달려 있다.

# 3

# 파르시 출신의 부호들로는 누가 있는가

## 인도혈청연구소 대표는 파르시 출신이다

타타 가문 이외에 파르시 출신의 기업인들은 누가 있을까? 타타 가문만큼은 아니어도 유명한 파르시 출신 기업인들이 많이 있다. 코로나 사태를 전후하여 사람들 입에 가장 많이 오르내린 파르시 출신 기업인을 꼽으라면 단연코 인도혈청연구소 대표 아다르 푸나왈라Adar Poonawala다. 그의 아버지 사이러스 푸나왈라Cyrus Poonawala는 1966년 인도혈청연구소를 설립했다. 아다르 푸나왈라가 30세가 되던 2011년 아버지의 뒤를 이어 대표로 취임하여 회사를 이끌어가고 있다.[13]

인도혈청연구소는 마하라슈트라주 푸네에 위치한 세계 최대 규모의 백신 생산 전문 업체로서 독감백신, 돼지독감백신 등을 생산해왔다. 2020년 전 세계적으로 코로나19가 확산되면서 영국의 아스트라제네카와 손잡고 백신을 생산하기 시작했다. 유전자를 변형

하는 혁신적인 방식으로 제조되는 화이자나 모더나의 백신과는 달리 전통적인 독감백신과 유사한 방식으로 제조되는 아스트라제네카 백신은 인도혈청연구소가 보유한 기술 수준과 공급망 등을 고려할 때 가장 합리적인 선택이었다.

2021년 1월에 마침내 인도혈청연구소가 아스트라제네카와 공동 개발한 코비쉴드Covishield가 인도 정부의 긴급 승인을 획득하여 인도에서 접종이 시작됐다. 화이자나 모더나가 이보다 불과 몇 달 전에 개발되고 접종이 개시된 것과 비교하면 늦지 않은 출발이었다. 생산 초기에는 원자재 수급 부족의 문제와 대량생산 공정의 불안정이 나타나면서 한 달 평균 몇만 도즈를 생산하는 데 그쳤다. 하지만 생산 공정상의 문제는 빠르게 해결되었고 그 결과 접종이 가장 활발하게 진행된 2021년 9월에는 한 달에 2억 도즈까지 생산하기에 이르렀다. 그럼에도 생산 초기에 백신을 원하는 엄청난 수요에 비해 공급이 절대적으로 부족한 상황이었다.[14] 이런 상황에서 자신의 지역에 우선으로 백신을 공급해달라는 유력 정치인들의 청탁이 협박 수준으로 변질되자 아다르 푸나왈라는 결국 도망치듯 인도를 떠나 영국 런던으로 몸을 피했다.[15, 16]


## 미스트리는 어떻게 타타의 지분을 얻었는가

인도인 중에 아마도 타타그룹을 모르는 사람은 없을 것이다. 자동차부터 시작해서 인도의 거의 모든 산업에 미치는 타타그룹의 막강한 영향력은 물론이고 수많은 병원, 학교, 보육원 등을 설립한 자선활동 때문이다. 하지만 대부분의 인도인은 태어나 평생을 살면서 파르시인의 이름을 들어볼 기회는 많아도 직접 만날 일은 거의 없다. 파르시인의 총인구수가 5만 명 내외에 불과하고 대부분 뭄바이나 구자라트 등 소수의 경제 중심지에 거주하고 있어서다. 또한 최근에는 추세가 조금씩 완화되고 있다고는 하지만 대부분 자신과 같은 파르시 가문끼리 혼인하기 때문에 다른 민족과는 잘 융합되지 않는다. 인도 10대 부호에 당당히 이름을 올렸지만 타타그룹과는 달리 한국인들에게는 익숙하지 않은 가문이 있으니 바로 미스트리 가문이다.

할아버지인 샤푸르지 미스트리Shapoorji Mistry, 아버지인 팔론지 미스트리Pallonji Mistry, 팔론지의 둘째 아들로 1968년에 태어난 사이러스 미스트리Cyrus Mistry로 이어지는 3대는 인도 유수의 건설업체인 샤푸르지 팔론지Shapoorji Pallonji & Co를 이끌어오고 있다. 사이러스는 뭄바이에서 태어났다. 어머니가 아일랜드 국적이었고 아버지도 아내를 따라 아일랜드 국적을 획득한 상태였기 때문에 사이러스도 자연스럽게 영국에서 교육을 받고 아일랜드 국적을 취득했다. 주로 영국과 아일랜드에 거주하면서 건설업 등 제한적인 업종에만 종사하다 보니 164억 달러에 달하는 엄청난 자산 규모에도 불구하고 타타 가문을 포함한 다른 파르시 가문과 비교해 덜 알려져 있다.

1930년대 중반 자신과 같은 파르시 출신인 타타그룹의 성장성을 포착한 사이러스의 할아버지 샤푸르지가 타타그룹의 지분 중 약 18.4퍼센트를 매입한 것은 문자 그대로 신의 한 수였다. 이 지분은 약 90년이 지난 현재 손자인 사이러스가 보유하고 있다. 타타그룹의 지주회사 역할을 하는 타타선스Tata Sons의 지분은 타타 가문 사람들이 출자한 자선 재단이 약 65.9퍼센트, 미스트리 가문이 18.4 퍼센트, 타타그룹의 자회사들이 12.9퍼센트, 라탄 타타를 포함한 타타 가문의 개인들이 그 나머지를 소유하고 있다.

할아버지의 선견지명 덕분에 미스트리 집안은 타타그룹의 지분을 두 번째로 많이 소유한 주주이자 사실상 거의 유일하게 외부인으로 서 타타그룹의 지분을 보유한 집안이 되었다. 그 때문에 사이러스 미스트리는 2006년 타타선스의 이사회 멤버가 되었고 2013년에는 타타그룹의 CEO에까지 오르게 된다. 1860년대 창업한 후 1930년 대 약 6년간 외부인이 CEO를 맡은 것을 제외하고는 타타 가문의 사람들이 독점해오던 타타그룹의 총수 자리를 차지한 거의 유일한 외부인이다.


## 고드레지와 와디아는 어떤 가문인가

파르시 출신 중에서 고드레지Godrej 가문도 유명하다. 고드레지 가문이 보유한 재산은 152억 달러 수준이다. 158억 달러로 10위를 기록한 마르와리 출신 비를라 가문에 아깝게 밀리면서 11위를 차지했다. 항공우주 산업, 기계장비, 화학, 건설업 등 일반 고객과 그리 가깝지 않은 산업에 주로 종사하고 있다. 그러나 인도의 일반 고객에게도 고드레지의 이름은 제법 깊게 각인되어 있다. 1918년 부터 만들기 시작한 고드레지 비누는 아직도 인도 내 미용비누시장 에서 탄탄한 점유율을 지키고 있다. 또한 전 세계에서 가장 마지막 까지 수동식 타자기를 생산해오다가 2011년에 와서야 생산을 중

단하는 고집스러움도 보여줬다.[17]

마지막으로 파르시 가문 중에서 그 유래가 가장 오래된 기업가 가문을 꼽으라면 와디아Wadia 가문을 빼놓을 수 없다. 현재 인도인들에게는 고퍼스트Go First라는 저가항공사를 보유한 항공기업으로 알려져 있지만 무려 지금부터 287년 전인 1736년에 영국의 동인도회사로부터 범선 건조 계약을 따내서 봄베이(현재의 뭄바이)에서 조선업을 시작한 가문이다. 이후 약 100년간 100척가량의 범선을 건조하여 영국 해군에 납품하면서 조선업의 강자로 군림했다.

영국의 넬슨 제독도 와디아 가문이 만든 배를 탔고 1842년 난징 조약에 서명하기 위해 청나라 관료들도 와디아 가문이 만든 배에 올라탔다.[18] 21세기 세계 조선업은 우리나라가 주도하고 있다면 18세기 세계 조선업은 인도가 주도한 셈이다. 이들 가문은 원래는 구자라트의 수라트에 거주했으나 다른 파르시 가문들과 마찬가지로 경제 중심지인 뭄바이로 점차 이주하여 현재는 뭄바이를 거점으로 하고 있다. 앞서 잠깐 언급한 파키스탄 건국의 아버지라 불리는 무함마드 알리 진나에게는 외동딸이 있었다. 그녀가 와디아 가문의 네빌 와디아와 결혼했고 그 사이에서 태어난 누실 와디아Nusil Wadia가 현재 조선업, 섬유업, 보석업 등에서 활발하게 영업하는 와디아 그룹을 이끌고 있다.

# 4

# 마르와리 출신은 한국 재벌과 비슷하다

## 문어발식 경영으로 사세를 확장하다

해가 서쪽 하늘로 뉘엿뉘엿 넘어가던 1948년 1월 30일 오후 5시
경. 증손녀 두 명의 부축을 받으며 환영 인파 사이를 헤치고 나가던
마하트마 간디의 앞길을 군복을 입은 청년 한 명이 막아섰다. 그는
몸을 굽혀 간디의 발에 자신의 손을 가져다 댔다. 인도식 존경의 표
현이었다. 간디를 멈춰 세우는 데 성공한 그는 지체 없이 품에서 권
총을 꺼내 간디의 가슴에 세 발의 총알을 발사했다. 환영 인파는 대
혼란에 빠졌고 범인은 현장에서 체포되었다. 범인은 나투람 고드세
**Nathuram Godse**로 비폭력 평화주의로 대표되는 간디의 사상에 불만
을 품은 힌두 과격분자였다. 인도 당국의 추가 조사 결과 암살범은
1925년 설립된 힌두 근본주의 운동의 중심조직인 국민의용단에
한때 몸담았던 것으로 밝혀졌다.

간디가 암살된 장소는 지금은 간디를 기리는 기념관**Gandhi Smriti**

Museum이 되어 후세에게 비폭력 평화주의를 알리는 장소가 되었다. 그렇다면 간디가 암살된 곳은 원래 어떤 장소였을까? 당시는 물론 지금도 인도 최대 부자 가문 중 하나인 비를라 가문이 소유한 저택이었다.[19] 비를라 가문은 얼마나 유력한 가문이었기에 인도를 대표하는 간디에게 거처까지 제공하고 있었을까?

우리나라 사람들에게 가장 먼저 떠오르는 재벌기업을 말해보라 하면 십중팔구 삼성, 현대, LG를 떠올릴 것이다. 인도인, 그중에서도 나이가 좀 있는 사람들에게 똑같은 질문을 하면 약속이나 한 듯타타, 비를라, 달미아Dalmia를 이야기할 것이다. 상대적으로 성장이 정체된 달미아 가문과는 달리 타타와 비를라 양대 가문은 현재까지도 지속적으로 성장가도를 달리고 있다. 1857년 시브 나라얀 비를라Shiv Narayan Birla는 약관의 나이에 인도 북서부의 황량한 건조지대인 라자스탄주의 소도시 필라니에서 작은 면화 거래점을 열었다. 시브 나라얀이 1860년대 중반 황량한 사막뿐인 고향을 떠나 인도 중부의 큰 상업도시인 콜카타(당시 이름은 캘커타)로 이주한 이후 비를라그룹은 꾸준히 성장했고 지금도 콜카타를 근거지로 하고 있다.

비를라 가문이 우리나라 재벌기업과 유사한 점이 또 하나 있다. 이병철 회장으로부터 삼성, 신세계, 한솔, CJ 등의 기업 집단이 유래했듯이 시브 나라얀 비를라로부터 아디티아비를라그룹, CK비를라그룹, 야시비를라그룹 등의 기업이 갈라져 나왔다. 이 중 규모 면에서 가장 큰 기업은 비를라 가문의 본류라 할 수 있는 아디티아비를라그룹이다. 전 세계 35개국에 진출하여 약 600억 달러의 매출을 올리고 있으며 종업원 수도 14만 명이나 되는 다국적 기업이다. 필리핀을 포함한 동남아 지역에서는 섬유 생산공장도 여러 개 운영하고 있고 인도 국내에서는 종업원 수가 2만 5,000명에 달하는 대형 의류 도소매업체인 ABFRL을 운영한다는 점을 살펴보면 섬유업과 도소매업을 뿌리로 하는 기업의 색깔이 아직 남아 있다. 하지만 1967년생 쿠마르 망갈람 비를라Kumar Mangalam Birla가 현재 이끌고 있는 아디티아비를라그룹의 핵심 회사는 뭐니 뭐니 해도 알루미늄과 구리와 같은 비철금속을 제조하는 힌달코Hindalco Industries와 인도 최대의 시멘트 업체인 울트라테크 시멘트UltraTech Cement다.

힌달코는 아시아에서 최대 규모의 알루미늄 생산업체이며 280억 달러 매출에 종업원 수만 해도 4만 명에 달한다. 울트라테크 시멘트는 연간 매출이 약 80억 달러로 매출 규모가 50억 달러 내외인 2위의 암부자 시멘트Ambuja Cements를 가뿐하게 제치고 시장 1위 자리를 지키고 있다. 이외에도 미국과 캐나다는 물론이고 이집트, 스페인, 이탈리아, 중국과 같은 나라에 소재한 카본블랙 생산공장과 미국 조지아주와 오하이오주에 각각 본사를 둔 알루미늄 생산업체인 노벨리스Novelis와 앨러리스Aleris도 아디티아비를라그룹 소속이다. 19세기 중반에 작은 면화 거래점으로 출발한 기업이 매출 규모는 물론이고 주력 업종까지 비철금속, 블랙카본, 시멘트, 화학 비료 등으로 완벽하게 탈바꿈했다고 평가할 만하다. 물론 비를라그룹의 역사에 성공 사례만 있는 것은 아니다. 가장 최근 사례만 보더라도 이동통신 사업 실패가 있다.

# 왜 비를라는 이동통신 사업에 실패했는가

2021년 8월 4일 아디티아비를라그룹의 계열사인 이동통신사 보다폰아이디어(브랜드명 Vi)의 회장 K. M. 비를라가 사임한다고 발표하면서 발표를 전후한 3일 동안 보다폰아이디어 주가가 34퍼센트나 급락하는 사태가 벌어졌다. 보다폰아이디어는 현재 인도의 이동통신시장을 전통의 강자인 바르티에어텔, 신흥 주자인 릴라이언스지오와 함께 3등분하고 있다. 하지만 릴라이언스지오의 공격적인 가격 할인 정책으로 가장 큰 피해를 입었다. 매달 수십만 명의 가입자가 지속적으로 이탈했고 부채가 급속도로 늘어났다. 결국 약 45퍼센트 지분을 보유한 영국 소재 모기업인 보다폰그룹이 추가적인 자금 지원은 없다고 밝히면서 K. M. 비를라도 중앙정부에 자신이 보유한 지분 전체를 넘기는 조건으로 구제금융을 요청했다. 금융시장은 K. M. 비를라가 사실상 백기를 든 것이라고 해석했다.

2021년 6월 말 기준 보다폰아이디어의 총부채 규모는 약 1조 9,000억 루피(253억 달러 내외)의 엄청난 규모로서 모기업도 지원을 포기한 마당에 인도 정부가 구제금융에 나서지 않는 한 사실상 회생 가능성은 없다는 것이 시장의 중론이었다.[20] 이미 정부는 인도통신공사를 보유하고 있어서 일각에서는 합병 가능성이 거론되기도 했다.[21] 다른 한편에서는 에어인디아를 포함하여 많은 국영기업을 민영화하고 있는 정부의 현재 정책 기조에 부합하지 않기 때문에 국영 통신회사와의 합병은 가능성이 낮다는 반론도 제기되고 있었다. 결국 2022년 10월 인도증권거래위원회는 보다폰아이디어가 정부에 갚아야 할 부채를 주식으로 전환하는 것을 원칙적으로 승인했다. 2023년 2월 인도 정부는 출자전환을 통해 보다폰아이디어의 지분을 약 30퍼센트가량 넘겨받으며 회사의 최대주주가 되었다.[22]

결과론적으로 보자면 비철금속과 시멘트, 의류 산업, 도소매업 등 전통 산업에 주로 종사하던 비를라그룹이 이동통신이라는 신산업에 진출을 시도했다가 망신만 당한 셈이다. 앞으로 인도 이동통신시장의 발전 양상과 함께 비를라그룹의 운명도 관전 포인트가 될 것이다.

이제는 제철 부문의 절대 강자인 마르와리 가문을 알아볼 차례다. 바로 미탈Mittal 가문이다.


## 유럽 철강의 심장에 삼색 국기를 꽂다


2016년 당시 프랑스에서 근무하던 필자는 룩셈부르크에 소재한 아르셀로미탈Arcelor Mittal의 본사에 출장을 가게 되었다. 파리 동역 Gare de l'Est을 출발한 테제베TGV는 두 시간 남짓을 달려 미끄러지듯이 룩셈부르크 중앙역에 도착했다. 아르셀로미탈 본사가 위치한 아브랑슈 대로는 역에서 1킬로미터도 떨어져 있지 않았다. 커피 한 잔을 사들고는 거리와 사람들을 구경하며 천천히 걸음을 옮겼다. 아브랑슈 대로는 북쪽 구시가지와 남쪽 신시가지를 가르는 길이다. 길을 따라 걸으며 바라본 북쪽 구시가지에 즐비한 수백 년 전 건물들과 건물 전체가 투명한 유리로 만들어진 아르셀로미탈의 현대식 건물이 강력한 대비를 이루고 있었다.

건물 바로 앞에서 나를 기다리고 있던 ○○철강의 유럽지사 직원을 만났다. 출장의 내용은 비교적 간단했다. ○○철강은 한국수출입은행으로부터 대출금을 빌려 제품을 생산한 후 아르셀로미탈에 수출해오고 있었다. 지금까지는 ○○철강이 수출대금을 아르셀로미탈로부터 수령해 왔지만 앞으로는 그 수출대금을 직접 한국수출입은행으로 지불해달라고 아르셀로미탈에게 요청하는 것이었다. 어차피 ○○철강의 입장에서는 은행에 갚아야 할 돈이니 번거롭게 아르셀로미탈로부터 돈을 받아서 그 돈을 다시 은행에 갚느니 차라리 아르셀로미탈이 은행에 직접 입금하는 방식으로 자금의 흐름을 단순화하자는 것이었다. ○○철강, 한국수출입은행, 아르셀로미탈 이렇게 3개 회사 중에 어디도 손해 볼 일 없고 어디도 이득 볼 일이 없는 비교적 단순한 자금 지급방식 변경과 관련한 협의였다.

그런데 북쪽 구시가지와 대비되는 아르셀로미탈의 현대식 건물에 놀란 것은 약과였다. 협상 테이블에 앉자마자 우리 앞에 앉은 자금 담당 부사장이 눈에 들어왔다. 100미터 밖에서 봐도 단번에 '아. 인도 사람이구나.' 하고 알아볼 수 있는 외모였다. 유럽 한복판에 소재한 세계에서 가장 오래되고 큰 철강회사 중 하나인 아르셀로를 인도의 미탈스틸Mittal Steel이 인수한 것은 2006년이다. 그 당시만 해도 제3세계 국가인 인도의 철강업체가 무려 330억 달러를 지불하고 세계에서 가장 유명한 철강회사 중 하나인 아르셀로를 인수한다는 소식에 많은 사람이 놀랐다. 그로부터 10여 년이 지난 2016년에 아르셀로미탈의 본사에서 자금과 전략을 다루는 요직에 인도인들이 단단히 자리잡고 있었던 것이다.

내가 간략한 인사와 함께 출장 이유를 설명하자 그 인도인이 내뱉은 첫 마디에 세 번째로 놀랐다. 질문은 간단했다.

"그게 우리에게 무슨 이득이죠What's in it for us?"

한마디로 자금 지급방식을 변경해주면 자기네들에게 무슨 이득이 되느냐는 질문이었다. 좀 더 노골적으로 말하면 자금 지급방식을 변경해주면 그 대가로 단가를 조정해주든지 지급 시기를 늦춰주든지 뭔가 자기 회사에 이득이 되는 게 있어야만 동의하겠다는 말이다. 여태까지 몇 년 동안 해오던 자금 지급방식에서 입금 상대방만 바꾸면 되는 단순한 행정 처리를 해주는 대가로 반대급부를 요구한 것이었다. 눈 감고 잠자는 시간을 제외하고는 항상 돈 벌 궁리만 한다는 인도 상인의 몸에 밴 협상 태도를 직접 경험했던 순간이다.

## 어떻게 거대한 철강 제국을 세울 수 있었는가

아르셀로미탈이 세계 철강 산업에서 차지하는 비중과 영향력은 막강하다. 캐나다, 미국, 브라질 등 전 세계 60여 개국에서 20만 명이 넘는 종업원을 고용한 아르셀로미탈은 브라질을 포함한 주요 남미 국가는 물론이고 대부분의 유럽 국가에서 철강 시장점유율 1위를 오랫동안 지켜오고 있다. 철강 산업의 가장 큰 수요자는 자동차 산업이다. 이는 자동차 산업이 많은 양의 철강을 필요로 하기 때문이다. 현재 전 세계 자동차 다섯 대 중 한 대는 아르셀로미탈에서 생산된 철로 만들어지고 있을 정도로 아르셀로미탈의 고객은 전 세계에 펼쳐져 있다. 그럼에도 불구하고 유럽의 소국인 룩셈부르크에 본사를 유지하는 것은 세금 절감의 목적이 가장 크다.

6세가 될 때까지 전기도 상수도도 없던 라자스탄의 시골 동네에서 살던 락슈미 미탈의 가족은 다른 마르와리 가족과 마찬가지로 가난을 피해 기회의 땅인 콜카타로 이주했다. 어려서부터 영특했던 락슈미는 고등학교를 수석으로 졸업했다. 하지만 그가 졸업한 학교는 주로 상류층이 재학하는 영어 학교가 아니라 중산층과 서민이 다니는 힌디어 학교였다. 콜카타 최고 명문인 세인트자비에르대학교는 그의 뛰어난 성적에도 불구하고 부족한 영어 실력을 핑계로 입학허가를 내주지 않았다. 집요하게 대학을 설득한 그는 결국 입학허가를 받을 수 있었고 결국 과 수석으로 졸업한다. 학부를 졸업한 후 돈 벌 기회를 엿보던 그는 26세의 나이에 인도네시아로 향했다.

락슈미 미탈은 인도네시아에서 첫 철강회사를 설립한 이후 경쟁력을 잃은 세계 각국의 철강회사를 공격적으로 인수·합병한 다음 강력한 구조조정을 했다. 그 결과 아시아는 물론 미주와 유럽을 아우르는 거대한 철강 제국을 세울 수 있었다. 현재 생산량 기준으로 중국의 바오스틸에 이어 세계 2위의 기업을 일구는 데 고작 40년밖에 걸리지 않았다. 힌두 신화에서 부와 번영을 담당하는 신인 락슈미를 이름으로 정한 덕분이라고나 할까?

다만 철강 산업이 경기의 부침에 민감하게 영향받는 관계로 그의 자산 규모는 호황기에는 크게 성장하지만 침체기에는 줄어드는 경향을 보인다. 영국을 본거지로 하여 벌써 20년이 넘게 거주하고 있는 락슈미 미탈은 이미 2005년에 전 재산 250억 달러를 기록하며 빌 게이츠(465억 달러)와 워런 버핏(440억 달러)에 이어 전 세계에서 세 번째 부자로 뽑힌 바 있다. 2007년에는 아시아 전체를 통틀어 최고 부자로 선정되기도 했다.[23] 2008년을 전후한 전 세계 경제위기로 인해 실물경기가 급속하게 위축되고 철강을 포함한 원자재 시장이 축소되면서 사업도 다소 주춤해졌다. 2021년 그는 인도 전체에서 6위의 부자로 뽑혔다.

## 비를라와 미탈 못지않은 마르와리 기업들이 있다

2022년 2월 인도의 주요 방송과 신문은 일제히 바자즈그룹의 총수를 지낸 라훌 바자즈Rahul Bajaj의 사망 소식을 전하면서 애도했다. 바자즈그룹Bajaj Group은 1926년 마하트마 간디와도 친분이 있었던 인도 독립운동가인 잠날랄 바자즈Jamnalal Bajaj가 뭄바이에 설립한 유서 깊은 기업이다. 라훌 바자즈는 1965년 그룹의 총수를 맡은 후 2005년 그 자리에서 내려올 때까지 바자즈그룹의 눈부신 성장을 가능케 한 주인공이었다. 그 성장 비결은 바로 1972년부터 생산된 인도의 국민 스쿠터 바자즈체탁Bajaj Chetak이었다.

우리나라에서는 자가용이 중산층의 상징이라면 인도 같은 저소득국가에서는 모터사이클이 중산층의 상징이라 할 수 있다. 인도의 모터사이클 시장에 일찌감치 진출한 일본의 혼다가 선두주자이다. 하지만 1970년대부터 약 30년간 인도 국민들의 마음속에 중산층의 상징처럼 자리매김했던 모델은 바로 바자즈체탁 스쿠터였다. 바자즈체탁은 이탈리아의 베스파Vespa를 기반으로 생산되었다. 인도 국민들의 소득 수준 향상으로 모터사이클 시장이 커지고 스쿠터 시장이 축소되면서 라훌 바자즈가 기업 총수의 자리에서 내려오던 2005년에 생산이 중단될 때까지 '우리의 바자즈Hamara Bajaj'라는 애칭으로 불렸다. 바자즈체탁의 성공을 기반으로 모터사이클 시장은 물론 생활가전, 금융서비스 등 다양한 업종으로 뻗어나간 바자즈그룹은 2022년 약 6만 명을 고용한 거대 기업으로 성장했다.

2013년 4월 라마 프라사드 고엔카**Rama Prasad Goenka**의 부고를 전하는 기사는 '인수합병의 제왕'이 사망했다는 첫 문장으로 시작되었다.[24] 우리나라에서 공격적인 인수합병으로 기업을 성장시킨 대표적인 경제인으로 STX그룹의 강덕수 회장이 있다면 인도에는 R. P. 고엔카가 있다. 1979년 R. P. 고엔카의 아버지가 아들들에게 물려준 회사는 필립스 카본블랙, 아시안케이블, 아가르파라 황마 공장, 무르피인디아 등 소규모 회사였고 그나마 상당수는 R. P. 고엔카의 형제들에게 돌아갔다. 그 후 원래는 1924년 이탈리아에서 창업된 세아트 타이어(1981), 송배전 전문 엔지니어링업체인 KEC인터내셔널(1982), 후에 RPG생명보험으로 이름을 바꾸게 되는 서를인디아(1983), 던롭인디아(1984) 등을 공격적으로 인수합병하면서 성장 가도를 달리게 된다.

2011년 고령의 R. P. 고엔카는 장남과 차남에게 기업을 분할하여 상속했다. 큰아들 하르슈 고엔카**Harsh Goenka**는 세아트 타이어**Ceat Tyres**를 주력 업체로 하는 RPG그룹의 회장직을 맡았다. 동생인 산지브 고엔카**Sanjiv Goenka**는 RPSG그룹을 맡아 전력, 미디어 엔터테인먼트, 도소매업 분야에 종사하고 있다. 최초 창업 시기를 거슬러 올라가면 1820년대까지 이르게 되는 인도에서 가장 오래된 기업 가문 중 하나이며 RPG그룹과 RPSG그룹 모두 30억 달러가 넘는 매출과 전 세계에 걸쳐 수만 명의 종업원을 고용한 기업이다. 마르와리를 대표하는 기업 중 하나이기는 하지만 업종 점유율 1위를 딜리는 기업이 딱히 없다는 점이 아쉽다.

그 밖에도 마르와리 출신의 기업인은 또 있다. 2018년에 인도인의 입에 가장 많이 오르내린 사람을 꼽으라면 아난드 피라말Anand Piramal일 것이다. 인도에서 가장 부자인 무케시 암바니Mukesh Ambani의 외동딸인 이샤 암바니Isha Ambani와 결혼한 운 좋은 새신랑이었으니 말이다. 하지만 펜실베이니아대학교에서 경제학을 전공하고 하버드 경영대학원에서 MBA를 받은 수재인 아난드 피라말역시 평범한 집안 출신은 아니다. 그의 아버지인 아제이 피라말Ajay Piramal이 1984년에 창업한 피라말그룹은 복제약과 그 원료를 생산하는 피라말헬스케어를 그룹의 중심으로 하고 있다. 피라말헬스케어는 2010년대에 들어서면서 인도 내 전체 업종을 통틀어 50대 기업에도 포함되고 전 세계 5대 위탁생산 전문 제약업체로 올라서는 등 꾸준한 성장세를 보였다. 이후 생명과학, 부동산 관리 분야 등으로 확장했다. 창업자인 아제이 피라말과 그의 아들 아난드 피라말은 성공한 마르와리 상인 집안에 당당하게 합류했다.

# 5

# 인도 최고의 부호 암바니 가문은 누구인가

## 수조 원의 유산을 두고 싸움이 벌어지다

사람들이 욕하면서도 막장 드라마를 끝까지 보는 이유가 뭘까? 그 이유는 막장 드라마가 우리에게 주는 말초적인 즐거움, 예를 들어 출생의 비밀, 상상을 초월하는 재벌가의 부와 명예, 막돼먹은 자식들의 무분별한 행동거지, 거기에 형제자매 간 싸움 등 보통 집안에서 태어나 보통의 인생을 살다가 생을 마감하는 우리 같은 사람들은 경험하지 못하는 특이한 인생살이를 한껏 과장해서 보여주기 때문이 아닐까? 그런데 재산이 몇억 원이 아니라 몇조 원인 집안에서 유산을 놓고 싸움이 벌어진다면 얼마나 흥미진진할까?

2002년 6월 디루바이 암바니Dhirubhai Ambani가 사망한 직후 릴라이언스그룹에는 긴장감이 가득했다. 아라비아해를 접한 구자라트의 초르와드라는 조그만 어촌에서 가난한 학교 교사의 아들로 태어난 디루바이 암바니는 69세로 사망하기 전까지 릴라이언스를 인도 최대의 기업 중 하나로 성장시켰다. 하지만 그가 두 아들 중 누구에게 기업의 어느 부분을 맡길 것인지를 명확하게 밝히지 않고 세상을 떠나면서 엄청난 혼란이 벌어졌다.

일단 형인 무케시가 그룹 총수 자리에 올랐고 무케시는 동생 아닐에게 정부와 언론 대응을 맡겼다. 하지만 2년이 채 지나지 않은 2004년경 두 형제 사이에 벌어지는 알력 싸움이 언론에 보도되기 시작했다. 양측이 공개적으로 상대를 비난하는 수준에 이르자 어머니인 코킬라 암바니Kokila Ambani가 중재에 나서야 했다.

결국 2005년을 전후하여 정유, 가스, 화학 사업 부문은 릴라이언스인더스트리Reliance Industries라는 회사로 통합되었고 형인 무케시가 회장에 취임했다. 전력, 통신, 보건과 의료 사업 부문은 동생인 아닐이 맡아 릴라이언스그룹을 새롭게 설립했다. 재산 분할이 완료된 2006년을 전후하여 재산을 비교하면 동생인 아닐의 재산이 형인 무케시보다 약 7,500만 달러 정도 많았다. 아닐의 재산이 그 당시 인도 최고 부자인 철강왕 락슈미 미탈Lakshmi Mittal과 인도 IT 산업의 황제라 할 수 있는 위프로의 창업자 아짐 프렘지Azim Premji에 이어 3위의 규모에 이른 것이다. 그 이후에 두 형제의 운명은 어떻게 바뀌었을까?

그룹의 창업자인 디루바이 암바니는 야심 찬 사업가였다. 이러한 성격을 꼭 빼닮은 사람은 둘째 아들인 아닐 암바니였다. 아버지처럼 엄청난 규모의 프로젝트를 과감하게 추진하는 것을 두려워하지 않았고 물불 안 가리는 성격 때문에 새로운 사업을 시작하면 엄청난 부채를 빌리는 것도 겁내지 않았다. 아닐의 화려한 개인 생활도 가십거리였다. 젊었을 때부터 꾸준히 볼리우드에 기웃거리면서 많은 연예인과 친분을 쌓아왔고 1991년 당시 최고 인기 배우였던 티나 무님Tina Munim과 화려하게 결혼하는 데 성공했다.

하지만 그룹 분할 후 약 15년이 흐르면서 통신시장의 경쟁 격화를 포함하여 각 분야에서 경영 압박이 심해졌다. 결국 이자율 부담을 이기지 못한 아닐은 자신이 보유한 자산을 하나씩 팔아치울 수밖에 없었다. 그렇지 않아도 견원지간이었던 두 형제 사이가 결정적으로 틀어진 것은 2016년을 전후한 시기였다. 형인 무케시가 릴라이언스지오Reliance Jio라는 브랜드명으로 인도 내 무선전화 시장에 뛰어든 것이다. 릴라이언스지오는 2G나 3G를 거치지 않고 곧바로 인도 전역을 대상으로 한 4G 네트워크를 공격적으로 구축하면서 그 당시까지 인도 무선전화 시장을 장악하고 있던 바르티에어텔과 보다폰아이디어를 빠르게 위협한다. 그리고 시장에 진입한 지 불과 몇 년 만인 2021년 7월에 릴라이언스지오는 무선시장에서 약 37퍼센트의 시장점유율을 확보하면서 시장점유율 29.8퍼센트인 거대 공룡 바르티에어텔을 따돌리게 된다. 정작 아버지로부터 통신 부문을 물려받았지만 이렇다 할 성과를 내지 못하고 있던 동생 아닐에게는 그야말로 자존심에 큰 상처를 받는 일이었다.

무케시 암바니는 2023년 기준 65세로 아닐과 두 살 터울이다. 무케시의 순자산은 대략 1,000억 달러가 넘는다. 2021년 10월 『포브스』에 의하면 전 세계에서 10번째 부자이다. 반면에 아닐은 엄청난 부채로 인해서 순자산이 제로라고 알려져 있다. 그룹 분리 당시만 해도 동생인 아닐의 재산이 형인 무케시의 재산보다 많았는데 15년 사이에 임청난 변화가 생긴 셈이다. 그렇다면 20년 가까이 반목을 거듭하는 두 형제 사이에 화해의 가능성은 있을까?

2019년 초 릴라이언스그룹이 스웨덴 에릭슨Ericsson 앞으로 미지급한 부채에 대해서 아닐 암바니가 개인보증을 섰는데 유동성 위기에 몰린 아닐이 채무보증을 이행하지 못하는 사태가 발생했다. 결국 아닐은 뭄바이 형사 법정에 서야 하는 치욕을 경험했다. 형인 무케시가 55억 루피에 해당하는 채무를 대신 갚아주면서 아닐은 간신히 형사책임에서 벗어나게 되었다. 그동안 서로 잡아먹을 듯이 으르렁거리던 형제 사이가 갑자기 개선된 것일까? 그렇지는 않다. 무케시의 입장에서는 해외 투자자를 꾸준히 끌어들여야 하는데 더 이상 암바니라는 가문의 이름이 더럽혀지면 안 되기에 울며 겨자 먹기로 동생을 도왔다는 분석이 지배적이다.

## 인도 대표 기업의 승계는 어떻게 될까

2021년 12월 말 무케시 암바니가 공개적으로 자신의 후계 승계 작업에 대해서 언급하면서 인도 신문 매체는 일제히 그의 발언에 큰 관심을 보였다. 그는 3명의 자녀를 두었는데 최근까지도 후계 구도에 대해서 별다른 언급을 하지 않았다. 그런 그가 "매우 중대한 리더십 변화의 시기를 지금 지나가고 있다."라고 발언했기 때문이다. 그가 총수를 맡고 있는 릴라이언스인더스트리는 총매출 규모와 시가총액 등 모든 면에서 그야말로 인도의 대표 기업이라고 할 수 있다. 따라서 언론은 물론 일반 국민도 리더십 승계 과정이 어떻게 이루어질지에 관심을 표하고 있다.[25]

무케시 암바니는 또한 "행복한 가족으로서의 릴라이언스"가 "성공한 회사로서의 릴라이언스"만큼이나 중요하다고 발언했다. 무케시 자신과 두 살 어린 동생 아닐과의 지속적인 다툼을 의식한 발언이라고 해석된다. 하지만 좀 더 자세히 살펴보면 승계 작업에 박차를 가하는 또 다른 이유가 있다.

바로 인도증권거래위원회SEBI의 지속적인 요구 때문이다. 인도증권거래위원회는 애초에 2020년 4월까지 인도 내 상위 500대 상장사에 회사의 총수와 등기임원을 명확히 분리하라고 요구했다. 이후 산업계가 반발하자 기한을 2022년 4월까지 2년 연장했다. 그럼에도 산업계의 불만이 계속되자 강행규정이 아니라 자발적으로 분리할 것을 권고하는 수준으로 약화되기는 했다. 하지만 대주주의 경영책임을 묻기 위한 인도 자본시장 당국의 요구는 더 강해질 전망이다. 따라서 기업의 총수와 등기임원 간 권한과 책임을 명확히 규정해나가는 움직임은 피할 수 없는 대세가 될 것이다.

현재 무케시 암바니는 기업의 총수와 등기임원을 겸임하고 있다. 감독 당국의 요구도 받게 되었고 겸사겸사 자식들에게 점차 많은 역할도 부여하고 자연스럽게 경영권 승계 절차로 들어갈 것이라는 전망이 제기되고 있다. 그룹 전체의 주식을 자선 재단이 보유하고 대주주 일가는 이사로 참여하면서 선제적으로 이러한 문제점을 피해 간 타타가문과 같은 사례도 있기는 하다. 하지만 다수의 인도 재벌 가문들은 그렇지 못한 상황이다. 아버지 세대가 60대, 70대에 이르고 자식 세대가 30대, 40대에 이르게 되면서 암바니 가문처럼 경영권 승계를 심각하게 고민하고 있다. 시장의 일부에서는 암바니 가문도 타타 가문과 유사한 방법을 택할 가능성이 크다고 예측하고 있다. 지주회사를 만들고 그 회사를 신탁재단 산하에 둔 후 암바니

가족 일가가 그 재단의 이사회 멤버로 들어가게 되는 형식이다.

무케시는 정유, 화학과 가스 사업부문을 물려받은 릴라이언스인 더스트리의 총수를 맡은 20년 동안 회사를 그야말로 환골탈태시켰 다. 릴라이언스인더스트리를 세계 일류 정유회사로 끌어올렸고 약 5년 전에 릴라이언스지오를 설립하여 인도 이동통신 시장을 한 단 계 업그레이드했다는 평가를 받고 있다. 또한 릴라이언스지오를 발 판으로 뛰어든 이커머스 시장에서도 기존의 아마존인디아를 위협 하면서 성장하고 있다.

이동통신시장과 이커머스 시장에 본격적으로 뛰어들기 시작한 2016년 이후 불과 6년 사이에 릴라이언스인더스트리의 주식 가치 가 무려 4배가 되면서 인도 주식시장에서 시가총액이 가장 큰 회사 중 하나가 되었다. 게다가 2021년부터는 미래의 먹거리라 할 수 있 는 녹색에너지 분야에 집중적으로 투자하면서 화석연료 중심의 현 재 사업 포트폴리오에서 탈피하여 다가오는 미래를 대비한 전략적 포지셔닝을 구축하기 시작했다. 무케시 암바니의 제국이 새로운 거 대 제국으로 거듭나기 위해 부지런한 발걸음을 내디디는 것이다.

현재 무케시 암바니는 가장 유명한 구자라트 출신 기업인이다. 이 외에도 나렌드라 모디 총리가 구자라트 총리로 집권하던 시절 무섭 게 성장한 아다니그룹의 가우탐 아다니, 선파마수티컬의 총수인 딜 립 샹비, 코탁마힌드라은행의 우다이 코탁 등이 있다.

## 5장

# 인도를 이끌어갈 산업과
# 대표기업은 어디인가

타타그룹이 파르시 상인을 대표하는 기업이고 비를라그룹이 마르와리 상인을 대표하는 기업이라면 구자라티, 즉 구자라트 출신 상인을 대표하는 기업은 릴라이언스그룹과 아다니그룹이라고 할 수 있다. 보통 100년에서 때로는 200년을 훌쩍 넘는 오랜 전통을 자랑하는 파르시 기업이나 마르와리 기업과 더불어 현재 인도 산업계를 호령하는 구자라티 대표 기업들도 역사가 제법 깊다. 하지만 많은 인도인의 머릿속에 '파르시와 마르와리는 전통적인 부자를, 구자라티는 신흥 부자를 대표한다'는 이미지가 심어져 있다. 왜 그럴까?
이번 장에서는 1980년대 이후에 새롭게 부상한 신흥 자본가 가문에 대해서 자세히 알아보자.

　1947년 영국의 지배에서 독립한 인도는 다른 식민 지배 경험 국
가와 마찬가지로 산업발전의 힘겨운 첫걸음을 내디뎠다. 그 첫 발
걸음을 가능하게 한 사람은 '인도 산업의 아버지'라고 칭송받는 파
르시 출신의 잠셋지 타타를 비롯하여 그와 동시대를 살았던 마르와
리 출신 기업인들이었다. 그 후 1980년대 말을 전후하여 인도 산
업계의 지형도가 크게 바뀌게 된다. 인도 정부의 시장 자유화 조치
에 발맞춰 빠르게 체질을 개선하고 신규 사업을 찾아 나선 기업들
과 그렇지 못한 기업들 사이에서 명암이 갈렸기 때문이다.

　2000년대에 들어 IT 기업의 빠른 성장, 남인도를 중심으로 공공
연하게 펼쳐졌던 지역 내 유력 정치인과 기업 간 결탁, 2000년대
중반 이후 인도 정치계에서 영향력이 커진 나렌드라 모디 총리의
고향인 구자라트 출신 인사들이 창업한 수많은 기업의 약진 또한
큰 변화라 할 수 있다. 이번 장에서는 인도의 산업계에 새롭게 등장
한 신흥 부호와 기업을 이야기해 보고자 한다.

# 1

# 인도 재벌의 세대교체가 이뤄지고 있다

## 자유시장경제로 신흥 재벌들이 등장했다

  1947년 인도가 영국에서 독립하기 전에도 이미 많은 수의 토종 기업가들이 인도 전역에서 활발히 영업하고 있었다. 이들 대부분은 무역업과 금전 대부업에 종사하던 상업자본의 형태였다. 하지만 인도의 산업발전에 의도적으로 무관심했던 영국의 경제정책에도 불구하고 토종 기업가들은 점차 면방직 산업을 중심으로 한 섬유 산업 등에 진출하면서 산업자본으로 꾸준하게 변신을 추진했다. 덕분에 식민지 시절에도 이미 상당한 수준의 부를 축적한 명문 가문들은 자신의 이름을 내건 기업체를 운영할 수 있었고 독립 이후에도 거의 30년간 인도 산업계를 좌우했다.

  비를라 가문의 비를라그룹(1857년 창업), 타타 가문의 타타그룹 (1868년 창업), 바자즈 가문의 바자즈그룹(1926년 창업), 모디 가문의 모디엔터프라이즈(1933년 창업),[1] 싱가니아 가문의 레이먼드그룹

(1925년 창업), 마파트랄 가문의 마파트랄인더스트리(1905년 창업) 등이 대표적이다. 물론 이들 기업의 운명도 이 기간에 달라졌다. 주력 산업이 아닌 산업에까지 끊임없이 진출한 타타그룹이나 비를라그룹은 지속적으로 매출이 늘어났지만 본업인 섬유업에만 주력했던 레이먼드그룹은 타타그룹이나 비를라그룹의 매출액의 10분의 1 수준에 머물고 있다. 반면에 디루바이 암바니가 창업한 릴라이언스그룹은 1980년대부터 두각을 나타내기 시작했다.

1990년을 전후하여 외환위기를 겪은 인도는 1991년 대대적인 경제개혁 조치를 도입하게 되고 그동안 시시콜콜하게 산업계를 규제했던 정부의 각종 규제책의 상당수가 사라지게 된다. 해외투자자의 인도 투자도 대부분 허용된다. 규제 일변도의 사회주의적 계획경제가 자유시장경제로 변모했다. 그러면서 정부와의 긴밀한 관계를 바탕으로 각종 사업 진출 허가권을 손쉽게 따내서 사업영역을 확대해왔던 전통적인 기업들의 성장세가 주춤해졌다. 그러는 사이 창의적 사업 마인드와 해외 투자자의 자금력을 바탕으로 한 신흥 재벌들이 속속 등장한다.[2] 신흥 재벌들은 주로 인프라 건설, IT 테크놀로지, 금융 부문 등에서 급속하게 성장했다.

1990년대 이후 급격하게 사세를 확장한 재벌기업들로는 암바니그룹, TVS그룹, 마힌드라그룹, 진달그룹, 루이아 가문의 에사르그룹, 문잘 가문의 히어로그룹, 프렘지가 창업한 IT 기업인 위프로, 라주 가문의 나가르주나철강 등이 대표적이다.

IT 서비스 기업인 위프로 등 소수 예외적인 사례를 제외하고는 인프라 개발, 발전 등 막대한 규모의 고정자산 투자가 필요한 에너지 산업, 광업, 제조업 등에 종사하고 있다. 자동차 제조를 주력으로 하는 마힌드라, 철강과 에너지 산업에 주력하는 진달그룹, 모터사이클과 삼륜차를 제조하는 TVS그룹, 모터사이클과 스쿠터를 생산하는 히어로그룹, 에너지, 광업, 건설업을 주력으로 하는 에사르그룹, 나가르주나철강 등 대부분의 신흥 재벌기업들은 1990년대 인도에 불어닥친 대규모 개발 붐과 중후장대重厚長大 산업의 발달에 편승하여 등장한 후 빠르게 성장했다.

한편 1990년대 들어 대규모 자유경제주의적 개혁 조치가 도입되고 중후장대 산업에 종사하는 신흥 재벌들이 등장한 것과 함께 인도 내부에서도 주요한 정치 경제적 변화가 1980년대부터 조금씩 나타나고 있었다. 첫째, 독립 이후 수십 년간 집권당이었던 의회당의 정치자금은 조금 단순하게 말하자면 구소련으로부터 받은 각종 원조자금과 인도 대기업으로부터 모금한 자금으로 충당됐다. 하지만 인도는 1971년 파키스탄과의 국경 분쟁 등 군사적 긴장을 지속적으로 경험하며 꾸준하게 구소련과 유럽산 무기를 구입했다. 그 과정에서 거둬들인 음성적인 정치자금의 규모가 커지게 되었다. 결국 인도 정부가 자주국방에 열을 올리면서 1980년대 이후에는 인도 대기업에 상대적으로 손을 덜 벌리게 되었다. 이로 인해 대기업의 정치자금 부담이 줄어드는 뜻하지 않은 효과가 생긴 것이다.

둘째, 타타그룹이나 비를라그룹에 필적할 정도로 빠르게 성장한 암바니그룹을 포함한 신흥 재벌들이 의회당에 대규모 정치자금을 제공하기 시작했다. 구자라트를 기반으로 한 암바니그룹은 2000년대 초반 나렌드라 모디가 구자라트 주지사로 선출되면서 매우 긴밀한 협력관계를 구축한다. 하지만 그보다 훨씬 이전인 1980년대에는 인도 전체에 정치적 영향력을 막강하게 미치던 의회당과 좀 더 노골적으로 말하자면 인디라 간디 수상과도 매우 밀접한 관계를 유지했다.

셋째, 특히 남인도에 위치한 타밀나두, 안드라프라데시, 카르나타카, 북서부의 펀자브와 하리아나 지역을 기반으로 한 정당이 정치적 세력을 키워가면서 인도 산업계, 특히 해당 지역을 기반으로 한 토착 기업과의 유착이 뚜렷하게 나타나기 시작했다. 우리나라의 30배가 넘는 면적에다 28개 주와 8개 연방직할지에 사는 14억의 인구가 22개의 공용어를 사용하는 국가에서 지역 중심 정당의 출현은 필연적이었다. 주 하나가 유럽 대륙의 웬만한 나라 하나와 맞먹을 정도의 면적과 인구를 갖고 있고 주별로 인종적, 문화적, 경제적, 언어적 차이가 워낙에 뚜렷하여 지역 고유성을 기반으로 한 지역 정당이 등장하는 것은 당연하기 때문이다. 안드라프라데시와 텔랑가나의 정치와 경제를 사실상 좌지우지하는 레디 가문과 그 기업이 대표적인 예라고 하겠다.


## IT 기업들의 성장과 부작용이 나타나다

2000년 이후 인도의 산업계는 또다시 크고 작은 변화를 겪게 된다. 1990년대 이후 이어진 중후장대 산업의 발달과 더불어 이동통신, 소프트웨어, IT 서비스, 제약, 도소매업, 금융결제서비스 등 다양한 분야에 신흥 재벌들이 등장했다. 또한 서구 경제에서 새로운 사업 형태(예를 들어 우버)가 등장하면 이를 그대로 모방한 서비스가 순식간에 도입되었고 인터넷을 기반으로 하는 홈쇼핑 기업도 다수 등장했다. 핸드폰을 보유한 인도인들이라면 누구나 이용 중이라는 디지털 결제 앱 페이티엠은 물론이고 선진국과 비교해서도 크게 뒤떨어지지 않는 편리한 쇼핑 기능을 제공하는 플립카트와 빅바자르 등의 기업이 폭발적으로 성장하고 있다. 특히 2020년을 전후하여 코로나 팬데믹이 인도를 강타하면서 아스트라제네카 계열의 백신을 주문자 상표 부착 생산OEM으로 생산하는 인도혈청연구소를 포함한 보건의료업계도 빠르게 성장했다. 비대면 흐름에 맞춰 각종 인터넷 쇼핑 기업의 매출액 또한 획기적으로 성장했다.

다양한 산업 분야에서 인도 기업들이 성장세를 누리고 있지만 몇 가지 부작용도 나타나고 있다. 부작용 중 하나는 기업이 비밀리에 정치자금을 제공하던 단순한 형태에서 기업인이 아예 정치 전면에 등장하거나 정치인이 '바지 사장'을 내세워 기업을 경영하여 이익을 보는 대담한 형태로 변모하고 있다는 점이다. 기업인이 정치에 참여하는 사례는 1980년대부터 간간이 있던 일이지만 본격적으로 기업인이 정치인으로 변신하여 이해 상충의 위험이 있는 정치적 사안까지 다루기 시작한 것은 2000년대 들어서면서부터다.

1984년에 비를라그룹의 크리슈나 비를라Krishna Kumar Birla는 당시 집권당이었던 의회당에 입당했고 1984년부터 2002년까지 무려 18년간 상원의원(라지야 사바)을 지냈다. 그리고 1991년 제10대 하원의원에 선출된 이후 현재까지도 다양한 정치활동을 펼치고 있는 프라풀 파텔Praful Patel은 인도 최대 담배 회사인 씨제이그룹을 이끌어가는 파텔 가문 출신이다. 그는 1991년 하원의원 선출과 동시에 환경삼림부 자문위원회에 소속되었다. 인도 최대 담배 회사를 운영하는 가문 출신인 그가 환경삼림부 업무를 자문하게 되자 정권 안

팎에서 비판이 많았다. 그러나 그는 자문위원직을 무려 5년이나 수행했다. 이후 중화학공업부 장관과 인도축구협회 회장을 역임하고 현재 인도 상원의원직을 맡고 있다.

2004년 제14대와 2009년 제15대 하원선거에서 승리하여 의원직을 수행했던 나빈 진달 역시 인도 최대 철강기업 중 하나인 진달철강의 소유주다. 진달철강이 정부로부터 석탄 광산을 싼값에 불하받은 뒤 이를 통해 생산한 전기를 비싼 값으로 판매한 것이 알려지면서 엄청나게 큰 사회적 파장이 일었다. 이른바 '석탄게이트'로 불린 이 스캔들에 대한 조사가 이루어지고 있을 당시 그는 하원의원직을 그대로 유지하고 있었다. 비록 그가 속한 상임위원회가 석탄이나 발전 산업을 직접 관할하는 위원회는 아니었으나 많은 인도 국민은 현직 국회의원을 대상으로 한 조사가 얼마나 제대로 이루어질지 의심하지 않을 수 없었다.

거의 12억 달러에 달하는 채무를 갚지 못해 2016년 5월 인도를 떠나 영국으로 도망친 주류 회사 킹피셔King Fisher의 소유주 비제이 말리아Vijay Mallya의 사례도 있다. 당시 그는 상원의원 신분이었다. 상원 윤리위원회가 그의 의원직 유지는 문제가 있다고 결론 내렸음에도 불구하고 끈질기게 유지하다가 의원직 사퇴 결의안 표결을 하루 앞두고 마지못해 사퇴했다.[3]

인도 남부 안드라프라데시주에서 텔랑가나주를 신설하여 분리하는 법안이 논의되던 2014년 2월 분리 독립에 반대하던 의회당 소속 라가다파티 라자고팔Lagadapati Rajagopal 의원은 의사당에서 호신용 최루탄을 터뜨렸다. 그는 하원의원인 동시에 안드라프라데시주에서 가장 영향력 있는 가스, 발전과 송배전 등 인프라업체인 란

코인프라테크Lanco Infratech의 총수였다. 안드라프라데시 지역과 비교하여 상대적으로 차별을 받던 텔랑가나 지역 주민들이 수년간 주장해오던 텔랑가나 분리가 확실해지자 자기 소유 기업의 잠재 시장이 사라질 것을 걱정한 그가 어이없는 행동을 벌인 것이었다. 최루탄에 놀라 하원의원 전체가 혼비백산하여 의사당에서 도망 나가는 엄청난 소동이 벌어졌는데도 불구하고 라자고팔 의원은 '정당방위'에 의한 행동이었다고 주장하는 행태를 보였다.[4]

한때 빠르게 성장하다가 불과 16년 만에 추락한 저비용 항공사인 제트에어웨이즈Jet Airways는 또 다른 형태의 정경유착을 보여주고 있다. 바로 유력 정치인들이 자신의 재산을 '바지 사장'에게 맡기는 방식이다. 구체적으로는 속칭 베나미 소유주benami owner라 불리는 실질 소유주들이 조세 피난처에 페이퍼컴퍼니를 세운 후 이를 통해 인도로 자금을 투자하여 회사를 설립하거나 자산을 매입하는 방식이다. 제트에어웨이즈 역시 전형적인 조세 피난처인 맨 섬 Isle of Man에 소재한 테일윈즈Tail Winds라는 실체를 파악하기 힘든 회사로부터 투자를 받아 1993년 설립되었다. 한때 모범적으로 운영되던 회사는 이후 경영난에 빠졌고 회사의 사장이었던 나레시 고얄Naresh Goyal이 외환관리법 위반과 자금세탁 혐의로 강도 높은 조사를 받았지만[5] 현재 자유의 몸이 되어 거리를 활보하고 있다. 인도 국민은 유력 정치인이 그의 뒤를 봐주고 있을 것이라고 강하게 의심하고 있으나 증거를 찾을 길이 없다.

인도의 독립 이후 경제사를 요약하자면 1980년대 말까지 이어진 정부의 규제 일변도 경제정책하에서 독립 직후부터 인도 경제의 중추를 담당했던 기업들이 30년이 지난 후에도 그대로 강한 영향력을 행사하고 있었다. 사실상 거의 유일한 예외라면 디루바이 암바니가 창업한 릴라이언스의 성장이라고 할 수 있다. 하지만 1991년 경제개혁 조치 덕분에 본격적으로 새로운 기업들이 등장하게 되었다. 이들 중에는 지금 우리에게도 익숙한 인도의 재벌기업과 기업가들이 상당수 포함된다. 그리고 1990년대와 2000년대 이후에는 다양한 IT 기업들이 나타나 인도의 산업 생태계를 더욱더 풍요롭게 바꾸었다. 물론 정치권력과의 친밀한 관계를 기반으로 급성장한 기업들도 있었다.

최근의 특징이라면 나렌드라 모디 총리의 정치적 고향인 구자라트 출신 기업인들의 약진이 두드러진다는 점이다. 대표적으로 아다니그룹을 소유한 아다니 가문, 코탁마힌드라은행의 소유주인 우다이 코탁, 의약계의 거물인 딜립 샹피 등이 있다. 이제 나렌드라 모디와 직간접적인 인연이 있는 덕분에 사업이 엄청나게 성장한 구자라트 출신 신흥 재벌들에 대해서 알아보자.

# 2

# 아다니그룹의 성장은 인도의 성장과 닮아 있다

## 조용한 어촌 문드라는 어떻게 발전했는가

인도 서부에 있는 구자라트주의 주도인 아마다바드에서 약 350
킬로미터 떨어진 문드라Mundra는 20여 년 전만 해도 한적하고 조
용한 어촌이었다. 쓸모가 없어서 사실상 방치되었던 이 땅은 아다
니그룹의 창업자인 가우탐 아다니Gautam Adani의 손길이 닿으면서
20여 년 만에 컨테이너 하역장, 액화천연가스LNG 저장고, 화물 터
미널, 물류창고는 물론 대형 화력발전소와 문드라 항구로 접근하기
위한 전용 철도까지 갖춘 거대 도시로 변모했다. 문드라 지역은 물
류, 인프라, 발전과 송배전 등의 사업을 영위하는 아다니그룹의 심
장과도 같은 지역이다. 인도 최대 민영항구인 문드라 항구와 대규
모 화력발전소와 관련시설 그리고 경제자유지구 등이 강남구(39제
곱킬로미터)와 서초구(47제곱킬로미터)를 합친 것보다 조금 작은 78
제곱킬로미터의 드넓은 땅에 펼쳐져 있다.

가우탐 아다니는 1962년 6월 아마다바드에서 평범한 섬유 유통업자의 아들로 태어났다. 대학교를 중퇴하고 다이아몬드 유통업의 중심지인 뭄바이로 가서 다이아몬드 감별사부터 시작해서 2~3년 만에 제법 많은 돈을 버는 등 젊은 시절부터 사업수완이 뛰어났다. 형의 부탁을 받고 고향으로 돌아와 플라스틱 사업을 관리하면서 무역에 눈을 뜨게 되었고 1988년 무역 회사인 아다니엔터프라이즈를 설립했다. 이 회사가 훗날 아다니그룹의 지주회사 역할을 하게 된다. 농수산물과 전력용 부품 등을 사고팔던 아다니에게 1991년의 경제 개혁개방 조치는 엄청난 축복이었다. 인도가 본격적으로 세계 경제에 편입되면서 교역 규모가 급신장했다. 아다니가 운영하던 무역 회사도 섬유제품과 금속제품 등으로 취급 품목을 늘려나가게 되었다.

1994년 구자라트 주정부는 민관합작모델PPP, Public-Private Partnership에 기반한 항만 개발 계획을 발표했고 그 이듬해 구자라트에서조차 그리 잘 알려지지 않았던 33세의 젊은 무역상 아다니가 문드라 항만 개발 프로젝트를 수주하게 된다.[6] 그 후 그의 저돌적인 사업 추진 덕분에 문드라 항구는 단계적으로 완성되기 시작했고 본격적인 상업 운영은 1998년부터 시작되었다. 인도에서 가장 큰 민영 항구로 성장하는 데는 채 10년도 걸리지 않았다. 그는 인도의 불안한 전력망과 낡은 철도망에 의존할 수 없다고 판단하고는 자체적으로 전력망과 철도망을 건설했다. 화력발전소에 공급할 석탄을 국내에서 구하기가 어렵다고 판단되자 인도네시아와 호주 등지의 광산과 공급계약을 맺는 등 국제적인 공급망 구축에도 적극적으로 나섰다.

1990년대 중반부터 시작해서 2000년대 중반까지 이어진 아다니 그룹의 문드라 항구 개발은 여러 가지 면에서 인도라는 나라 자체의 경제발전 양상과 닮았다. 첫째, 인도라는 나라 전체가 1991년의 경제 개혁개방 조치 이후 가장 빠르게 성장하던 시기에 아다니그룹 역시 엄청난 규모의 금융권 채무를 조달하여 대규모 투자를 하면서 급성장 했다. 실제로 2002년 아다니엔터프라이즈의 자산은 약 7,000만 달러에 불과했는데 약 5년이 지난 후에는 30억 달러로 상승했다. 다시 5년 정도 지난 2013년에는 무려 200억 달러로 수직으로 상승했다. 둘째, 아다니는 구자라트의 유명 정치인들과 긴밀한 관계를 유지하면서 이러한 친분을 자신의 사업에 적극적으로 활용했다. 2001년 나렌드라 모디가 구자라트 주지사로 취임하기 전부터 이미 아다니는 문드라 인근 지역의 토지를 시장가격보다 낮은 가격에 불하받아 왔는데 주 정부의 유력 정치인들과의 연줄 덕분이었다.[7]

## 아다니그룹과 모디 총리가 윈윈하다

2002년 구자라트주에서 힌두교도와 무슬림이 충돌하여 대규모 사상자가 발생한 고드라 폭동 사건이 있었다. 그러면서 당시 구자라트 주지사였던 나렌드라 모디의 책임론이 야당을 중심으로 제기되었다. 힌두교도가 조직적으로 무슬림을 공격할 때 모디 주지사가 무슬림을 보호하는 조치를 적극적으로 취하지 않았다고 그들은 주장한다. 그렇지 않아도 힌두교 근본주의 세력이 상대적으로 우세했던 구자라트에서 이런 사태가 발생하자 인도의 주요 기업들은 구자라트에 대한 투자 규모를 축소하거나 아예 철회했다.

힌두교 근본주의 세력의 지지를 받는 다소 과격한 정치인의 이미지를 벗고 경제성장을 주도하는 시장 친화적 주지사로 변신하려던 나렌드라 모디에게는 곤혹스러운 시기가 아닐 수 없었다. 이 시기에 2003년 모디 주지사가 공을 들인 투자 유치 행사는 다수 기업이 참여를 꺼렸다. 이때 구자라트 출신 기업인들을 독려하여 행사가 성공적으로 개최될 수 있게 만든 일등 공신은 다름 아닌 아다니였다. 나렌드라 모디가 아다니에게 큰 신세를 진 셈이다.

가우탐 아다니는 나렌드라 모디가 구자라트 주지사로 재직하던 14년간 우호적인 관계를 유지해왔고 아다니그룹은 눈부신 성장을 이룩했다. 모디의 집권 기간 구자라트주는 수출 지향 제조업을 주력으로 하는 활기가 넘치는 산업 중심지로 탈바꿈했다. 동아시아에 무역과 물류의 중심인 홍콩이 있다면 이제 곧 서남아시아에서 문드라가 그러한 위치에 오를 것이라는 희망 섞인 예측도 나오고 있다.

# 3

# 우다이 코탁과 딜립 샹비는 누구인가

## 어음깡에서 3대 민간은행으로 확장하다

제조업 중에서도 중화학 공업을 대표하는 구자라트 출신 기업가를 꼽으라면 무케시 암바니와 가우탐 아다니를 떠올릴 것이다. 그렇다면 금융계와 제약업계를 대표하는 구자라트 출신 인사는 누가 있을까? 바로 인도 최대 민간은행 중 하나인 코탁마힌드라은행을 창업한 우다이 코탁과 선파마수티컬Sun Pharmaceuticals을 설립하여 현재까지 이끌고 있는 딜립 샹비를 꼽을 수 있다.

우다이 코탁은 1959년에 뭄바이에 정착해서 살고 있던 구자라트 출신 중산층 가정에서 태어났다. 그의 가족은 종교 박해를 피해서 인도 독립 당시까지 살았던 카라치(지금은 파키스탄 영토)를 떠나 인도로 이주해왔다. 군이 비유하자면 한국전쟁을 피해 북에서 남으로 피난 온 피난민 가족과 비슷하다고 하겠다. 뭄바이에 도착한 코탁 가문은 목화를 사고파는 중개업을 했고 우다이 코탁은 비교적 유복한 유년 시절을 보냈다. 하지만 인도의 전형적인 대가족이었던 그의 집안에는 최대 60여 명이나 되는 가족들이 그야말로 복작거리면서 살았다. 우다이 코탁은 훗날 가족 구성원들이 생업과 재산을 공유하던 자신의 대가족을 '낮에는 자본주의가, 밤에는 사회주의가 작동하던 가족'이었다고 재미있게 회상하기도 했다.[8]

그는 어릴 때부터 수학을 잘했고 학부와 대학원에서는 경영학을 공부했지만 사실 어릴 때부터 대학교 재학 시절까지 크리켓에 푹 빠져 있었다. 청소년 시절에는 학교에서 팀 주장을 맡을 정도였고 대학교에 진학해서는 전국 단위 대학생 크리켓 리그에도 참여했다. 하지만 프로 크리켓 선수를 꿈꾸던 그의 인생은 크리켓 경기 중 거의 목숨을 잃을 뻔할 만큼 크게 다친 후 수술과 재활을 위해 대학을 1년 휴학하면서 큰 변곡점을 맞게 된다. 그는 학업을 계속하기로 하고 대학원에서 MBA를 취득한 후 다국적 기업인 유니레버로부터 입사 제의를 받게 된다. 입사만 하면 보장되는 평범한 중상류층의 삶. 그러나 그는 아버지의 충고에 따라 입사를 포기하고 자기 사업을 시작하게 된다.

26세의 나이인 1985년 우다이 코탁은 친지와 가족들에게 빌린 약 8만 달러의 사업 자금을 가지고 코탁자산관리금융을 창업한다. 회사의 이름은 멋지지만 비즈니스 모델은 비교적 단순했으니 바로 회사 어음을 할인하는 속칭 '어음깡' 사업이었다. 창업 1년 후 아난드 마힌드라(훗날 마힌드라그룹의 회장)로부터 투자 유치를 받으면서 회사 이름도 코탁마힌드라금융으로 개명했다. 33제곱미터도 안 되는 코딱지만 한 사무실에서 시작한 사업은 이후 꾸준한 성장을 거듭했다. 사업 영역 또한 어음할인 사업부터 대부업, 주식중개업, 투

자금융업, 생명보험업, 뮤추얼펀드까지 꾸준히 확장했다.[9]

정부가 소유한 이른바 공공은행이 은행업을 사실상 좌지우지하면서 금융 발전이 늦어지자 인도 정부는 1993년을 전후하여 민간은행 설립을 허가하기 시작했다. 민간은행 설립은 당시 재무부 장관이었던 만모한 싱(이후 인도 총리 역임)의 후원하에 야심 차게 추진되었고 10개 민간은행이 새롭게 설립되었다.[10] 이후 약 10년간 인도중앙은행RBI은 은행업 신규 허가를 내주지 않다가 2003년 코탁마힌드라은행과 예스은행에 은행업 허가를 내주었다.[11] 이전까지는 '비은행금융기관'으로 분류되어 우리나라로 치면 '리스회사+보험사+할부금융사'의 위치에 있던 코탁마힌드라금융은 당당하게 '은행'이라는 타이틀을 거머쥐며 첫 번째 도약의 기회를 잡은 것이다.

금융인으로서 우다이 코탁에게 찾아온 두 번째 도약의 시기는 은행으로 변신한 지 약 10년 만에 찾아왔다. 2014년 우다이 코탁은 네덜란드의 금융그룹 ING가 인도 자본과 합작하여 세운 ING비시아은행의 경영권을 약 24억 달러를 주고 인수했다. 이를 통해 시장점유율을 획기적으로 높였고 인수합병 소식에 주식가격도 치솟으면서 우다이 코탁의 개인 자산 규모도 커졌다.

코탁마힌드라은행도 미래의 신성장 동력을 찾기 위한 고민을 계속하고 있다. 물론 신규 분야 진출이 항상 성공하는 것은 아니다. 2016년 인도 최대 이동통신업체인 바르티에어텔과 합작하여 '결제은행payment bank'을 설립했지만 5년 만에 지분을 팔고 사업을 철수하기로 했다.[12] 우다이 코탁의 결단이었다. 제한된 영업모델에만 의존해야 하는 결제은행의 취약한 수익구조와 페이티엠이라는 막강한 시장지배자가 존재하는 시장에서 6~7개에 달하는 경쟁자와

2등 자리를 놓고 다투어야 하는 시장환경에 매력을 느끼지 못했기 때문이다.[13] 디지털 결제 앱 분야에서의 실패 사례에도 불구하고 코탁마힌드라은행은 다른 은행에 비해 코로나 시국도 비교적 수월하게 헤쳐 나가면서 영업 실적을 선방하는 등 현재도 꾸준히 성장하고 있다.


## 맨땅에서 인도 최대 제약회사를 일구다

좀 나이가 있는 세대, 특히나 미국 대중문화에 관심 있는 사람들에게 1983년은 잊기 힘든 해다. 1982년 말에 발매된 마이클 잭슨의 「스릴러」 앨범이 그야말로 세계적인 히트를 기록했고 스티븐 스필버그의 영화 「ET」가 전 세계적인 흥행 돌풍을 일으키며 제55회 아카데미 시상식에서 4개 부문을 휩쓴 한 해였기 때문이다. 같은 해 지구 반대편에 있는 인도에서는 20대 중반의 평범한 젊은이가 작은 제약회사를 창업했다. 그 작은 회사는 약 37년이 지난 지금 인도에서 1위, 세계에서 4위의 복제의약품을 생산하는 제약회사로 성장했다.[14] 바로 선파마수티컬이다.

딜립 샹비는 구자라트의 작은 시골 동네 암레리Amreli의 의약품 도매상 집안에서 태어났다.[15] 그는 명문 캘커타대학교를 졸업하고 아버지의 약품 도매업을 돕던 중 의약품 제조에 도전하고자 마음먹고 약 15만 달러가량 되는 돈으로 제약회사를 설립했다. 창업 초기 회사의 제품군은 고작 5개의 신경안정제였고 세일즈팀에는 겨우 2명이 채용된 상황이었다.[16] 이제는 선파마수티컬이 미국식품의약국의 승인

## 매출액 기준 인도 주요 제약사(2022년 3월)[17]

(단위: 억 루피)

| 회사명 | 매출 | | 세전이익 | | 순이익 | |
|---|---|---|---|---|---|---|
| | 2022년 3월 말 | 전년동기대비 (퍼센트) | 2022년 3월 말 | 전년동기대비 (퍼센트) | 2022년 3월 말 | 전년동기대비(퍼센트) |
| 선파마수티컬 | 3,842.6 | 15.6 | 904.8 | 27.3 | 340.6 | 49.1 |
| 아우로빈도파마 | 2,336.7 | -4.8 | 353.2 | -22.9 | 264.7 | -50.4 |
| 시플라 | 2,162.3 | 13.9 | 367.5 | 11.7 | 254.7 | 6.6 |
| 닥터레디스랩 | 2,143.8 | 13.0 | 299.1 | 5.5 | 218.3 | 11.8 |
| 루핀 | 1,619.3 | 8.5 | 121.4 | -27.5 | -151.0 | 0.0 |
| 자이더스 생명과학 | 1,482.8 | 5.0 | 272.5 | 4.6 | 232.6 | 5.4 |
| 글렌마크파마 | 1,217.4 | 12.7 | 170.2 | 27.2 | 99.4 | 2.5 |
| 알켐 랩스 | 1,063.4 | 20.0 | 185.9 | 0.9 | 168.0 | 3.8 |
| 디비스 래보러토리 | 896.0 | 28.6 | 368.3 | 38.5 | 296.0 | 49.2 |
| 토렌트 파마 | 850.8 | 6.3 | 171.1 | 12.1 | 77.7 | -37.9 |
| 비오콘 | 818.4 | 14.6 | 130.1 | 14.6 | 77.2 | -8.7 |
| 주빌런트 파르모바 | 605.9 | 1.6 | 64.0 | -27.4 | 41.3 | -50.6 |

2022년 3월 말(회계연도 2021~2022년) 기준

을 받은 약품만 500여 개에 달하고 3만 6,000명의 직원이 45억 달러에 달하는 매출을 올리는 거대 제약기업이 되었다. 그 덕분에 딜립 샹비는 재산 규모 143억 달러를 기록하면서 『포브스』가 선정한 인도 부자 목록 14위에 이름을 올렸다.

그는 창업 이후 공격적이고 과감한 인수합병을 통해 미국과 유럽 등지에 소재한 20여 개 가까운 제약회사를 차례로 집어삼킨 인도 제약업계의 황제다. 하지만 사생활에서는 조용하고 단순함을 견지하는 '패밀리 맨'으로도 유명하다. 철저한 금욕과 자기 절제를 강조하는 자이나교도 집안에서 태어나고 자란 영향이 크다. 그는 자녀들이 출생한 이후로는 자녀들과 함께 갈 수 있는 비음주 파티에만 참석했다는 사실을 기회가 있을 때마다 자랑하곤 한다.[18]

## 기업가정신으로 입지전적인 성공을 거두다

 우다이 코탁이나 딜립 샹비와 같은 구자라트 출신 기업가들의 성
공 비결은 뭘까? 그들이 나렌드라 모디와 동향인 구자라트 출신인
점이 도움이 된 것은 사실일 것이다. 모디 총리 집권 이후 가장 크
게 성공한 기업인 딱 3인만 뽑으려면 예외 없이 가우탐 아다니, 우
다이 코탁, 딜립 샹비를 꼽을 것이다. 그러면 그들에 대한 여론이
부정적일까? 그렇지 않다.
 우다이 코탁을 바라보는 인도 국민의 시각은 꽤 우호적이다. 많
은 수의 인도 상업은행들이 상당한 규모의 외국자본 투자를 받아
창업되거나 거대 금융기업에 의해 설립된 데 비해 코탁마힌드라은
행은 사실상 맨땅에서 시작한 '민족주의 은행'이라 해도 과언이 아
니기 때문이다. 이슬람의 핍박을 피해 인도인의 나라Hindustan로 피
난 온 목화 중개업자의 아들이 온갖 역경을 이겨내고 인도 3대 은
행의 최대 주주로 올라선 멋진 성공 스토리를 누가 싫어할 수 있겠
는가? 게다가 코탁마힌드라은행의 외국자본 비율이 지금까지도 절
반 이하로 유지되는 덕분에 그에게는 '민족주의 은행가'라는 기분
좋은 별명이 항상 따라다닌다.
 물론 정부와 중앙은행이 이런 민족주의 은행에게 알게 모르게 크
고 작은 편의를 봐준 것도 공공연한 사실이다. 하지만 우다이 코탁
이나 딜립 샹비가 구자라트 출신이라서 얼떨결에 운 좋게 성공했
다고 결론짓는 것은 무리가 있다. 그들은 인도가 사회주의 경제체
제에서 벗어나 자유주의 경제체제로 변신하기 이전인 1980년대에
이미 회사를 창업한 후 거미줄처럼 얽혀 있는 각종 규제를 피해 나

가며 빠른 속도로 사업을 확장시켰다. 딜립 샹비는 여기에서 더 나아가 인도라는 좁은 시장이 아니라 전 세계 제약업체를 상대로 공격적인 인수합병을 쉼 없이 이어나갔다. 시간을 거슬러 올라가자면 점차 몰락해가던 목화 중개업이라는 가업을 벗어나 금융업이라는 새로운 산업에 뛰어든 우다이 코탁과 약품 도매업에서 제조업으로 과감하게 확장을 추진한 딜립 샹비의 결단이 결국에는 이 모든 성공을 가능케 한 첫 발걸음이었다.

# 4

# 나빈 진달을 알면 인도 진출이 쉬워진다

## 인도는 세계 2대 철강생산 대국이다

1980년대 이후 인도 산업계에 새롭게 부상한 신흥 부호 가문은 앞서 소개한 가문 이외에도 많이 있다. 마힌드라그룹의 창업자인 마힌드라 가문도 있고 인도 IT를 대표하는 기업 위프로의 창업자인 아짐 프렘지Azim Premji도 있다. 인도 중산층의 규모가 급격하게 커지면서 이들을 상대로 모터사이클을 판매하며 부호의 반열에 올라선 히어로그룹의 파완 문잘Pawan Munjal, 인프라 건설 기업인 에사르그룹의 창업자인 루이아 형제Shashi & Ravi Ruia도 있다. 하지만 정계와 기업계를 넘나들며 경제계뿐만 아니라 일반 국민에게도 강한 인상을 심어준 것으로 따지자면 신흥 부호 중에서 빼놓을 수 없는 사람이 있다.

인도는 큰 경제 규모만큼이나 매년 상당히 대규모의 철강이 소비되고 있다. 선철crude steel을 만들어내는 조강생산량을 기준으로 하면 세계 2위의 철강 강국으로서 1위인 중국을 멀찌감치에서 뒤쫓고 있다. 한 달 기준으로 약 900만~1,000만 톤가량의 철강을 생산하게 되면서 2019년까지 세계 2위였던 일본을 제치고 인도가 드디어 세계 2위의 철강 생산국으로 등극했다.[19]

인도의 철강 산업은 어떠한 특징이 있을까? 가장 큰 특징은 소수 기업이 산업을 독점하는 게 아니라 상당히 많은 철강기업이 활발하게 서로 경쟁하고 있다는 점이다. 그 이유는 인도 땅이 워낙에 넓기 때문이다. 철강은 무게도 무겁고 부피도 커서 운송비용이 높다. 게다가 철강생산을 위해 막대한 양의 석탄과 코크스 등을 해외에서 수입하는 생산과정의 특성상 해안가에 위치할 수밖에 없다. 면적이 329만 제곱킬로미터로서 우리나라의 약 33배에 달하는 거대한 땅덩어리인 인도에서는 한곳이 아니라 여러 곳에 철강 생산시설이 있어야 하고 그곳에서 생산된 철강이 인근 지역에 공급되는 것이 합리적이다. 그 때문에 특정 지역을 거점으로 하는 철강업체가 창업되고 그 철강회사가 인근의 몇 개 주에 철강을 공급하는 형태가 된 것이다.

연간 약 1억 2,000만~1억 3,000만 톤가량을 생산할 수 있는 인도 철강업계에서 이른바 넘버원 철강업체는 바로 타타철강이다. 인도에 연산 3,400만 톤, 해외에 약 1,900만 톤의 생산능력을 보유하고 있다. 타타철강 이외에 중요한 철강회사는 JSW철강(연산 1,800만 톤), 인도국영철강(통상 SAIL이라는 이름으로 불리는 국영 철강업체, 연산 2,100만 톤), 에사르철강(고급 평강flat steel을 주로 생산하는 기업으로 연산 1,000만 톤), 진달철강(차티스가르, 오디샤, 자르칸드에 생산시설을 갖추고 있으며 인도 철강업체 중 가장 최신 생산시설을 갖춘 기업으로 평가됨.

| 순위 | 국가 | 2023년 4월 생산량(백만 톤) | 전년동기 대비 (퍼센트) | 2023년 1~4월 (백만 톤) | 전년동기 대비 (퍼센트) |
|---|---|---|---|---|---|
| 1 | 중국 | 92.6 | -1.5 | 354.4 | 4.1 |
| 2 | 인도 | 10.7 | 3.2 | 43.9 | 3.0 |
| 3 | 일본 | 7.2 | -3.1 | 28.9 | -5.3 |
| 4 | 미국 | 6.6 | -5.3 | 26.1 | -4.1 |
| 5 | 러시아 | 6.4* | 1.9 | 25.1 | -0.6 |
| 6 | 한국 | 5.7 | 3.0 | 22.4 | -0.4 |
| 7 | 독일 | 3.2 | -3.8 | 12.4 | -5.9 |
| 8 | 브라질 | 2.8 | -5.9 | 10.6 | -8.8 |
| 9 | 튀르키예 | 2.7 | -20.6 | 10.1 | -21.3 |
| 10 | 이란 | 3.1 | 5.9 | 9.7 | 0.1 |

*추정치. 2023년 4월 기준

연산 1,100만 톤), 라쉬트리아이스파트철강(RINL, 비샤카파트남에 연산 700만 톤이 가능한 공장 소재) 등이 있다.[21]

## 나빈 진달은 전형적인 인도 기업인이다

인구가 14억이나 되는 인도에 특이한 사람이 한두 명이 아닐 테고 산업계 또한 예외가 아니다. 철강업계에도 좀 특이한 기업과 기업인이 있다. 바로 진달철강의 최고경영자인 나빈 진달이다.

1970년생인 나빈 진달은 뉴델리와 인접한 하리아나주의 유력 정치인인 옴 프라카슈 진달Om Prakash Jindal과 사비트리 진달Savitri Jindal의 사이에서 네 자녀 중 막내아들로 태어났다. 아버지인 O. P. 진달은 뉴델리 인접 하리아나주의 평범한 농민 집안에서 태어난 후

진달그룹을 창업하여 엄청나게 그룹을 확장시켰고 말년에는 하리아나 주정부의 전력부 장관직까지 올랐다. 2005년 헬리콥터 추락 사고로 74세에 세상을 떠나기 직전에는 인도 전체에서 13번째 부자에까지 올랐으니 그야말로 입지전적인 인물이다.[22] 남편이 사망한 이후 본격적으로 경영 일선에 나서게 된 사비트리 진달은 비교적 무난하게 진달그룹을 잘 이끌었고 그 덕에 그녀는 2016년 인도에서 16번째 부자(여성 중에서는 가장 부자)로 선정되기도 했다.[23]

나빈 진달은 인도에서 대학을 마치고 미국의 텍사스대학교 댈러스캠퍼스로 유학 가서 MBA를 취득했다. 2011년에 텍사스대학교는 나빈 진달의 공로를 인정해서 경영대학원 이름을 '나빈 진달 경영대학원'으로 개명하기도 했다. 여하튼 나빈 진달은 비교적 젊은 나이 때부터 경영 능력을 인정받았고 2006년 세계경제포럼WEF에서 선정한 250명의 젊은 글로벌 리더에 뽑히기도 했다.

그는 아버지의 정치적 유전자도 물려받아서 당시 여당인 의회당의 후보로 출마하여 2004~2014년 두 차례나 하원의원을 지내기도 했다. 훌륭한 경영 수완과 10년간 국회의원을 역임할 정도로 뛰어난 정치 감각 등을 겸비한 나빈 진달은 여러 가지 면에서 논쟁의 중심이었다. 한번 싸움을 시작하면 끝까지 포기하지 않는 집요한 성격이 그를 논쟁적 인물로 만드는 데 한몫했다. 과거 인도에서는 평일에 공공기관이 아닌 가정집이나 회사에 인도 국기를 게양하는 것이 허용되지 않았다. 그런데 나빈 진달은 무려 12년에 걸쳐 인도 정부를 상대로 소송을 벌여 모든 인도 국민이 자유롭게 국기를 게양할 수 있는 권리를 쟁취하기도 했다.

한 나라의 사람들을 특정한 스테레오타입으로 묶는 것은 매우 위험한 일이긴 하다. 하지만 나빈 진달은 우리를 포함한 외국인들이 인도에서 사업을 하게 될 때 마주치게 되는 매우 전형적인 인도 사업가의 모습을 가지고 있다. 인도에 진출하고자 하는 사람들은 그를 한번 자세히 분석해 보면 도움이 될 것이다.

우선 전 세계 어디에서나 기업의 의사결정은 최고 경영층으로 집중되게 마련이지만 인도의 경우 그 정도가 좀 더 심한 편이다. 우리나라 기업이 인도와의 협상에서 범하는 가장 흔한 실수는 협상의 초기 단계에 직급이 낮은 실무자만으로 출장단을 구성하여 협상에 내보내는 것이다. 자료를 꼼꼼히 따지고 분석하여 상향식으로 의사결정을 하는 것은 우리나라나 서구 선진국의 방식이다. 실무진이 분석하고 정리한 보고서가 상부로 올라가서 이를 기반으로 의사결정이 내려지게 된다. 하지만 인도에서는 상당수의 의사결정이 하향식으로 이루어진다. 사업 협상의 비교적 초기 단계부터 고위직 의사결정권자가 직접 참여하는 경우가 많으며 협상 상대방이 실무진만을 보내온 경우 '협상에 큰 뜻이 없나 보다.'라고 생각하곤 한다. 따라서 소수의 실무자만을 보내서 협상과 의사소통을 하려는 시도는 지양하는 것이 바람직하다.

둘째, 가우탐 아다니를 포함한 일부의 예외를 제외하고는 현재 인도에서 열정적으로 경제활동에 종사하고 있는 기업인들은 대부분 창업자 2세대들이다. 이들은 나빈 진달과 비슷하게 미국을 포함한 선진국에서 보통 학사나 석사 학위를 받은 경우가 많으며 그 덕분에 매우 유창한 영어 실력과 서양인 못지않은 유연한 사고방식을 보유하고 있다. 하지만 다른 한편으로는 매우 가족 지향적이며 인도의 전통적이고 종교적인 가치도 존중하는 양면적인 태도를 가지고 있다. 따라서 인도의 경영자들이 때로는 매우 서구적이고 냉정하다 싶을 정도로 이해타산적인 행동을 보이다가도 갑자기 가족 친화적이고 전통적인 말과 행동을 한다고 해서 크게 놀라거나 당황할 필요는 없다.

셋째, 정치인과의 관계가 밀접하거나 심지어는 나빈 진달처럼 실제로 자신이 직접 정치에 관여하는 경우도 심심치 않게 발견할 수 있다. 인도인들은 우스갯소리처럼 "인도인의 절반은 정치인이고 나머지 절반은 정치인의 가장 친한 친구이다."라고 말하곤 한다. 그 정도로 경제는 물론 사회의 모든 분야에 깊숙하게 스며들어 있는 정치인들의 영향력이 막강하다는 것이다. 물론 나빈 진달처럼 특정 정당에 너무 깊이 연관되면서 오히려 사업을 영위하는 데 어려움을 겪는 경우도 생길 수 있다. 인도에 진출할 것을 목표로 하는 외국인의 입장에서는 최소한 내가 동업 또는 거래하려는 상대방이 어떠한 정치적 세력과 연관되어 있는지는 미리 파악해놓을 필요가 있다는 말이다.

넷째, 모두는 아니지만 상당수의 경영자들은 스포츠 경기를 좋아하고 몇몇 경우에는 스포츠 구단이나 리그와 다양한 거래관계를 유지하고 있다. 나빈 진달은 승마와 폴로 그리고 사격과 같은 매우 '귀족적인' 스포츠를 오랫동안 즐겨오고 있다. 다른 일반적인 인도 경영자들이라면 자신이 가장 좋아하는 크리켓팀이 있게 마련이다. 실제로는 스포츠를 그리 즐기지 않더라도 다른 사람과의 사교를 위해 스포츠에 대한 꾸준한 관심을 가지고 있다. 필자 역시 인도 현지 사람을 처음 만날 경우 "크리켓 규칙이 너무 어려워 보이는데 간단하게 설명 좀 해줄 수 있겠나?" 내지는 "야구에 비해서 크리켓이 훨씬 더 클래식하고 멋져 보인다." 등의 말로 첫 대화의 물꼬를 텄던 경험이 있다. 자신들이 가장 좋아하는 스포츠를 멋지다고 칭찬해주는데 마다할 사람이 누가 있겠는가? 이쯤 되면 이 말을 들은 인도인의 입가에는 미소가 떠오르고 첫인사의 절반은 성공한 셈이다.

다섯째, 인도에서 사업을 영위하다 보면 안타깝게도 각종 송사에 휘말리기가 쉽다. 복잡하고 중구난방인 각종 법령과 행정 제도들로 인해 나타나는 불가피한 현상이다. 게다가 인도의 사법 시스템은 매우 느리다. 나빈 진달은 국기를 게양할 수 있는 권리를 인정받는 데만 12년이 걸렸다. 외국 기업의 인도 진출 초기에는 외국 기업들에 불리한 판결들도 제법 많았던 것으로 전해지지만 최근 들어 외국 기업에도 유리한 판결이 점점 늘어나는 추세이다. 필자가 얼마 전 참석했던 한국 기업 간담회에서도 인도 민간 기업도 아닌 인도 공공기관을 상대로 소송을 걸어 승소하여 배상금 전액은 물론 10퍼센트가 넘는 지연이자까지 받아낸 한국 기업의 사례가 소개되기도 했다. 다만 한 가지 명심해야 할 것은 되도록 인도 현지 변호사, 그 것도 유명 법무법인을 써서 승소율을 높여야 한다는 것이다. 비싼 돈을 주고 인도 현지 사정에 대한 이해도가 낮은 외국계 변호사만을 쓰거나 그와는 반대로 변호사 비용으로 몇백만 원을 아끼려다가 나중에 크게 낭패 보는 일을 미연에 방지해야 한다는 말이다.

# 5

# 인도 IT 산업의 대부는 누구인가

## 식용유와 비누 회사가 거대 IT 기업이 되다

2022년 2월 인도 IT 산업의 연간(회계연도 2021~2022년) 매출 규모가 2,090억 달러를 넘어섰고 직접고용인구만 해도 500만 명을 뛰어넘었다는 기사가 나왔다.[24] 1년 전과 비교해서 매출 규모가 300억 달러나 증가한 것은 코로나19 사태로 인해 비대면 사업환경이 빠르게 도입되면서 각종 아웃소싱과 IT 서비스에 대한 수요가 급증했기 때문이다. 이와 같은 매출 증가세가 유지된다면 2026년경에는 시장 규모가 3,500억 달러까지 성장할 것이라는 전망도 제기된다.[25]

매출 규모의 증가와 함께 고용 확대도 나타났다. IT 부문 고용인구는 불과 2~3년 전만 해도 약 300만 명 정도로 추정되었는데 코로나19 사태 확산 등으로 인해 2년 사이 거의 200만 명이 추가로 IT 분야에서 일자리를 얻었다. IT 분야는 남성 노동자뿐만 아니라

고등교육을 받은 인도 여성들이 가장 선망하는 직군 중 하나로 현재 총 500만 명 중 약 180만 명은 여성 노동자다. 최근 1년 사이 20만 명이 넘는 여성이 IT 분야에 신규 채용된 것으로 조사되었다.

IT 산업은 인도 국내총생산의 약 8퍼센트를 차지할 정도로 비중이 매우 크다.[26] 인도 전체 노동력의 약 43퍼센트가 종사하지만 국내총생산에서 차지하는 비중이 20퍼센트를 겨우 넘는 농업과 비교하면 IT 산업이 인도 경제에서 갖는 중요성은 더욱더 분명해진다.[27] 고등교육을 받고 유창한 영어 실력을 자랑하는 고급 인력을 보유한 인도의 IT 산업은 애초에 산업이 태동할 때는 물론이고 현재도 IT 산업 전체 매출의 약 4분의 1에 불과한 내수시장보다는 해외시장을 지향하고 있다.

인도 IT 시장을 대표하는 기업을 딱 3개만 꼽아보자면 타타컨설턴시서비스, 위프로, 인포시스라고 할 수 있다. 애초에 타타그룹이라는 든든한 버팀목이 있는 타타컨설턴시서비스가 물론 시장 선두 기업이다. 하지만 이러한 대기업의 지원 없이 홀로 성장하여 타타컨설턴시서비스와 어깨를 나란히 하는 위프로와 인포시스도 눈길을 끄는 IT 기업이다.

우리나라 전체가 해방의 기쁨에 들떠 있던 1945년에 모하메드 프렘지Mohamed Prejmi는 인도 마하라슈트라의 아말네르Amalner에 서인도베지터블프로덕트라는 식용유 회사를 설립했다.[28] 그 후 1947년 인도와 파키스탄이 영국으로부터 독립하면서 분리되었을 때 파키스탄 정부 내각에 입각하라는 제의까지 받을 정도로 명망이 높았던 사업가 모하메드 프렘지는 파키스탄 정부의 제안을 거절하고 인도 시민으로 남기로 한다.[29] 자신은 비록 이슬람교도였으나 이슬람교를 국교로 하는 파키스탄보다 인구도 많고 세속적인 힌두교의 나라 인도에서 더 큰 성장 가능성을 보았기 때문이다.

그로부터 19년 후인 1966년 스탠퍼드대학교에서 엔지니어링을 전공하고 있던 당시 21세의 아짐 프렘지에게 청천벽력 같은 소식이 전해진다. 그의 아버지 모하메드 프렘지가 갑자기 세상을 떠났다는 것이었다. 아버지의 장례를 치르기 위해 급히 인도로 돌아온 아짐 프렘지는 결국 학교로 돌아가지 못하고 가업을 이어받게 됐다. 식용유와 식용유 제조과정에서 나오는 유지를 활용한 비누 등을 생산하면서 사업은 꾸준하게 번창했다. 인도의 다른 기업가들이 그렇듯이 아짐 프렘지도 본업과 상관없지만 돈벌이가 될 만한 일이라면 닥치는 대로 사업을 확장했다. 유압실린더, 아기용 기저귀, 가정용 전구에 이르기까지 품목을 가리지 않았다.

10년이 넘도록 가정용 소비재를 주력 제품으로 만들던 아짐 프렘지는 1977년을 전후하여 인도 경제계에 전해진 작은 소식에 주목한다. 바로 미국계 IT 공룡인 IBM이 인도 시장에서 철수한다는 소식이었다. 인도 제4대 총리로 취임한 모라르지 데사이Morarji Desai는 젊은 시절 마하트마 간디의 불복종 운동에 적극적으로 참여할 정도로 민족주의적 성격이 강한 사람이었다. 그가 인도에 진출한 대표적인 미국 기업인 코카콜라와 IBM을 사실상 내쫓기로 한 것이었다.[30]

아짐 프렘지는 IBM이 떠나더라도 누군가는 인도에서 PC와 워크스테이션을 만들어 팔아야 할 것이라는 생각에 1977년 당시 회사명이었던 서인도베지터블프로덕트를 위프로프로덕트로 바꿨다(1982년 위프로로 다시 변경함). 1980년대 초반부터 PC 등 컴퓨터 하드웨어 제조업은 물론 소프트웨어 산업까지 차근차근 손대기 시작했다. 현재까지도 위프로는 노란색 해바라기를 회사의 상징으로 사용하고 있다. 위프로Wipro라는 이름도 서인도팜정제유Western India Palm Refined Oil의 앞 글자를 따서 만들었다. 작은 식용유 회사에서 출발한 자신들의 소박했던 과거가 이름에 담겨 있는 것이다.[31]

1990년대 들어서면서 약 10년간 인도의 IT 및 소프트웨어 산업은 그야말로 폭발적으로 성장했다. 1999년 아짐 프렘지가 비를라와 미탈 등 전통적인 제조업 갑부들이 차지해오던 인도 최고의 부자 자리에 처음으로 오른 후 2003년까지 연속 5년간 그 자리를 지켰다. 그리고 2000년에는 인포시스에 이어 인도 IT 기업으로는 두 번째로 미국 증시에 상장하기에 이른다. 과거 식용유와 비누를 만들던 작은 기업이 이제는 전 세계 50여 개국에서 23만 명 가까이 고용한 거대 IT 기업으로 성장한 것이다.[32]

## 코로나 팬데믹이 IT 기업에는 기회가 되다

아짐 프렘지와 함께 인도 IT 업계를 대표하는 또 한 명의 기업가를 꼽자면 나라야나 무르티Narayana Murthy가 있다. 그는 2022년 영국 총리에 취임한 리시 수낵의 장인이다. 식용유 회사를 경영하다가 사업 다각화를 거쳐 인도 IT 업계의 대부로 등극한 아짐 프렘지와는 달리 나라야나 무르티는 전기공학 석사 학위를 가진 정통 엔지니어가 IT 기업 최고경영자로 변신한 전형적인 예라고 할 수 있다.[33] 프랑스에서 직장을 다니다가 인도로 귀국한 그는 소프트로닉스Softronics라는 자그마한 컨설팅 회사를 창업했지만 시대를 너무 앞서가는 바람에 시장환경이 녹록하지 않았고 1년 반 만에 사업을 접게 된다. 당시 인도에는 우후죽순처럼 컴퓨터 관련 회사들이 창업되었다. 그는 결혼을 하면서 안정적인 수입원이 필요해 마하라슈트라주의 푸네에 있는 파트니컴퓨터시스템Patni Computer Systems에 취직한다.

하지만 직장생활은 오래가지 않았다. 1981년 나라야나 무르티는 처가로부터 빌린 1만 루피를 자본금으로 해서 인포시스를 창업한다. 전 직장에서 같이 일하던 6명의 동료가 동참했지만 창업 이후 거의 10년 동안 하루하루가 생존을 위한 투쟁이라 해도 과언이 아니었다. 컴퓨터 코딩을 전문적으로 하는 IT 업체를 창업했는데 제대로 된 컴퓨터도 없었다. 관료적인 인도 수입 당국의 규제에 묶여 무르티가 원하는 높은 사양의 메인프레임 컴퓨터는 창업 2년이 지난 후에야 도입할 수 있었기 때문이다. 회사 경영 실적이 수년간 지지부진하면서 공동 창업자 6명 중 한 명이 회사를 떠났고 1980년대 후반에는 회사의 경영 상태가 극도로 악화되었다.

하지만 젊은 엔지니어들의 운명이 바뀌는 때가 도래한다. 1991년 정부가 드디어 각종 규제개혁 조치를 도입하고 자유시장경제로 전환하면서 인포시스에도 새로운 기회가 찾아온 것이다. 빠른 속도로 턴어라운드에 성공한 인포시스는 그 기세를 몰아 1993년 6월 인도 증시에 상장을 시도한다. 1992년에 발생한 대규모 주식 사기 사건으로 인해 인도 주식시장은 초토화되다시피 했지만 인포시스는 주식 상장을 밀어붙였다.[34] 1993년 6월 인도 IT 기업으로는 최초로 인도 주식시장에 상장되었지만 당초 공모량의 87퍼센트밖에 청약을 받지 못했다. 결국 나머지 분량은 주간사인 모건스탠리가 억지로 떠안아야만 했다.

우여곡절 끝에 10년간의 암흑기를 견디고 힘겹게 주식시장 상장에 성공한 후부터는 비교적 순탄한 실적을 달성했다. 대기업을 중심으로 빠르게 성장하기 시작한 인도 기업들뿐만 아니라 해외에 소재한 대기업의 IT 솔루션 수요가 증가한 덕분이었다. 인도 시장에 상장한 지 6년 만인 1999년 인포시스는 인도 IT 기업 최초로 미국 나스닥 주식시장에 상장하고 상장과 동시에 시가총액 기준 상위 20대 기업에 단번에 등극하게 된다. 인포시스는 이외에도 다양한 '인도 최초' 기록을 경신했다. 인도에서 최초로 종업원에게 주식 옵션을 준 기업이고 최초로 분기 실적 전망을 발표한 기업이다. 인포시스의 주가는 지속 상승하여 상장 당시에 한화로 약 22만 원을 주고 주식 100주를 사서 현재까지 보유했다면 약 26억 원(1억 7,000만 루피)이 되어 있을 것이다.[35]

인포시스의 과거와 현재의 주요 고객으로는 캐나다 우정청, 캐나다 온타리오주 교통부, 캐나다 연방정부 조달청, 워싱턴 D.C.의 사회보장과 의료보험 시스템, 텍사스주 아동복지 시스템, 핀란드 우정청, 인도 우정청 등 여러 공공기관이 있다. 하지만 IT 업계에 종사하는 사람들에게 인포시스의 대표 상품을 물으면 대부분 상업은행 통합 솔루션 프로그램인 피너클을 손에 꼽을 것이다. 전 세계 약 100여 개국에서 사용되는 시스템으로 전 세계 은행 계좌의 16퍼센트인 13억 개의 계좌를 관리하고 있고 인도의 주요 민간은행인 ICICI은행을 포함하여 주로 아프리카, 중동, 동남아의 은행에서 사용하고 있다.

2020년 봄부터 전 세계가 코로나 팬데믹의 직격탄을 맞으면서

IT 업계 또한 엄청난 지각변동을 겪었다. 빠르게 확산되는 재택근무와 비대면 환경에 맞춰 주요 기업들이 근무환경을 바꾸면서 IT 환경도 이에 맞춰 개선해야 했다. 위프로나 인포시스 같은 IT 솔루션 기업에는 코로나 팬데믹이 성장의 기회였다. 2020년 코로나 발병 직후 잠시 주춤했던 위프로와 인포시스의 주가도 이러한 추세에 발맞춰서 빠르게 회복하면서 2023년 5월 말 기준 2020년 봄 대비 약 2배가량 상승한 상황이다.

부정부패와 뇌물이 아직도 사라지지 않는 인도의 산업계에서 그나마 가장 덜 부패한 곳을 찾는다면 단연코 IT 업계다. 건설업이나 인프라 업계 등과는 달리 정부와의 접점은 적은 반면 해외 소재 외국계 기업을 클라이언트로 둔 덕분에 부패에 노출될 위험도가 낮기 때문이다. 게다가 코로나 팬데믹을 경험하면서 그야말로 무섭게 성장했고 그 덕분에 지난 2년간 엄청난 규모의 신규 채용도 이루어졌다. 이제 코로나 상황도 안정화되면서 앞으로 인도 IT 업계의 대응은 어떻게 펼쳐질지 주의깊게 지켜볼 필요가 있겠다.

# 인도 경제는 거대한 잠재력을 갖추고 있다

한 나라의 경제와 산업을 예측하는 것은 전문적으로 경제학을 공부한 학자에게도 쉽지 않은 일이다. 하지만 인도의 경제와 산업을 특징적으로 대표할 만한 산업 분야를 추려서 논의해본다면 아주 불가능한 일도 아닐 것이다. 이번 장에서는 인도의 주력 산업과 대표 기업의 현재와 미래를 살펴보자.

　인도의 경제와 기업의 미래는 어떻게 될까? 인도의 경제를 견인하는 IT 산업과 유명 IT 기업의 현재 동향을 살펴보고 IT 기업과 함께 인도의 첨단 산업을 대표하는 제약 산업을 살펴보려고 한다. 그리고 제조업 전체에서 차지하는 비중이 가장 큰 자동차 산업을 통해 인도 제조업의 미래를 잠시 들여다보겠다. 마지막으로 빠르게 늘어나는 인도의 탄소 배출량을 고려할 때 반드시 짚고 넘어가야 할 탄소 저감과 기후변화 문제에 인도 정부와 기업의 전략은 무엇인지도 살펴보겠다. 가장 먼저 인도의 스타트업 생태계 이야기로 시작해보자.

# 1

# 유니콘 기업이 100개가 넘는다

## 인도는 스타트업과 IT 기업의 천국이다

2022년 9월 기준 인도에는 107개의 유니콘 기업이 있고 총 기업 가치는 자그마치 3,408억 달러(약 443조 원)로 추산된다. 2019년에 9개 수준이었던 유니콘 기업은 코로나 팬데믹이 한창이던 2020년에 10개, 2021년에는 무려 44개나 새롭게 탄생했다.[1] 인도는 이미 300개가 넘는 유니콘 기업을 보유한 중국에 다소 뒤지지만[2] 활발한 IT 생태계를 기반으로 많은 스타트업이 만들어지고 있고 막대한 자금을 전 세계로부터 끌어들이고 있다. 벵갈루루를 중심으로 탄탄하게 짜인 IT 산업 인프라와 인도 스타트업 기업에 대한 지속적인 투자 유입 덕분에 인도는 미국, 중국, 영국 등과 함께 세계에서 가장 많은 유니콘 기업을 보유한 국가에 당당히 이름을 올리고 있다.

인도의 스타트업 기업은 2020년에 115억 달러의 투자를 유치했는데 2021년에는 그 규모가 420억 달러로 급증했다.[3] 여기에 릴라이언스인더스트리와 같은 대기업들이 자사의 디지털 인프라의 현대화를 위해 투자한 220억 달러를 합치면 인도 IT 산업의 막대한 투자 규모를 가늠해볼 수 있다.[4]

하지만 2021년을 정점으로 인도 스타트업 기업에 대한 투자는 꾸준히 감소하고 있다. 전 세계적인 이자율 고공행진의 여파로 2023년 1월에서 3월까지 3개월간 미국과 중국의 스타트업 기업들도 자금조달 규모가 50퍼센트 이상 감소했다. 인도 역시 이러한 세계적인 추세를 이기지 못하고 있는 것이다. 같은 기간 동안 인도 스타트업 기업들은 약 20억 달러를 조달했다. 이는 전년 같은 기간 대비 75퍼센트나 줄어든 규모이다.[5]

100여 개의 유니콘 기업 중에서 가장 '인도다운' 유니콘 기업을 하나만 꼽는다면 어디일까? 인도의 엄청난 사교육 수요를 기반으로 만들어진 온라인 교육 전문 기업인 바이주스. 초등학교 1학년부터 고등학교 3학년까지 정규학교 교과과정은 물론, 인도 내 공과대학 입학시험, 치의과대학 입학시험, 행정고시 준비 과정까지 망라되어 있다. 쉽게 설명하자면 '인도판 메가스터디' 정도로 이해하면 된다. 2011년 바이주 라빈드란Byju Raveendran과 디비아 고쿨나트Divya Gokulnath가 창업하여 현재 무료 회원 수는 1억 명을 돌파했고 유료 회원 수도 650만 명을 넘어선 것으로 알려져 있다.[6] 2021년 6월 투자은행인 UBS로부터 3억 5,000만 달러의 자금을 조달할 당시 기업가치가 165억 달러로 평가되었다.[7] 다만 당기순손실이 누적되면서 주요 기관투자자들은 최근 들어 바이주스의 기업가치를 대폭 하향조정하였다.

최근 2, 3년 사이에 인도인들 사이에 가장 깊은 인상을 준 유니콘 기업을 꼽으라면 단연코 플립카트다. 플립카트는 2007년 전직 아마존 직원이었던 사친 반살Sachin Bansal과 비니 반살Binny Bansal이 공동 창업했다. 이후 꾸준한 성장을 거듭하여 이제는 인도 이커머스 시장에서 아마존인디아와 1, 2위 자리를 다투는 강자로 탈바꿈했다. 회사를 창립한 지 약 10년 만인 2018년에는 인도의 이커머스 시장의 성장 가능성을 크게 평가한 월마트가 플립카트의 주식 약 77퍼센트를 무려 160억 달러에 매수하여 화제가 되기도 했다.[8] 플립카트는 2021년에 소프트뱅크 등에서 총 36억 달러의 자금을 조달했는데 당시 기업가치는 무려 376억 달러가량으로 평가되었다.[9]

코로나 팬데믹 사태가 2년 이상 지속되면서 많은 인도인이 이커머스 플랫폼을 적극적으로 이용하기 시작했다. 그 덕분에 월마트의 지분 인수 당시 약 200억 달러로 평가되던 기업가치는 3년 만에 두 배가 되었다. 다만 최근 경영실적은 다소 저조한 것으로 알려졌다. 실제로 2022년 3월에 마감된 2021~2022 회계연도 기준으로 전년 대비 매출액은 약 34퍼센트 정도 증가하여 1,000억 루피(약 1조 7,800억 원)를 돌파했으나 물류비용과 광고비용의 증가로 인해 손실 규모 역시 51퍼센트 정도 커지면서 436억 루피(약 7,400억 원)의 막대한 손실을 기록했다.[10]

신선하고 품질 좋은 먹거리에 대한 인도 중산층들의 수요를 파고들어 성공한 빅바스켓Big Basket도 있다. 주로 식료품과 가정용품을 배달하는 온라인 스토어로서 2011년 하리 메논Hari Menon을 포함한 5명의 창업자가 창업했다. 그들은 1990년대부터 이미 유통업과 연관 산업에서 다양한 경험을 축적했고 외부자금 유치, 영업망 확충에도 뛰어난 수완을 보였다. 현재는 인도의 25개 도시에서 영업하면서 하루에 10만 개가 넘는 주문을 처리하는 온라인 쇼핑몰의 강자로 떠올랐다. 빅바스켓은 2020년 이후 코로나 팬데믹으로 인해 인도 전역에 통행금지가 시행되면서 그 반사 이익을 톡톡하게 봤다. 외부 통행이 금지된 인도 시민들의 주문이 폭발적으로 몰려들었기 때문이다. 2022년 5월에 온라인 식품 판매업의 성장 가능성에 주목한 타타그룹은 약 18억 달러를 주고 빅바스켓의 지분 중 64퍼센트를 사들였다. 다만 2021~2022 회계연도 중 빅바스켓의 매출은 전년 대비 약 17퍼센트 증가하여 712억 루피(약 1조 2,100억 원)로 늘어났으나 인건비를 포함한 운영비용 증가로 인해 순손실은 전년 대비 약 300퍼센트나 증가한 81억 루피(약 1,382억 원)를 기록했다.[11]

미국에 페이팔이 있고 한국에 카카오페이가 있다면 인도에는 페이티엠이 있다. 손안에 핸드폰만 들고 있으면 페이티엠 앱을 이용해서 인도 전역에 퍼져 있는 가맹점에서 물건값을 결제할 수 있다. 전기요금과 가스요금 등 공과금도 낼 수 있으며 제한적이기는 하나 보험과 같은 금융상품도 사고 기차표도 예약할 수 있다. 2009년 설립된 페이티엠은 2016년 인도의 화폐개혁 이후 사업이 폭발적으로 성장했다. 창립 후 약 11년만인 2021년 11월에 주식시장에 상장되었을 때 무려 24억 달러의 자금을 신규 조달했다.[12] 최초 기업공개 당시 기업가치가 약 200억 달러로 추산되면서 그 당시에는 인도 최대 규모의 기업공개로 기록되었다.[13]

하지만 2022년 3월 이후 페이티엠은 회사 창립 이후 최대 위기에 봉착해 있다. 일단 최초 상장 직후부터 페이티엠 비즈니스 모델의 지속가능성에 대한 의심이 사라지지 않고 있다. 회계연도

2021~2022년은 전년 대비 매출이 증가추세이기는 하지만 회계 연도 2019~2020년과 2020~2021년은 전년 대비 매출이 각각 7퍼센트와 6퍼센트가량 감소하는 등 매출 증가세가 주춤했다. 인도 전체 소매거래에서 디지털 결제가 차지하는 비중이 크게 늘지 않는 가운데 시장점유율을 높이기 위해 무리하게 고객들에게 제공하는 캐시백 서비스가 지속적인 비용 부담으로 작용하고 있다. 게다가 페이티엠에 자본을 투자한 중국의 알리바바그룹으로 페이티엠 고객 정보가 넘어간 것으로 의심되면서 인도 중앙은행이 신규 고객 모집 금지 명령을 내렸다.[14] 이래저래 페이티엠은 어려운 2022년을 보냈다.

## 스타트업은 생활 곳곳에 들어와 있다

인도처럼 엄청난 땅덩어리를 가진 나라에서 운송업과 호텔업과 같은 산업은 전통적으로 매우 필수적인 산업이다. 따라서 이러한 산업에서 혁신적인 기업이 탄생하지 않는다면 오히려 이상할 것이다. '인도판 에어비앤비'라고 불리는 OYO는 2013년 리테시 아가르왈Ritesh Agarwal이 창업했다. 회사 홈페이지를 통해 호텔과 민박에 대한 통합 예약 서비스를 제공하면서 2019년까지 빠르게 성장했으며 인도 내 주요 도시에 속속 자체 브랜드의 저가 호텔 체인도 확장해나갔다. 하지만 코로나 팬데믹으로 인해 여행 수요가 급감하면서 총 80여 개국에 이르던 서비스 제공 국가를 35개로 줄이고 직원을 수천 명 해고하는 등 뼈를 깎는 자구책을 통해 2020년 말에 가까스로 손익분기점에 도달한 것으로 알려졌다. 현재 OYO는 주식시장 상장을 추진 중인데 회사 자체 계산으로는 기업가치가 약 90억 달러에 이른다고 한다.[15]

올라는 '인도판 우버'라고 할 수 있다. 뉴델리나 뭄바이 같은 대도시 주민 중에서 올라를 사용해보지 않은 사람을 찾기 힘들 정도로 상당히 대중화되어 있는 서비스다. 벵갈루루에 본사를 둔 이 회사는 2010년 인도공과대학교 뭄바이 캠퍼스의 동창생이던 안킷 바티Ankit Bhati와 바비시 아가르왈Bhavish Aggarwal이 창업했다. 현재 소속된 운전사만 250만 명이며 인도의 58개 도시에서 활동하고 있으며 점차 다른 도시로 서비스가 확대되고 있다.[16] 2018년에 호주와 뉴질랜드에 진출했고 2019년에 영국에 진출하면서 세계화에도 적극적으로 나서고 있다. 올라는 서비스가 운영되는 국가의 교통수단에 특화된 서비스를 제공한다. 예를 들어 인도에서 올라 앱을 켜면 자동차는 물론 오토릭샤(일명 뚝뚝이), 모터사이클까지 다양한 교통수단이 서로 다른 가격대로 제시되어 화면에 뜬다. 2022년 2월 기업가치가 약 50억 달러로 추산되고 있다. 이는 2021년 9월 약 30억 달러와 비교해 불과 6개월 만에 66퍼센트나 증가한 규모다.[17]

'인도판 배달의민족'이라 할 수 있는 조마토Zomato도 빼놓을 수 없다. 인도 토종의 최초, 최대 음식 배달 서비스로 2021년 7월에 주식시장 상장에 성공했다. 상장가는 1주당 76루피였다. 하지만 페이티엠과 마찬가지로 지속적으로 손실이 발생하는 비즈니스 모델로 인해 한때 주당 150루피가 넘던 주가가 2023년 5월 말에는 60루피 수준에 머물고 있다. 현재 음식배달업계에서 경쟁업체인 스위기와 치열하게 경쟁하고 있다.

여성이 이끄는 기업으로는 인도 최초로 2020년에 유니콘 기업의 위치에 오른 나이카도 있다. 뷰티·패션 제품을 주로 판매하는 온라인 매장으로서 2012년 팔구니 나야르Falguni Nayar가 창업했다. 2021년 10월 상장에 성공한 나이카의 시가총액은 약 140억 달러 수준으로 약 95억 달러로 추산되는 조마토의 시가총액을 뛰어넘은 것으로 평가된다.[18]

2012년 아시시 고엘Ashish Goel이 창업한 어반래더는 고급형 가구 전문 업체다. 대도시 거주 중상류층에게 고품질의 가구를 판매하면서 사세를 확장해오다가 2020년 11월 릴라이언스리테일에 2,400만 달러를 받고 지분의 96퍼센트를 넘겼다. 인도에서 제작한 가구치고는 제법 품질이 좋아서 인도에 거주하는 외국인이나 해외 주재원들도 종종 구매한다.

어반컴퍼니는 '홈서비스계의 우버'라고 할 수 있다. 집 안에서 해야 할 잡다한 수리, 청소, 페인트칠, 목수와 미장 등의 서비스를 제공하는 특색 있는 회사다. 약 3만 5,000명의 전문가가 등록되어 있으며 인도 내 35개 도시에서 500만 명 이상이 이미 서비스를 1회이상 사용한 경험이 있다.

1년에 800만 개가 넘는 안경을 팔면서 안경 시장에서 무섭게 시장점유율을 확대하는 렌즈카트도 2010년에 설립된 젊은 기업이다. 설립 이후 4년간은 온라인 판매에만 주력하다가 2014년부터 오프라인 매장을 열어 지금은 인도 전역에 750개가 넘는 점포를 보유하고 있다. 이쯤 되면 먹고 입고 자고 움직이고 공부하고 돈을 지불하는 그야말로 모든 생활의 구석구석에 스타트업 기업들이 파고들었다 해도 과언이 아니다.

인도의 스타트업들은 몇 가지 특징이 있다. 첫째, 혈연이나 지연을 적극적으로 활용하여 기존의 자본가들로부터 창업자금을 유치하거나 사업 확장에 필요한 자금을 조달하고 있다. 예를 들어 플립카트를 창업한 사친 반살, 2007년에 패션 전문 쇼핑몰 민트라Myntra를 창업했다가 2014년 플립카트에 지분을 매각한 무케시 반살Mukesh Bansal, 올라의 창업자인 바비시 아가르왈, 조마토의 창업자이자 CEO인 디핀데르 고얄Deepinder Goyal, 어반래더의 창업자인 아시시 고엘에 이르기까지 상당수의 젊은 창업자들은 마르와리 상인집단의 후손이다. 그들의 창업에 필요한 자금과 각종 비즈니스 노하우를 선배 마르와리 기업가들이 적극적으로 도와주었음은 두말하면 잔소리다.

둘째, 스타트업 생태계가 탄탄하게 다져지면서 스타트업 기업이 성공적으로 사업궤도에 올라서면 그 기업에서 근무했던 직원이 독립하여 자신만의 아이템으로 새로운 기업을 창업하는 선순환도 일어나고 있다. 예를 들어 2007년에 창업한 플립카트는 인도의 스타트업 업계에서 시조새와 같은 기업으로 평가된다. 이 기업을 거쳐 간 직원들이 독립하여 창업한 기업만 100여 개가 넘는다.

셋째, 엔젤 투자자는 물론이고 주식시장 상장 등 투자자금 유치를 위한 활동도 상당한 성공을 거두면서 미국, 영국, 중국에 이어 세계에서 4번째로 큰 스타트업 시장환경을 만든 것도 인도에서 창업을 꿈꾸는 사람들에게는 큰 도움이 되고 있다.

하지만 인도의 스타트업 업계가 장밋빛 전망으로만 가득한 곳일까? 현재 한정적인 수익 모델과 지나친 출혈경쟁 등으로 인해 주식상장IPO 이후 짧게는 몇 개월 길게는 2년도 되지 않아 주가 하락을 겪고 있는 페이티엠이나 조마토의 사례에서 보듯이 반드시 그렇지만은 않다. 2020년 이후 인도를 덮친 코로나 팬데믹 사태로 인해 기본적으로 비대면을 사업의 기본 모델로 하는 대다수 스타트업들이 엄청난 규모의 성장을 기록한 것은 사실이다. 하지만 경제가 점차 정상 상태로 돌아가면서 지속가능한 사업모델을 가진 기업만 살아남고 그렇지 못한 기업은 도태될 수밖에 없는 환경이 조성되고 있다.

실제로 2022년 9월 기준 약 10여 개의 유니콘 기업들이 대규모 적자를 기록하는 중이다. 여기에는 바이주스, OYO, 플립카트, 페이티엠, 스위기 등 유명 유니콘 기업도 다수 포함되어 있다. 이들의 연간 적자 규모는 최소 150억 루피(2,250억 원)에서 460억 루피(7,800억 원)에 이르는 것으로 나타났다.[19] 고전을 면하지 못하는 이유를 한마디로 정리하기는 어렵지만 한정된 수익 모델 속에서 매출은 증가해도 비용은 그보다 더 빠르게 증가하여 손실이 누적되는 경향을 보인다. 그렇다면 이들 기업의 앞날은 어떻게 될까? 또 이익을 실현하고 있는 다른 스타트업들은 어떤 미래를 맞이하게 될까? 앞으로 펼쳐질 스타트업들의 생존경쟁이 더욱더 흥미로워질 수밖에 없는 이유이다.

# 2

# 의료와 제약 산업이 고급화되고 있다

## 인도는 세계 최대 약품 생산공장이다

인도의 IT 산업만큼이나 빠르게 성장하는 분야로는 제약업을 꼽을 수 있다. 이미 인도는 전 세계에 복제약과 백신을 공급하는 세계 최대 약품 생산공장이라고 할 수 있다. 신약의 연구개발 등 부가가치가 높은 부문은 미국과 유럽의 제약사가 사실상 독점하고 있지만 인도의 제약사들은 비교적 높은 생산기술과 상대적으로 값싼 인건비를 바탕으로 약품 생산을 주력 분야로 선택했다.

인도의 제약사들은 특히 복제약 분야에서 경쟁력이 뛰어나다. 세계에서 가장 큰 의약품 시장인 미국에서 판매되는 복제약의 40퍼센트는 인도에서 제조된 것이다.[20] 그 덕분에 제약업계의 수출 규모는 연간 240억 달러, 수입은 약 70억 달러를 기록하면서 약 170억 달러의 막대한 무역수지 흑자를 내는 효자 산업이다.

인도의 제약업계는 회계연도 2016~2017년부터 2020~2021년까지 4년 동안 연평균 7.2퍼센트 성장했다.[21] 회계연도 2021~2022년에도 약 10퍼센트대의 성장을 기록하면서[22] 산업 규모가 약 420억~450억 달러 내외에 이른 것으로 추정된다. 일부 시장전문가들은 2023년에는 인도 제약시장의 규모가 600억 달러에 이른 후[23] 2030년을 전후해서 무려 1,200억 달러에 도달할 것이라는 낙관적인 전망을 내놓기도 한다.[24] 이렇게 자신만만한 예측이 가능한 근거는 무엇일까?

먼저 인도에 소재하는 3,000여 개가 넘는 제약회사와 1만 개가 넘는 생산시설이 제공하는 규모의 경제가 제약 산업의 지속적인 성장을 가능케 하는 원동력이다. 이미 세계적 규모의 생산 시설과 프로세스를 구축한 인도의 복제약 전문 업체들은 세계 최대 의약품 수입 시장인 미국과 인도에서 생산한 약품을 꾸준히 수입해온 영국 시장에 대한 시장지배력 유지에 지속적으로 노력할 전망이다. 또한 매년 수십만 명씩 배출되는 고급 의료인력들도 제약 산업 성장의 든든한 배경이 된다. 그런데 연간 170억 달러의 막대한 무역수지 흑자를 가능케 하는 제약 산업에 위협요인은 없을까?

## 원료의약품의 국산화가 최대 관건이다

인도 제약 산업의 비즈니스 모델을 간단히 요약하면 미국과 유럽의 선진 기술과 각종 규정을 충실히 베낀 뒤에 중국, 미국, 유럽 등의 화학약품 제조회사로부터 원료의약품을 수입하여 신약과 동일하거나 유사한 약효를 갖는 최종 제품을 만드는 것이라고 요약할 수 있다. 인도 제약 산업의 수입액이 수출 규모의 3분의 1에도 미치지 못하기 때문에 수익구조는 별문제가 없다. 그런데 최근 들어 인도 제약업계는 이러한 수출입 구조로 인해 제법 큰 어려움을 겪었다. 코로나 팬데믹 사태와 중국과의 외교 마찰을 겪으면서 중국에 크게 의존하고 있는 인도 제약업계의 약점이 드러났기 때문이다.

원료의약품 수입 규모가 인도 제약 산업의 총수입액 중 약 3분의 2를 차지하는데 그중 무려 70퍼센트가량을 중국에서 수입하고 있다. 항바이러스제, 항생제 등과 같은 일부 분야는 중국 의존도가 거의 90퍼센트에 이른다. 중국이 자국의 코로나 팬데믹 상황이 심각해지자 의약품 원재료 수출을 눈에 보이지 않게 통제하면서 인도 제약업계는 원재료 수급에 큰 어려움을 겪을 수밖에 없었다. 게다가 중국과 국경 분쟁으로 관계가 악화되자 인도 정부는 중국 자본으로 만들어진 각종 컴퓨터 소프트웨어의 인도 내 사용을 금지하고 관급 공사에서 중국계 기업을 노골적으로 배제했다. 중국으로부터 각종 수입도 온갖 종류의 핑계를 대면서 제한했다. 그러자 인도 제약업계의 어려움은 더 가중되었다.

인도 정부와 제약업계는 해외의존도를 줄이려고 다양한 대응책을 도입하여 시행하고 있다. 이제라도 중국과 같은 특정 국가에 원료의약품의 수입을 의존하는 기형적 산업구조를 바꾸기 위해서 단기적으로는 수입선 다변화를 추진하고 있다. 중국 이외에도 원료의약품 주요 생산국인 미국, 이탈리아, 싱가포르 등으로 수입처를 확대하는 것이다. 하지만 이는 어디까지나 단기 처방일 뿐이다. 중장기적인 경쟁력 강화를 위해서 정부가 몇 가지 성책을 들고나왔다.

우선 정부는 원료의약품 생산을 전문으로 하는 공단을 조성하는 등 자국 내 원료의약품 생산에 박차를 가할 것이라고 발표했다. 또한 인도 내에서 생산시설을 신축하거나 확장하는 기업에 법인세 일부를 환급해주는 생산 연계 인센티브를 기존의 자동차 산업과 같은 제조업뿐만 아니라 제약 산업에도 694억 루피(약 1조 1,000억 원)가량 제공하겠다고 발표했다.[25]

한편 코로나 팬데믹 사태를 겪으면서 외국의 기술로 개발된 백신을 하청으로 생산하던 단계에서 벗어나 자국 백신을 자체 개발하려는 움직임도 일정 부분 성과를 거뒀다. 마하라슈트라주 푸네에 소재한 국립 바이러스학 연구소와 인도 토종 백신 업체인 바라트바이오테크가 공동개발한 코백신Covaxin을 2020년 7월 1차 임상 실험을 진행한 이후 인도 정부의 긴급 허가를 받아 2021년 1월부터 접종을 시작했다. 하지만 코백신의 성능에 대한 의구심이 인도 내 부유층과 인도 주재 외국인들 사이에서 사라지지 않으면서 코백신은 주로 인도 서민층이 애용하는 공공병원을 중심으로 공급되었다.


## 제3세계 부자들의 의료관광지가 되다


인도의 보건의료 분야는 새로운 환경과 관련해 숙제를 떠안게 됐다. 단순히 복제약 제조에서 신약 개발로 이행하는 차원에서 벗어나야 한다는 것이다. 정부 차원에서 보건의료 분야에 대한 지출을 확대하고 국민이 더욱 질 높은 공공보건의료 서비스를 누릴 수 있는 환경을 만드는 거시적인 해결책이 더 중요하다는 지적이다.

코로나 팬데믹 사태가 정점에 달하던 2021년 5월을 전후하여 인도의 의료계가 직면한 한계점은 뉴스를 통해 인도 국내는 물론 전 세계에 고스란히 전달되었다. 격무에 시달리다가 의사들이 모두 자리를 이탈해버린 공공병원에서는 치료를 제대로 받지 못한 환자와 이미 사망한 환자의 시체가 뒤섞여 있었다. 하루에도 수백 명씩 발생하는 사망자를 시내 화장장이 제대로 처리하지 못하면서 화장장의 주차장, 인근 도로, 노천에서 종일 사체를 화장하는 비현실적인 상황이 발생하기도 했다.

전염병에 대한 대응이 이렇게까지 어려웠던 이유는 여러 가지가 있겠지만 보건의료 부문에 대한 지출 규모가 국내총생산의 3.0퍼센트 수준에 불과한 것이 가장 큰 이유라 할 수 있다. 한국(8.2퍼센트)과 중국(5.4퍼센트)에는 미치지 못하더라도 최소한 비슷한 소득 수준을 가진 중하위 소득국의 평균인 3.7퍼센트에는 도달해야 할 텐데 그렇지도 못한 수준이다.[26] 한마디로 비슷한 소득을 가진 다른 나라와 비교해도 제대로 된 공공보건의료 서비스를 제공하지 못하고 있다는 것이다. 게다가 중앙정부가 만성적인 예산 부족에 시달리면서 공공보건의료의 상당 부분을 딱히 사정이 나을 것도 없는 지방정부에 위임해 놓은 것도 상황을 더욱 악화시켰다. 그나마 사정이 나은 남부의 몇몇 주를 제외하고 북부와 내륙의 가난한 지역에서는 상황이 더 열악해질 수밖에 없다.

이러한 와중에 대도시에 소재한 고급 민간병원에서는 이른바 '선진국병'이라고 일컬어지는 심장병, 당뇨병 등에 대한 치료가 웬만한 서구의 국가보다도 더 잘 이루어지고 있다. 이들 병원이 타깃으로 하는 고객층은 인도의 부자들뿐만이 아니다. 비용 등 여러 가지 이유로 인해 선진국으로 의료관광을 가기에 부담스러운 제3세계 부자들도 인도로 의료관광을 와서 막대한 돈을 쓰고 돌아간다.[27] 한국의 까다로운 의료법 규제로 인해 투약받기 어려운 약을 인도에서는 비교적 용이하게 투약받을 수 있기 때문에 적지 않은 한국 환자들도 인도를 찾고 있다. 인도가 가진 우수한 인력, 의료기술, 풍부하고 다양한 복제약 덕분에 새로운 산업 분야가 만들어진 것이다.

다른 분야와 마찬가지로 상상을 초월하는 양극화 속에 특정 분야에서는 엄청난 고급화 전략이 진행되는 곳이 인도의 의료와 제약 산업이다. 지금 직면한 원재료 수급상의 어려움과 복제약 생산 전문 공장이라는 한정적 역할을 탈피하려는 정부의 노력이 짧은 시간 내에 큰 성과를 맺을 수 있을지는 속단하기 어렵다. 그러나 현재처럼 인도의 무역수지에 크게 기여하는 효자 노릇은 당분간 계속할 수 있을 것으로 전망된다.

# 3

# 제조업의 꽃 자동차 산업은
# 어떻게 될 것인가

## 왜 포드자동차는 인도에서 실패했을까

포드, 제너럴모터스, 만트럭, 피아트, 할리데이비슨, UM모터사이클의 공통점은 무엇일까? 승용차와 SUV 전문 브랜드(포드, 제너럴모터스, 피아트), 상용차(만트럭), 모터사이클 생산업체(할리데이비슨, UM모터사이클)까지 골고루 분포되어 있는 이들의 공통점은 바로 지난 4, 5년 사이 인도에 소재한 생산공장을 폐쇄하고 인도 시장에서 철수하기로 결정한 기업이라는 점이다.

이들 기업은 멀리는 약 25년 전(포드자동차는 1996년 인도 진출)부터 가까이는 15년 전(만트럭)부터 세계에서 5번째로 큰 시장 규모를 가졌으면서도 성장성 역시 뛰어난 인도 시장에 적극적으로 진출했다. 빠른 경제성장과 급격한 인구 증가, 소비 능력이 큰 젊은 인구층의 증가 등으로 시장의 수요는 갈수록 커졌시만 인도 자제 1년 자동차생산량이 약 450만 대에 불과한 점 등이 꽤 큰 매력으로 느

껴졌기 때문이다. 하지만 인도에 진출한 이후 성적표는 서로 엇갈리고 있다. 현지화 전략이 성공해서 인도에 안착한 기업이 있는가 하면 앞에서 언급한 대로 인도를 떠난 기업들도 적지 않다.

가장 최근에는 포드가 2021년 9월 구자라트주와 타밀나두주에 있는 공장 두 곳을 순차적으로 폐쇄하겠다고 발표했다. 포드는 왜 인도 시장을 떠나기로 결정한 걸까? 하나로 콕 집어서 설명하기 어려운 다양한 원인이 있지만 대부분의 자동차 전문가들이 동의하는 가장 큰 이유는 포드의 제품 전략 실패 때문이다.

포드자동차는 전 세계 어디에서나 무난하게 팔릴 것이라고 기대되는 이른바 글로벌 모델을 크게 수정하지 않고 인도에 그대로 들여와서 생산하고 판매하는 전략을 고수해왔다. 이에 비해서 우리나라의 현대와 기아자동차 등을 포함하여 다수의 해외 자동차 회사는 다른 전략을 선택했다. 인도에 특화된 모델 또는 최소한 서아시아 지역 고객의 기호에 맞춘 모델을 새롭게 개발하거나 기존 모델을 상당 부분 수정하여 인도 시장에 침투하는 전략을 채택했다. 승자는 누구였을까? 현지화 모델을 채택한 기업들의 승리였다.

두 번째 이유는 인도 시장은 전통적으로 소형 차량이 지배하고 있다는 점이다. 인도 자동차 시장의 약 절반 정도를 점유한 마루티-스즈키에서 판매하는 대다수의 모델들인 스위프트, 왜건, 발레노, 알토, 디자이어 등은 우리나라의 액센트급(발레노와 디자이어) 내지는 그보다 더 작은 급(스위프트, 왜건R, 알토)이다.[28] 발레노나 디자이어 정도만 되어도 인도에서는 큰 차 취급을 받는다. 가격도 당연히 비싸진다. 가격에 매우 민감한 인도 고객들은 선뜻 손이 가기 어려운 모델이다. 하지만 포드자동차는 소형 모델에 주력하지 않고 인도 고객들에게 중형이라고 여겨질 만한 차량 판매에만 주력했다. 인도 국민에게 포드자동차 모델 중에 생각나는 게 있냐고 물어보면 아마도 피고(전장 3,941밀리미터×전폭 1,704밀리미터×전고 1,525밀리미터)나 에코스포트(전장 3,998밀리미터×전폭 1,765밀리미터×전고 1,647밀리미터)에 불과할 것이다. 인도 국민이 가장 많이 구입하는 모닝급 차량보다 훨씬 큰 차량이다. 철수 결정이 내려지기 직전 인도 시장에서 포드의 시장점유율은 겨우 1퍼센트대 수준이었으니 철수 결정이 어찌 보면 당연한 수순이었다.

세 번째 이유는 인도 내 경영진이 대부분 외국인이어서 인도 자동차 시장의 중요한 특성을 이해하지 못한 채 시장에 적극적으로 침투하지 못한 것으로 볼 수 있다. 인도 자동차 시장은 생산업체와 딜러의 끈끈한 관계 마케팅과 가격에 민감한 인도인 특유의 정서가 뭉쳐진 상당히 독특한 시장이다. 합리성과 서양식 마인드를 가진 외국인 경영진은 끝끝내 이해하지 못한 시장이었다.

포드자동차뿐만 아니라 제너럴모터스도 인도에서 꽤 고생하다 결국 생산공장 폐쇄를 결정했다. 그러고 보면 인도 고객이 원하는 인도에 특화된 모델을 만들지 못했고 소위 가성비 좋은 차량을 만드는 능력이 부족한 미국 자동차 제조사들이 특히나 고생을 많이 한 듯하다. 구자라트의 포드 공장은 타타자동차가 인수하여 전기차 생산공장으로 활용할 것이라고 일찌감치 발표했고[29] 타밀나두 주정부 역시 포드 공장을 전기차 생산공장으로 활용하기 위한 계획에 착수한 것으로 알려졌다.[30] 애초에 포드자동차와 첸나이 공장 매각 협상을 벌였다가 협상이 결렬되었던 마힌드라가 또다시 매수자로 나설지 아니면 제3의 업체가 나설지는 아직 알려지지 않았다. 한편 2023년 3

월 현대자동차는 제너럴모터스의 마하라슈트라 공장을 인수하기 위한 절차에 착수했다. 빠르게 성장하는 인도 자동차 시장에서 입지를 다지기 위한 결정이라 하겠다.

## 정책이 자동차 산업의 성장을 막는다

외국계 자동차업체들을 기겁하게 만드는 것은 자동차 산업 자체적인 특징뿐만 아니라 산업 외적 요소도 있다. 우선 인도에서는 차량을 구매할 때 내야 할 세금이 정말 많은 편이다. 일단 전기차를 제외하고는 차량 가격의 18퍼센트에서 최대 28퍼센트의 소비세를 내야 한다. 그리고 고급 차량은 최저 1퍼센트에서 최대 22퍼센트의 부가세를 추가로 내야 한다. 아직도 남은 게 있다. 차량을 등록하려면 등록세를 내야 하는데 등록세는 주정부에서 징수하는 세금이라서 자동차 등록 기준지가 어느 주에 속하느냐에 따라 제각각이다. 델리 주정부처럼 차량의 가격에 따라 4퍼센트, 7퍼센트, 10퍼센트를 내는 비교적 단순한 방식이 있는가 하면 금액과 자동차 연식에 따라 복잡한 매트릭스를 구성해서 최대 차량 가격의 18퍼센트까지 부과하는 카르나타카주 같은 경우도 있다. 좀 비싼 차를 카르나타카주에서 중고차가 아니라 신차로 구매한다면 차량 가격의 거의 절반 가까이 되는 금액을 세금으로 내게 될 수도 있다.[31]

이런 무지막지한 조세 부과는 자동차 산업에 결코 이로울 수가 없다. 말 그대로 웬만한 사람들은 세금이 무서워서 자동차를 사지 못할 수준이다. 자동차 산업계의 지속적인 세금 인하 요구에도 정부는 요지부동이다. 그렇지 않아도 낮은 시장점유율과 인도 토종 자동차 업체에 비해서 상대적으로 높은 생산비 구조의 외국계 자동차 업체에는 더욱더 불리할 수밖에 없다. 결국 외국계 업체들이 하나둘 손을 털고 인도를 떠나는 원인이 된 것이다.

여기에 최근 몇 년 사이에 인도 정부가 자동차 업계와 자동차 부품업계 관련 규제를 지나치게 의욕적으로 자주 바꾸면서 업계가 정신을 못 차리고 있다. 여러 개의 배기가스 관련 기준을 숨 가쁘게 도입한 데 이어 인도 자동차 업계가 사실상 거의 대비를 하지 못하고 있는데도 불구하고 전기자동차 진흥 정책을 무리하게 추진하기도 했다. 그러는 와중에 공기 오염이 심하니까 중고차를 빨리빨리 폐차해야 한다면서 노후 자동차 폐차 시 보조금을 지급하는 정책을 펼쳤다.

한마디로 지나치게 의욕적으로 너무 많은 자동차 관련 정책이 추진되다 보니 자동차 업계가 따라가지 못한다. 인도 내 여러 지역에 대규모 공장을 보유하고 많은 차량을 생산하는 인도 토종 업체는 크게 타격을 받지 않겠지만 잘해야 두세 개 모델을 생산하는 외국계 업체는 견디기 힘든 정책환경이라 할 수 있다.

외국계 기업의 엑소더스가 인도 시장에 궁극적으로는 악영향을 미칠 것이라는 우려의 목소리도 나오고 있다. 지금 정부는 대형 외국계 제조공장을 유치하기 위해 온갖 노력을 기울이고 있다. 제조업을 육성해서 일자리도 창출하고 중국이 수십 년간 차지하고 있던 이른바 '세계의 공장' 자리를 빼앗아 오기 위해서다. 하지만 제조업의 꽃이라 할 수 있는 자동차 산업에 종사하던 다국적 기업들이 인도에서 견디지 못하고 빠져나오는 모습은 외국 기업들에게 결코 좋게 비치기 어려운 모양새다. 한마디로 정부가 말로는 '제조업 육성'을 외치고 있지만 실제로 외국계 제조 기업은 점점 영업하기 어려운 환경이 만들어졌다.

게다가 불안정한 반도체 수급 상황, 비철금속류 등을 중심으로 한 원자재 가격 상승세 그리고 연료 가격 상승 등 자동차 업계에 반갑지 않은 소식들이 연이어 들려오고 있다. 자동차 수요가 늘어나기 어려운 상황인데다 생산비용 또한 상승할 위험성에 계속 노출되어 있는 것이다. 게다가 인도 고객들이 어떤 사람들인가? 가격에 민감한 걸로 따지면 세계에서 둘째가라면 서러워할 집단이다. 자동차 업체는 사면초가의 상황이라 할 수 있다.


## 한국 자동차 업체는 어떻게 살아남았는가

이처럼 쉽지 않은 영업환경 속에서 인도 진출 25년 만에 인도 자동차 내수시장에서 2위 자리를 굳건하게 차지한 현대자동차의 실적은 눈부시다. 가격에 민감한 인도 고객의 기호에 부합하여 소형차부터 가성비 좋은 소형 SUV까지 제품 라인도 풍부하게 갖춰놓았다. 그 덕분에 인도를 떠나는 포드자동차와는 다르게 입지를 탄탄하게 굳혀가고 있다. 한편 인도는 14억 명에 육박하는 엄청난 인구에도 불구하고 연간 자동차 판매량이 450만 대 수준일 정도로 자동차 보급률이 낮다. 자동차를 구매할 만한 구매력을 지닌 층이 아직은 두텁지 않다는 점인데 위협요인이자 기회요인이라고 볼 수 있겠다.

현대자동차가 인도에서 넘어야 할 마지막 산이자 궁극의 장벽은 바로 일본의 자동차 업체인 스즈키가 40년 전부터 인도와 합작하여 생산하고 있는 인도 시장점유율 1위 업체인 마루티-스즈키라고 할 수 있다. 한때 시장점유율 80퍼센트대를 유지했지만 현대를 포함한 다양한 자동차 업체의 파상공세로 인해 현재 50퍼센트 미만으로 떨어진 상태다. 현대자동차와 기아자동차는 인도 중산층의 구매력 확대를 기대하면서 조금 사이즈가 큰 차량들, 예를 들어 소형 SUV와 카니발을 출시했다. 당장의 시장점유율뿐만 아니라 미래를 멀리 내다보는 중장기적인 포석이다. 과연 인도 자동차 시장에서 우리나라 차량의 시장점유율은 앞으로 어떻게 변화하게 될까? 그리고 제조업의 꽃이라 일컫는 자동차 산업은 인도에서 어떠한 형태로 진화하고 발전할까? 유심히 지켜볼 필요가 있을 것 같다.

# 4

# 기후변화는 어떤 영향을 미칠 것인가

## 인도는 미래보다 당장의 성장을 선택했다

스코틀랜드의 글래스고에서 열린 제26차 유엔기후변화협약 당사국총회COP26는 현지 시각으로 2021년 11월 13일 밤 11시 30분에 폐막했다. 정상합의문(글래스고 기후 합의Glasgow Climate Pact)이 막판까지 진통을 거듭한 이유는 석탄과 화석연료에 관한 각국의 입장이 첨예하게 부딪쳤기 때문이다. 무슨 일이 있었던 것일까?

최종적으로 합의된 문안에는 '탄소 저감 조치가 없는 석탄'의 활용을 단계적으로 '감축'하자는 내용과 비효율적인 화석연료 보조금을 단계적으로 '폐지'하도록 촉구하는 문안이 들어갔다. 그런데 합의에 이르기까지 이런저런 우여곡절이 있었다. 최초에는 '탄소 저감 조치가 없는 석탄'의 사용을 '중단'하자는 내용으로 선언문의 초안이 작성되었다. 그런데 몇몇 개발도상국(인도, 중국, 사우디아라비아 등)의 반발이 있었다. 옥신각신하다가 마지막 순간에 인도가 총대를 메고 '석탄화력발전소를 폐지하자phase out'라는 부분을 '감축하자phase down'라는 표현으로 바꿔야 한다며 버티기에 들어간 것이다. 미루어 짐작해보건대 2021년 9월에 결성된 미국, 영국, 호주 안보 동맹인 오커스AUKUS로 인해서 영국과 관계가 껄끄러운 중국이나 자국의 주요 수출 품목인 석유가 아니라 석탄이 논쟁거리인 상황에서 급박할 게 없는 사우디아라비아보다는 아무래도 영연방 국가인 인도가 의장국인 영국에 좀 더 부드럽게 접근할 수 있으므로 총대를 멘 것으로 추측된다.

스위스 대표가 발언 기회를 얻어서 "이렇게 표현 수위를 조정한 것이 몹시 실망스럽다."라며 강하게 비판하자 회의장을 가득 메운 200여 국가의 대표들이 크게 손뼉을 치며 호응했다. 그러나 결국 인도와 중국 등 목소리가 센 개도국의 의견을 꺾지는 못했다. 실제로 최종합의문은 '탄소저감 조치가 없는 석탄발전은 '감축'하고 비효율적인 석탄 보조금은 '폐지'한다to phase down unabated coal power and phase out inefficient fossil fuel subsidies...'라고 합의되었다.

유엔기후변화협약 당사국총회 기간에 개도국은 당초 '매년 1,000억 달러의 자금을 추가로 조성하여 개도국의 탄소 배출 저감과 기후변화 적응을 돕기로 한다.'라는 약속을 지키지 않고 있는 선진국을 비판했다. 유럽의 주요 선진국은 산업혁명 당시 지금보다도 훨씬 질 낮은 석탄을 대량으로 소비하면서 산업혁명을 거쳐 부유한 나라로 올라선 후 지금 와서 '가난한 자의 석유'라 불리는 석탄을 사용하는 후발 개도국을 제재하는 것은 이율배반적이라는 주장 또한 개도국을 중심으로 꾸준히 제기되고 있다.

사실 인도나 중국 같은 후발 개도국의 입장이 이해가 안 되는 것은 아니다. 하지만 대놓고 석탄화력발전소의 퇴출을 저지하는 행태를 국제회의 석상에서 보여준 인도의 막무가내식 태도에 많은 국가 (선진국은 물론이고 당장 해수면 상승으로 인해 기후변화의 피해에 직면한 많은 도서 국가)가 좌절감과 분노를 표시하는 상황이다.

COP26의 당사국총회 의장을 맡은 사람은 영국 정부의 산업부 장관을 지낸 알록 샤르마Alok Sharma 하원의원이다. 샤르마Sharma라는 이름에서 알 수 있듯이 그는 인도, 좀 더 정확히는 타지마할로 유명한 아그라 태생이다. 다른 나라도 아니고 자신의 가족이 태어난 나라인 인도의 공개적인 몽니와 이에 반발하는 많은 나라의 강한 항의 속에서 힘겹게 정상 합의문을 도출한 후 "많은 국가가 좌절감을 느꼈다는 것을 이해한다. 하지만 이번 합의문이 결렬되지 않도록 하는 것도 중요했다."라며 울먹이는 안타까운 모습을 보였다.


## 왜 인도는 기후 악당의 오명을 자처했는가

기후변화는 다음 세대가 아니라 바로 우리 세대의 문제이다. 해수면 상승으로 당장 나라가 사라질 위기에 처한 다수의 태평양 도서 국가들과 4년째 가뭄을 겪으면서 농업 부문이 초토화된 마다가스카르, 극심한 가뭄으로 전 국민의 80퍼센트가 제대로 된 상수원에 접근하지 못하고 있는 요르단 등 많은 나라가 기후변화로 위기에 처해 있다. COP26의 당사국총회가 진행되던 2~3일 사이에 주요 해외 언론에 보도된 사례만 봐도 이 정도다.

하지만 또 한편에는 석탄이라는 값싼 에너지 이외에는 뾰족한 대안이 없는 인도와 같은 가난한 나라가 엄연히 존재하는 게 현실이다. 당장 내 나라의 경제성장이 급한데 기후변화를 걱정할 여유가 없다. 인도는 그나마 석탄마저 사용을 못 한다면 경제의 상당 부분을 멈춰 세워야 할지도 모른다.

그렇다면 인도 내 분위기는 어떠했을까? 인도 내 반응은 국제 여론과 조금 달랐다. 우선 인도의 유력 경제지인 『비즈니스 스탠더드』는 글래스고 기후 합의가 인도에는 큰 승리라며 대서특필했다. 또 다른 신문인 『인디언 익스프레스』는 익명의 인도 정부 관리의 발언을 인용하여 '인도가 모든 국가에 받아들여질 만한 표현을 제안함으로써 합의 도출에 기여했다.'라는 해석을 내놓았다. 정상급 합의를 거의 결렬시킬 뻔한 자국의 행동을 이렇게까지 미화하는 인도인들의 대응 방식에 새삼 놀라게 된다.

하지만 정말로 아이러니한 일은 인도 국내에서 벌어졌다. 국제무대에서 인도가 기후 악당의 노릇을 하면서 전 세계적으로 비난을 받고 있는 사이 인도 최대의 명절인 디왈리(11월 4일)를 전후하여 각종 불꽃놀이가 전국적으로 벌어졌다. 그렇지 않아도 안 좋은 인도 북부의 공기 질이 최악을 향해 치닫고 말았다. 디왈리 바로 다음 날인 2021년 11월 5일에는 뉴델리의 미세먼지 지수가 한때 최대 1,900까지 치솟았고 12일에도 470을 넘어서는 수준이었다.

뉴델리 주지사는 이런 대기환경에서 수업을 지속하는 것이 청소년들에게 해롭다고 판단하여 1주일간 뉴델리 시내 각급 학교의 등교 중지를 명령했다. 관공서의 재택근무를 의무화했고 민간기업도 최대한 재택근무를 하라고 권고했다. 11월 17일까지 각종 건설 공사도 중지시켰다. 국제무대에서는 기후 악당 노릇을 하고 있지만 정작 국내에서는 최악의 공기 질 때문에 일상을 멈춰야 하는 인도의 야누스적인 현실이 고스란히 드러났다. 인도가 헤쳐 나가야 할 힘겨운 미래의 모습이 재확인되는 순간이었다.

2022년 11월 이집트의 샤름 엘 셰이크에서 열린 COP27에서 인도는 또다시 몽니를 부리지는 않았다. 다만 2021년의 글래스고 회의에서 버티기에 들어가면서 전 세계의 이목을 집중시켰던 인도의 환경부 장관 부펜더 야다브Bhupender Yadav는 샤름 엘 셰이크에서 열린 COP27에서도 선진국을 대상으로 쓴소리하는 것을 잊지 않았다.[32] 이산화탄소 저감의 범위에 농업 분야도 포함시켜야 한다고 선진국들이 주장한 것이 단초가 되었다. 야다브 장관이 "선진국 국민이 정작 자신들의 생활 습관을 바꾸려는 노력은 하지 않고 개발도상국 국민의 생존권이 걸려있는 농업 분야에 지나친 부담을 주고 있다."라고 발언한 것이다.

기후변화가 가속되면 농업이야말로 가장 크게 피해를 받게 될 산업 분야이다. 특히 개발도상국을 중심으로 넓게 분포하는 농업종사 인구는 기후변화가 심해질수록 생존마저 위협받게 될 것이다. 이러한 개도국의 농업 종사자들을 도와주지는 못할망정 경작 면적 축소 내지는 경작 방법 개선을 통해 이산화탄소 배출을 줄이라고 선진국이 요구하는 것은 이율배반적이라고 일갈한 것이다. 아직도 전체 인구 10명 중 4명이 농업에 종사하고 있는 인도의 입장에서는 어찌 보면 당연한 발언이라고 할 수 있다. 미래가 아닌 현재의 위협으로 다가온 기후변화는 이렇듯 선진국은 물론 개발도상국의 생존과 존립에도 적지 않은 영향을 미치고 있다.

# 5

# 미래 먹거리를 두고 치열한 전쟁이 시작된다

## 탄소중립 경제 주도권은 누가 차지할까

2022년 2월 『포브스』는 총재산이 901억 달러인 가우탐 아다니가 899억 달러를 기록한 무케시 암바니를 간발의 차이로 제치고 아시아 전체에서 최고 부자에 등극했다고 발표했다.[33] 인도에서 가장 부자인 수준을 넘어서서 아시아 전체에서 가장 돈이 많은 사람이 된 것이다. 하지만 아다니그룹이 한창 성장하던 1980년대와 1990년대에 가우탐 아다니는 그 당시 인도의 국민 스쿠터였던 바자즈 스쿠터를 타고 먼지가 날리는 구자라트의 이곳저곳을 돌아다니는 무명의 사업가에 불과했다.[34] 불과 한 세대 만에 엄청난 기업을 일으켜 세우고 부를 축적한 아다니는 지금 어디에서 미래의 성장 동력을 찾고 있을까? 아다니와 마찬가지로 화석연료를 성장의 기반으로 하고 있는 또 다른 구자라트 출신 기업가인 암바니는 어떤 미래를 그리고 있을까? 그리고 이들의 미래 성장 동력은 기후변화와 어떤 연관이 있을까?

우선 아다니그룹을 살펴보자. 구자라트에 소재한 문드라 항구를 운영하며 해상물류 산업의 강자로 등극한 아다니는 단기적으로는 항공 물류 분야에서 미래의 성장 동력을 찾고 있다. 이미 구자라트의 주도인 아마다바드를 포함하여 럭크나우(우타르프라데시의 주도), 자이푸르(라자스탄의 주도) 등 6개 공항을 운영 중인 아다니공항은 2021년 7월 인도 내 2위 규모인 뭄바이 공항의 운영권을 GVK그룹으로부터 넘겨받았다.[35] 코로나 팬데믹 사태가 진정되고 나면 항공 여행이 다시 제자리를 찾을 것이라고 판단한 아다니그룹이 일종의 승부수를 던진 셈이다. 인도공항운영청에서 민간에 위탁운영을 맡긴 8개의 공항 중 뉴델리 공항을 제외한 7개 공항을 아다니그룹이 운영하게 되면서 아다니그룹은 이제 항공 물류 분야에서도 1위 자리를 굳건히 하게 되었다. 여기에 이미 수용한계에 도달한 기존의 뭄바이 공항의 물동량을 분담할 뭄바이 제2공항인 나비뭄바이 공항 신축에도 본격적으로 나설 것으로 전망된다. 다만 다소 방만하게 펼쳐져 있는 사업 분야를 정리하고 주력사업 위주로 개편하는 작업은 불가피할 전망이다. 2023년 1월 뉴욕 소재 공매도 전문투자기관인 힌덴버그 리서치가 아다니 그룹에 대해 조사한 후 발표한 보고서에는 아다니그룹이 가진 다양한 문제점과 한계가 드러나 있었다. 당분간 경영전략을 재정비하고 사업 분야에서 우선 순위를 정하는 작업이 필요할 것이다.[36]

중장기 전략으로 아다니그룹은 기후변화와 관련한 미래 먹거리를 선점하려 한다. 인도 정부는 2021년 11월 스코틀랜드 글래스고에서 열린 유엔기후변화협약 당사국총회에 맞춰 2070년까지 탄소중립에 도달하겠다는 계획을 발표했다.[37] 세계 주요 국가들이 대부분 늦어도 2050년까지는 탄소중립에 도달하겠다고 발표한 것과 비교하면 인도의 발걸음이 늦은 것은 사실이지만 1인당 국민소득이 2,400달러 수준에 불과한 저소득국인 인도의 입장에서는 나름 큰 결단을 내린 것이다.

정부가 2070년까지 탄소중립에 도달하겠다는 목표를 발표하던 시기를 전후하여 아다니그룹은 발 빠르게 움직이고 있다. 그런데 아다니와 더불어 인도의 양대 재벌이라 불리는 릴라이언스도 이 분야에 뛰어들었다. 이 두 재벌기업은 신재생에너지, 청정수소, 연료전지, 배터리 등에 대한 대규모 투자를 발표했다. 아다니는 2021년 9월에 향후 10년간 200억 달러를 신재생에너지와 관련 분야에 투자하겠다는 계획을 발표했다.[38] 아다니친환경에너지Adani Green Energy는 면적이 10제곱킬로미터에 이르는 인도 최대 규모의 태양열 발전단지를 타밀나두주의 카무티Kamuthi 지역에 조성하여 현재 운영하고 있다. 2030년까지 신재생에너지를 활용한 발전 분야에서 세계 1위 회사가 되겠다는 것이 목표다. 인도 전체 태양열 발전에서 약 15퍼센트를 차지하면서 이미 시장을 선도하고 있는 아다니그룹이 앞으로도 태양열 발전 분야에 투자를 지속적으로 늘려갈 것으로 전망된다.

아다니의 라이벌인 릴라이언스인더스트리도 이미 2021년 6월 유사한 계획을 발표한 바 있다.[39] 향후 약 3년간 100억 달러를 투자하여 태양열, 청정수소, 연료전지, 배터리 분야를 집중적으로 육성하겠다는 계획이다. 무케시 암바니 역시 태양열 발전을 인도가 가야 할 길이라고 파악하고 있다. 일단 산업계는 릴라이언스인더스

**2021년 중 인도 양대 재벌기업이 발표한 신재생에너지 투자 계획**

| 구분 | 릴라이언스 | 아다니 |
|---|---|---|
| 투자 규모 | 100억 달러 | 200억 달러 |
| 기간 | 2022~2024년 | 2022~2031년 |
| 주력 분야 | 태양열, 수소, 배터리, 연료전지 등 | 태양열, 풍력, 수소, 에너지 인프라 |

각사 발표 자료 종합

트리가 태양열 발전 패널의 제조단가를 낮추는 데 주력할 것이라는 전망이다. 무케시 암바니는 기존의 석유·정유 화학 산업부터 최근의 이동통신 산업에 이르기까지 새로운 산업에 진출하면서 다른 기업이 감히 따라오기 어려울 정도의 막대한 규모의 투자금을 쏟아부어 규모의 경제를 구축함으로써 경쟁 기업을 시장에서 무자비하게 밀어내는 것으로 유명하다. 이번에도 암바니는 태양열 발전의 가장 기본적인 부품이라 할 수 있는 솔라패널을 처음부터 끝까지 일관 제조하겠다는 계획이다. 즉 폴리실리콘부터 웨이퍼는 물론 모듈까지 포괄하는 수직계열화를 목표로 하고 있다. 현재 인도는 모듈의 약 80퍼센트를 중국을 포함한 외국으로부터 수입하는 상황이다. 암바니는 바로 이러한 해외의존도를 획기적으로 낮추겠다는 것이다. 또한 청정수소 분야에서도 향후 10년 이내에 청정수소 1킬로그램의 생산단가를 1달러 수준까지 획기적으로 끌어내리겠다는 목표를 내세웠다.

쿠치만Gulf of Kutch을 사이에 두고 아다니그룹의 본거지인 문드라와 마주 보고 있는 잠나가르Jamnagar는 릴라이언스인더스트리의 본거지라 할 수 있다. 현재 이곳은 하루에 무려 150만 배럴에 달하는 원유가 정유되는 인도 최대 석유화학단지다. 암바니는 이 지역을 인도 신재생에너지의 메카로 만들겠다는 계획이다. 첫 발자국은 암바니가 조금 앞서 있다. 우선 잠나가르에 넓은 유휴 부지를 보유하고 있는 릴라이언스는 솔라 패널과 청정수소 관련 제품을 생산할 공장을 이곳에 짓겠다는 계획이다. 반면 건너편 문드라 지역에는 남아 있는 유휴 부지가 많지 않은 상황이라 아다니그룹의 입장에서는 대규모 부지부터 조속히 마련해야 한다. 경쟁자를 용납하지 않는 무케시 암바니에 맞서 아다니가 다소간 어려움을 겪을 것이 불가피하다는 전망이 우세하다. 정부는 양대 재벌의 치열한 경쟁이 결국에는 선순환 구조를 만들어서 인도의 신재생에너지 산업경쟁력을 강화하고 발전 단가도 빠르게 낮출 수 있을 것이라며 매우 반색하는 분위기다.

한편 2022년 1월 무케시 암바니는 신재생에너지 관련 투자 규모를 당초 계획보다 대폭 확대하겠다고 발표했다.[40] 향후 10년 내지는 15년 이내에 총발전 용량 100기가와트 규모의 신재생에너지 발전단지를 건설하는 것을 포함하여 무려 800억 달러를 투자하겠다고 발표한 것이다. 또한 이를 통해 자사의 기반인 구자라트주를 2035년까지 탄소중립에 도달하도록 하겠다고 밝혔다.


## 인도의 화석연료 졸업은 가능할 것인가

무케시 암바니와 가우탐 아다니는 공통점도 여러 가지다. 먼저 석탄과 석유 등 화석연료를 기반으로 거대한 왕국을 건설한 릴라이언스와 아다니의 과거 행적을 살펴보면 이들 기업의 발표는 그야말로 급선회라고 할 만하다. 그런데 이들 두 기업의 발표를 액면 그대로 믿어도 되는 것일까? 그렇지는 않다. 첫째로 두 기업이 화석연료로부터 창출하는 매출과 이익이 막대한 수준이어서 이를 쉽게 포기하기 어렵다. 예를 들어 현재 릴라이언스의 총매출이 약 738억 달러 규모인데 그중 약 60퍼센트가 정유·석유화학 부문에서 창출되고 있다. 그리고 이 두 기업은 화석연료와 관련된 투자도 앞으로 계속할 전망이다. 아다니는 현재 화력발전용량이 약 12기가와트 수준인데 앞으로 화력발전소 4곳을 추가 건설하고 화력발전소 2곳을 증축하여 24기가와트까지 확대하려고 추진 중이다.[41]

값싼 화석연료를 찾기 위한 이들 기업의 노력은 해외에서도 많은 문제를 일으키고 있다. 아다니그룹은 호주의 퀸즐랜드에 소재하는 카마이클Carmichael 석탄광에 대한 투자 문제로 몇 년째 현지 주민들과 충돌을 겪고 있다. 호주는 물론 국제적인 환경운동 단체들은 아다니그룹의 카마이클 석탄광 개발이 계획대로 이루어질 경우 카마이클 광산에서 채굴된 석탄이 배출하게 될 탄소의 양은 영국 전체가 1년간 배출하는 양의 10배에 이를 것이라는 암울한 전망을 내놓았다.[42] 또한 카마이클 광산이 위치한 갈릴리 분지에서 석탄이 추가로 채굴될 경우 전 인류의 탄소 예산carbon budget 중 무려 5 퍼센트 내외를 순식간에 소모하는 엄청난 양이 될 것이라고 경고하기도 한다.[43] 탄소 예산이란 지구 평균 온도를 산업혁명 이전 수준과 비교하여 2도 이상 오르지 않는 범위 내에서 인류가 향후에 배출 가능한 온실가스 총량을 뜻하는 개념이다. 석탄 광산 하나가 탄소 예산의 5퍼센트를 소모한다면 실로 엄청난 파급력이라고 할 수 있다.

무케시 암바니와 가우탐 아다니의 공통점은 또 있다. 첫째, 비록 지금 암바니 일가는 마하라슈트라주의 뭄바이에 거주하고 있지만 둘 다 구자라트 출신이다. 둘째, 인도 경제가 자유화되기 시작하던 1980년대 후반과 1990년대 초반을 전후하여 아버지로부터 물려받은 회사를 빠르게 확장하거나(무케시 암바니), 자신이 창업한 회사를 크게 키웠다(가우탐 아다니). 셋째, 폭이 30킬로미터에 불과한 바다를 사이에 두고 서로 마주 보며 위치한 두 회사의 본거지인 잠나가르(릴라이언스그룹)와 문드라(아다니그룹)를 인도 제조업의 허브로 키우는 데 큰 역할을 했다. 이 두 사람은 인도 1, 2위 그룹 자리를 놓고 진검승부를 벌이고 있다. 이제 미래 먹거리를 놓고도 물러설 수 없는 격전을 앞두고 있다. 신재생에너지를 정조준하고 있는 이들 기업의 미래 전쟁이 점점 흥미로워질 것이다.

다만 한 가지 확실한 것은 화석연료를 졸업하는 것은 릴라이언스나 아다니와 같은 민간기업은 물론 인도 전체에게도 매우 고통스럽고 긴 여정이 될 것이라는 점이다. 모디 정부가 2070년까지 탄소중립을 이루겠다고 공언했다. 하지만 인도 전체 전기의 70퍼센트가 화석연료에서 생산되는 현실을 고려하면 문자 그대로 뼈를 깎는 노력을 기울여야 할 것이다. 인도가 과연 그런 노력에 나설 준비가 되어 있는지도 솔직히 장담할 수 없다.[44]

또한 당장 인도의 중산층과 빈민층은 양대 기업이 발표하고 추진하는 신재생에너지 전략의 직접적인 수혜를 받기도 어려울 것이다. 앞으로도 수십 년간 화석연료 사용으로 인해 발생하는 미세먼지가 인도의 하늘을 검게 뒤덮을 것이고 중산층과 빈민층은 그 공기를 그대로 들이마시게 될 것이다. 특정 지역에서야 신재생에너지 분야의 투자가 늘면서 몇몇 새로운 일자리가 생길 것이다. 하지만 이 또한 낮은 교육 수준과 기술 수준을 보유한 보통 사람들이 접근하기에는 한계가 있을 수밖에 없다. 탈화석연료라는 전 세계적인 추세에 발맞추자니 자국 내 에너지 사정이 허락하지 않는다. 그렇다고 계속 화석연료를 태우면서 경제발전에 나서자니 이미 통제 불능의 수준에 들어선 대기오염과 이로부터 파생되는 각종 질병과 보건 위기가 발목을 붙잡는 진퇴양난에 처한 인도의 현주소이다.

## 에필로그

# 인도는 제2의 중국이 될 수 있을까

 

2017년 이후로 미중 갈등 관계가 심화되고 미국, 일본, 호주, 인도를 연결하는 쿼드가 활성화되면서 많은 정치평론가와 경제전문가가 인도가 제2의 중국이 될 수 있을지에 대한 나름의 예측을 내놓고 있다. 필자가 조심스럽게 예측하자면 1인당 국민소득이 중국의 약 5분의 1에 불과한 인도는 최소한 30년 이내에 중국 경제를 추월하기는 어렵다.[1]

그렇다면 수십 년이 지나봤자 중국을 따라잡지 못할 인도라는 나라에 대해서 더 이상 관심을 가질 필요가 없다고 손쉬운 결론을 내려도 되는 걸까? 지금까지 수십 년간 '기회의 땅'이라는 듣기 좋은 수식어로 불려왔지만 결국 '앞으로도 영원히' 기회의 땅으로 남아 있을 가능성이 크니 그런 나라는 머릿속에서 지워도 되는 걸까? 그렇지 않다.

인도 전체 인구의 3분의 2를 차지하는 35세 미만 청년층이 만들어갈 역동적인 미래는 희망적이다. 실력이 뛰어난 IT 엔지니어들이

500만 명에 육박하고 매년 1,000만 명씩 취업시장에 새롭게 공급될 것이다. 젊은 세대가 만들어갈 미래의 인도 경제는 계획경제와 수입 대체제 산업 육성이라는 좁은 시야에 매몰되었던 과거와는 확연히 달라질 것이다. 게다가 지금 인도는 단순히 서남아시아의 지역 패권국 지위에서 벗어나 이제 미국과 일본 등 세계를 이끌어가는 자유민주주의 국가들과 어깨를 나란히 하면서 중국을 본격적으로 견제하기 위해 기지개를 켜고 있다. 분명 과거와 달리 미래의 세계 질서를 만들어 나가는 데 더 많은 역할을 할 것이다.

세계 유수의 경제전망 기관들도 긍정적 전망을 내놓고 있다. 인도 정부가 심혈을 기울이고 있는 제조업을 중심으로 한 해외투자 유치가 꾸준히 실적을 내고 있고 그동안 축적해온 디지털 인프라가 성장을 견인하면서 탈석탄화를 포함한 신재생에너지로의 전환도 경제성장을 촉진할 것이라는 전망도 곁들였다. 인도 경제가 중국 경제를 '따라잡지는 못하더라도' 최소한 꾸준하고 빠르게 추적하는 모양새가 될 거라는 뜻이다. 인도에 살고 있는 필자도 사방에서 발견할 수 있는 높은 타워 크레인과 공사 현장을 보면서 숨 가쁘게 변모하는 인도의 모습을 온몸으로 체감하고 있다. 인도에서 오래 거주한 교민들이나 현지인들과 이야기 나눠보면 최근 10년간의 변화와 성장이 놀라울 따름이라고 입을 모으고 있다. 그리고 앞으로 다가올 미래의 모습에 기대감이 한껏 커져 있다.

그렇다고 인도의 미래가 온통 핑크빛 세상이라고 섣불리 단언하지는 않겠다. 정치와 경제 부문에 깊숙이 스며들어 있는 부패, 무능하고 비효율적인 관료주의, 수백 년 동안 겹겹이 쌓여온 문화적, 종교적 편견과 차별, 깜짝 놀랄 수준의 빈곤과 빈부 격차, 게다가 점점 강화되는 힌두교 근본주의 물결 속에 고조되는 사회 불안 등은 여전히 인도 발전의 걸림돌이다. 인도가 안고 있는 과거의 문제점들은 좀처럼 해결되지 않은 채 새로운 도전은 더욱더 늘어나고 있다는 점을 분명히 지적해야 할 것이다.

그럼에도 불구하고 14억의 인구가 승선하고 있는 3조 달러 규모의 이 거대한 항공모함은 천천히 그러나 꾸준하게 각종 경제정책과 법률을 개혁하고, 빈부 격차를 해결하기 위한 방안을 궁리하고, 복잡해지는 국제 정치와 경제 질서 속에서 자국의 이익을 극대화하기 위한 노력을 기울이면서 험한 파도를 이겨냈고 지금 순항하고 있다. 밀림 속 오랜 은둔 생활에서 벗어난 인도라는 거대한 코끼리가 중국이라는 용이 입에 여의주를 물고 승천한 것처럼 기회를 잡을지, 아니면 경쟁국가에 사냥당하는 냉혹한 현실에 직면하게 될지는 아직 알 수 없다.

하지만 한 가지는 확실하다. 국제 정치와 경제 무대에 인도가 등판한 이상 우리나라와 인도의 경제적 관계는 더 깊어질 수밖에 없을 것이다. 이제 지구상에 마지막 남은 거대한 신흥시장인 인도에 대해서 더 많이 연구해야만 할 것이라는 사실이다. 이 책이 그런 움직임에 작은 첫 발자국이 되기를 희망한다.

# 미주

## 1장 인도 경제를 움직이는 숨은 손은 무엇인가

1      'Disturbed' India abstains from vote against Russia at UNSC', The Hindu, 2022. 3. 26.

2      'At UN General Assembly, India Abstains From Resolution Criticising Russian Actions in Ukraine', The Wire, 2022. 3. 2.

3      'UN General Assembly votes to suspend Russia from Human Rights Council; India abstains from vote' The Hindu, 2022. 4. 7.

4      2010년 중국은 미국을 제치고 세계 1위의 제조업 대국으로 올라섰고, 그 이후로 2022년까지 단 한 해도 그 자리를 다른 나라에게 내주지 않았다. 'China keeps position as world's largest manufacturing country', CGTN, 2021. 5. 1.

5      'These are the top 10 manufacturing countries in the world', The World Economic Forum, 2020. 2. 25.

6      2010년 기준으로 중국은 전 세계 해외직접투자 총유입액 중 약 12.6퍼센트를 유치한 반면, 인도는 1.4퍼센트만을 유치했다. 하지만 약 10년이 경과한 2020년 기준으로 중국의 비중은 17.3퍼센트까지 소폭 증가한 반면, 인도의 비중은 무려 5.2퍼센트까지 늘어 거의 4배가량 증가했다.

7      'India and Russia in 'advanced talks' over free trade agreement', The Guardian, 2023. 4. 18.

8      'India-EU free trade talks hit slow lane over labour, environment, investment issues', Business Line, 2021. 12. 9.

9      'What's Going on with India-China Preferential and Free Trade Agreements?', India Briefing, 2021. 2. 16.

10      'Boycott China' flops: Mainland China overtakes US to become India's largest trade partner in FY21', Business Today, 2021. 6. 29..

11      우선 원유를 수입하여 대규모 석유화학단지에서 정제한 후 석유화학제품을 내수 및 수출시장에 판매하는 릴라이언스를 비롯한 거대 재벌기업들로 인해 인도의 석유화학 제품의 수출과 수입 규모는 상당히 크다. 또한 세계 제1의 복제약 제조국가라는 명성에 걸맞게 상당한 규모의 복제약품 수출도 이루어지고 있다. 한편으로는 쌀과 같은 농산물이다. 갑각류와 같은 해산물 등 비교적 부가가치가 낮은

농수산물의 수출 규모도 상당하다.

12 인도뿐만 아니라 우리나라 자동차 기업이나 전자제품 기업의 생산공장이 위치한 베트남, 폴란드, 슬로바키아는 우리나라와의 무역에서 지속적으로 대규모 적자를 내고 있다. 이들 국가에 소재한 생산공장 앞으로 내보내는 각종 중간재와 부품이 모두 수출로 집계되기 때문이다. 반면 이들 국가들은 우리나라 앞으로 딱히 수출하는 물품이 없기 때문에 무역수지는 적자를 기록할 수밖에 없다.

13 'How NRI money is bolstering India's economy', The Economic Times, 2023. 4. 7.

14 2017년 6월 인도에 정착한 파르시 집단이 실제로 이란인과 유전적으로 유사한 특징을 갖고 있다는 것을 과학적으로 검증한 논문이 발표되었다. 『지놈 바이올로지Genome Biology』에 실린 '"Like sugar in milk": reconstructing the genetic history of the Parsi population'에 따르면 ① 파르시 집단은 실제로 이란인과 유전적으로 상당히 유사한 성격을 가지며 ② 이들이 최초 정착했던 인도 북서부 구자라트 지방을 떠나 남부 인도에 적극적으로 정착한 이후 남부 인도인과 혼인함으로써 남부 인도인의 유전자가 일부 섞여 들어갔다는 사실을 재확인했다.

15 전설에 따르면 이슬람의 박해를 피해 이란(당시 페르시아)을 떠난 파르시 집단은 인도 북서부 구자라트 지역으로 처음 이주했는데, 당시 이 지역을 다스리던 왕은 '이미 이 지역에는 인구가 너무 많아서 당신들을 받아들일 수 없다'는 의미로 컵에 가득 찬 우유를 보여주었다고 한다. 그러자 왕의 뜻을 알아챈 조로아스터교 승려가 우유 잔에 설탕을 섞은 후 '우유의 맛을 더해주면서도 잔이 넘치지 않는 설탕과 같은 존재가 되겠다'는 의미를 전하자 왕이 만족해하면서 정착을 허락했다고 한다. 이들 파르시 집단은 최초 정착 시부터 자신들의 종교를 포교하지 않겠다고 약속했고 그 약속은 이후 1,300년이 넘도록 지켜지고 있다. 'Like sugar in milk', Deccan Herald, 2016. 8. 21.

16 뉴델리에서 가장 유명한 관광지 중 하나인 쿠툽미나르Qutub Minar는 1100년대 후반 북인도 지역을 점령한 것을 기념하기 위해서 델리 술탄국의 최초의 왕이었던 쿠틉 우드 딘 아이박Qutb-ud-din Aibak이 건설한 탑이다.

17 1858년 세포이 항쟁 진압을 계기로 무굴제국을 공식적으로 무너뜨린 영국 정부의 인도에 대한 직접 지배는 1947년 인도가 독립하기까지 계속되었다. 하지만 영국 정부의 지배 이전에도 이미 1600년대 초반부터 영국의 동인도회사가 인도 북동부의 벵갈 지역을 중심으로 인도 전역으로 세력을 확장했다. 동인도회사가 인도에 침투하기 시작한 시기부터 따진다면 영국이 인도를 지배한 기간은 무려 450년에 이르고, 1757년 플라시 전투에서 승리한 영국이 인도에서 프랑스 세력을 몰아낸 시기부터 따진다면 약 200년이 된다.

18    펀Pun은 힌디어로 5개라는 뜻이고 자브Jab는 강이라는 뜻이다. 수천 년 동안 펀
      자브 지역을 기름지게 만들어온 5개의 크고 작은 강은 최종적으로는 인더스강으
      로 합류한다.

19    'Sector-wise GDP of India', Ministry of Statistics and Programme Implementation,
      2021. 7.

20    'OECD Economic Surveys: India 2019', OECD, 2019. 12.

21    'List of Agricultural Subsidies Given to Farmers By Government of India', https://
      krishijagran.com/, 2022. 2. 24.

22    'Suicides of agricultural labourers rise by 18퍼센트: NCRB report', The Times of
      India, 2021. 10. 29.

23    'Overview on Logistics Industry', Logistics Skill Council of India, https://lsc-india.
      com/content/overview_on_logistics_industry

24    https://www.ventureintelligence.com/Indian-Unicorn-Tracker.php의 2023년 5월 말
      현재 집계 기준

25    'India displaces UK to be 3rd top country hosting unicorns', The Times of India,
      2021. 12. 22.

26    'World Economic Outlook', International Monetary Fund, 2022년 4월 자료와 동시
      에 발표된 데이터베이스에 따르면 방글라데시의 1인당 명목 국내총생산은 2012
      년 883달러 수준에서 2020년 1,961달러 수준으로 증가했다. 반면 인도는 같은 기
      간 동안 1,443달러에서 1,935달러로 증가하면서 방글라데시에 추월당했다. 2020
      년 이후 인도의 빠른 경기 회복에 힘입어 2027년 인도의 1인당 국내총생산은
      3,769달러, 방글라데시의 1인당 국내총생산은 3,587달러에 이를 전망이다. 인도
      가 방글라데시를 조금 앞서겠지만 방글라데시 역시 인도를 바짝 추격할 것이라
      는 게 국제통화기금의 전망이다.

27    원본 자료는 World Bank Data Bank, https://data.worldbank.org/indicator/SL.TLF.
      CACT.ZS 참조.

28    인도의 인구성장률은 대략 1.0퍼센트 수준이다. 양대 경제대국이라 할 수 있는
      미국과 중국의 인구증가율이 대략 0.4퍼센트와 0.3퍼센트인 것에 비하면 상당히
      높은 수준이다. 인구가 14억 내외인 국가의 인구가 매년 1퍼센트씩 증가한다는
      것은 매년 서울시 규모의 인구가 새롭게 더해진다는 뜻이다.

29    2022년 10월 중 인도 전체의 실업률은 7.77퍼센트로 집계되었는데, 추수기가 끝

난 농촌지역에서는 5.84퍼센트(2022년 9월)에서 8.04퍼센트(2022년 10월)로 뛰어올랐다. 'India Jobless Rate Rises in October Post Harvest Season', Bloomberg, 2022. 11. 1.

30 'Informal Employment Trends in the Indian Economy: Persistent informality, but growing positive development', Employment Policy Department, International Labour Organization, Working Paper No. 254, 2019년

31 산업을 1차 산업(농업), 2차 산업(제조업, 광업 등), 3차 산업(서비스업)으로 분류할 경우 인도는 2019년 2차 산업의 국내총생산 기여율이 약 25.1퍼센트다. 여기서 광업, 전기·가스·수도업, 건설업 등을 제외할 경우 순수한 제조업의 기여율은 14 퍼센트 수준에 불과하다. 메이크 인 인디아Make in India 정책의 목표는 바로 이 순수한 제조업의 비중을 25퍼센트 수준까지 끌어올리겠다는 것이다.

32 주요 경제지표는 인도 경제자문관실Office of Economic Advisor의 2021년 7월의 발표자료 참조, https://eaindustry.nic.in/Key_Economic_Indicators/Key_Macro_Economic_Indicators.pdf

33 'Make in India? Half of manufacturing jobs lost in five years', Financial Express, 2021. 5. 22.


# 2장 인도는 21세기와 17세기가 공존하는 나라다

1 아다르카드Aadhaar Card는 인도의 주민등록증으로 인도 국민 및 적법하게 거주 중인 외국인을 대상으로 지문 및 홍채 정보 등을 수집한 후 각 개인별로 12자리의 고유번호를 부여한 신분증이다. 2009년 설립된 인도유일신분허가청Unique Identification Authority of India이 발급 실무를 담당하고 있다. 아다르카드가 도입되면서 그 동안 제대로 된 신분증 없이 살아가면서 인도 정부의 각종 복지 혜택의 사각 지대에 놓여 있던 약 4억 명에 달하는 인도 빈민층이 제도권 안으로 편입되게 되었다. 빈민층 대상의 보조금을 중간에서 횡령하던 공무원들의 부정부패도 대폭 감소시키는 부수적인 효과도 달성하게 되었다.

2 인도의 회계연도는 4월에 시작하여 그 이듬해 3월에 끝난다. 따라서 FY22~23는 2022년 4월에 시작하여 2023년 3월에 종료하는 회계연도를 말한다.

3 PwC의 세계경제전망 2050 보고서는 https://www.pwc.com/world2050 참조.

4 인도의 인구 관련 자세한 정보는 https://www.worldometers.info/world-population/india-population/ 참조.

5      '행정안전부 주민등록 인구통계', https://jumin.mois.go.kr

6      원본 데이터는 https://data.worldbank.org/indicator/NY.GNS.ICTR.ZS 참조.

7      'Household Financial Savings Drop For Second Straight Quarter, Debt Mounts: RBI Data', www.bloombergquint.com, 2021. 6. 23.

8      "World Economic Outlook Database, April 2023". International Monetary Fund. April 2023.; "United Nations Statistics Division - National Accounts". unstats.un.org.; "GDP(current US$) | Data". data.worldbank.org.

9      명목 국내총생산은 1년간의 생산량을 해당 년도의 시장가격으로 표시한 것으로 물가상승분이 포함된 금액이지만, 실질 국내총생산은 해당 년도의 생산량에 기준 년도의 시장가격을 곱하여 계산되므로 물가상승 등에 의한 가격 변동은 제거되고 생산량의 변동만을 반영하게 된다. 예를 들어 2021년 명목 국내총생산은 2021년 생산량에 해당 년도(2021년)의 가격을 곱하여 계산하고, 2021년 실질 국내총생산은 2021년 생산량에 기준 년도(2010년)의 가격을 곱하여 계산한다.

10    1인당 소득에 따라 국가를 분류하는 방법은 여러 가지가 있을 수 있으나, 가장 많이 쓰이는 분류는 세계은행에서 사용하는 4분법으로 2022년 현재 기준은 다음과 같다. ① 연간 1인당 소득이 1,085달러 미만은 저소득국가Low Income Countries, ② 1,086~4,255달러까지는 중하위 소득국Lower Middle Income Countries, ③ 4,256~1만 3,205달러까지는 중상위 소득국Upper Middle Income Countries ④ 그 이상을 고소득국가High Income Countries로 나눈다. 매년 물가 수준 변동에 따라 기준선은 계속 바뀐다. 지금의 인도는 1인당 소득이 2,000달러를 겨우 넘어선 전형적인 중하위 소득국Lower Middle Income Countries에 속한다.

11    'Angst and Denial in India as It's Now Officially Poorer Than Bangladesh'. Foreign Policy, 2020. 10. 20.

12    Maddison, Angus (2003): Development Centre Studies The World Economy Historical Statistics: Historical Statistics, OECD Publishing, ISBN 9264104143, p. 261(참고자료 출처: https://read.oecd-ilibrary.org/development/the-world-economy_9789264022621-en#page643); Maddison, Angus (2007). Contours of the World Economy 1 - 2030 AD: Essays in Macro-Economic History. Oxford University Press. p. 379. ISBN 978-0-191-64758-1.

13    JP모건의 마이클 쳄발레스트Michael Cembalest가 2008년까지를 대상으로 작성한 그래프를 비주얼 캐피탈리스트Visual Capitalist의 마이클 데스자딘스Michael Desjardins가 국제통화기금 등의 자료를 활용하여 2017년까지로 확대한 그래프다. 최초 그래프와 추가된 그래프는 https://www.theatlantic.com/business/archive

/2012/06/the-economic-history-of-the-last-2-000-years-in-1-little-graph/258676/와 https://www.visualcapitalist.com/2000-years-economic-history-one-chart/에서 찾을 수 있다.

14    원본 자료는 https://read.oecd-ilibrary.org/development/the-world-economy_9789264022621-en#page642 참조

15    Hinduism and Economic Growth. Oxford University Press, 1962

16    원본 자료는 World Bank Data Bank, https://data.worldbank.org/indicator/NY.GDP.MKTP.KD.ZG 참조

17    India Unlimited: Reclaiming the lost glory, Arvind Panagariya, HarperCollins Publishers India, 2020, Noida, Uttar Pradesh.

18    자와할랄 네루 총리는 1947년 8월 독립과 동시에 인도 최초 총리로 취임해 1964년 5월 심장마비로 사망할 때까지 무려 16년이 넘게 재임했다. 1966년 1월 총리로 취임한 그의 딸 인디라 간디 역시 약 16년간 총리직을 수행했고, 그녀의 아들인 라지브 간디 역시 1984년 10월 총리에 취임해서 약 5년간 재임했으니 3대의 재임기간을 다 합치면 37년이나 된다.

19    1884년 1월 런던에 설립된 지식인 단체로 점진적 사회주의 운동을 추진했다. 유럽의 주요 사회, 경제 사상 중 하나인 사회민주주의 정책에 많은 영향을 미친 것으로 평가된다. 경제학적으로는 무분별한 자유시장경제 반대, 보호무역주의 지지, 토지 소유의 국유화 등을 주장했고, 그들의 주장 중 상당수는 영국 노동당의 정강정책으로 계승되었다.

20    수입 대체 산업화Import Substitution Industrialization는 해외 수입에 의존하는 공산품 등의 재화를 국내 기술로 국내에서 생산하도록 유도하는 정책을 말한다. 이를 위해 주요 산업을 국영화하기도 하며, 수입을 억제하기 위한 무역장벽 도입 등 보호무역주의 성격을 보인다. 경쟁력이 약한 자국의 산업을 보호한다는 의미에서 유치산업infant industry 보호정책이라고도 한다.

21    인도 정부는 산업화를 위해 중화학공업 육성에 재원을 집중하면서 한편으로는 각종 인허가 규제를 통해 소비재 산업을 통제하기 시작했다. 예를 들어 1967년부터 인디라 간디 총리는 상당수의 소비재 산업을 중소기업 전용 업종Small-Scale Industries으로 지정하여 대기업의 진출을 막는 대신 기업 한 개당 자본금 규모 등을 포함하여 시시콜콜한 규제를 가했다.

22    저명한 개발경제학자인 코넬대학교의 게리 필즈Gary Fields 교수는 독립 이후 30년이 지나도록 빈곤의 늪에서 벗어나지 못하는 인도를 향해 '인도 내부의 행정체

제를 완전히 환골탈태'하지 않으면 빈곤 문제가 해결되지 않을 것 같다고 언급하면서 인도의 미래에 강한 의문을 표시할 정도였다. Gary Fields, 'Poverty, Inequality and development', 1980, Cambridge, Cambridge University Press, p. 204.

23   예를 들어 수입관세의 경우 1990년대 초반에는 최고 세율이 350퍼센트가 넘었으나, 1995년을 전후해서는 50퍼센트 수준으로 낮아졌고, 법인세 역시 50~55퍼센트 수준에서 40퍼센트 수준으로 낮아지면서 기업의 부담이 낮아졌다.

24   'Indian billionaire buys mansion, hires staff of 12 for his daughter's UK studies'. The Hindustan Times, 2018. 9. 12.

25   지니계수Gini coefficient는 소득 또는 자산의 불평등 정도를 계수화한 지표로 이탈리아의 통계학자인 코라도 지니Corrado Gini가 1912년 발표한 논문 「Variabilità e mutabilità」에 처음 소개되었다. 지니계수는 0과 1 사이의 값을 갖는데, 그 값이 클수록 그 사회의 불평등 정도가 높다고 볼 수 있다.

26   원본 자료는 https://data.worldbank.org/indicator/SI.POV.GINI 참조

27   'Global Wealth Report 2021', Credit Suisse, 원본 자료는 https://www.credit-suisse.com/about-us/en/reports-research/global-wealth-report.html 참조

28   평균의 함정은 모집단에서 특이하게 크거나 작은 값이 빈번하게 나타나면서 모집단의 특성을 평균이라는 통곗값이 정확하게 표현하지 못하는 상황을 의미한다. 예를 들어, 대다수 국민들은 몹시 가난하지만 한두 명의 사람이 몹시 부유할 경우, 평균값은 높게 나타나지만 이는 대다수 국민들이 실상은 가난하다는 실체적 정보를 제대로 전달하지 못하게 된다. 이 경우 모집단의 가장 중앙에 위치한 값, 즉 중앙값과 평균을 비교하는 것이 도움이 된다. 평균이 중앙값보다 현저하게 높다면 높은 값을 가진 소수 사람에 의해 평균이 왜곡되었다는 의미다.

29   Ajit, D, Donker, H. and Saxena, R. (2012), 'Corporate Boards in India: Blocked by Caste?', Economic and Political Weekly, II August.

30   'Income Inequality Within Castes: Top 10퍼센트 Among Forward Castes Own 60퍼센트 Wealth', www.bloombergquint.com, 2019. 1. 14.

31   보고서 전문은 https://wid.world/document/n-k-bharti-wealth-inequality-class-and-caste-in-india-1961-2012/ 참조

32   영국 퀸스대학교의 폴로미 차크라바르티Poulomi Chakrabarti는 카스트 계급별 소득 차이, 문자 해독률 차이, 타 계급 간 결혼 가능 여부, 하위 카스트에 대한 살인 범죄 빈도 등을 이용해서 하위 카스트에 대한 차별 정도를 연구했다. 동 연구에서 라자스탄, 우타르프라데시, 비하르 등 인도 북부 지역에서 차별이 심하다

는 결론에 도달했다. 그녀의 연구 결과 원문은 https://www.ideasforindia.in/topics/social-identity/how-should-we-measure-caste-inequality.html에서 확인할 수 있다. 2019년에 불가촉천민에게 행해지는 범죄 빈도를 이용해서 어느 지역에서 카스트에 근거한 차별이 심한지를 조사한 연구결과도 발표되었다. 이 조사에 따르면, 전체 불가촉천민을 대상으로 한 범죄 중 약 84퍼센트가 라자스탄, 마디야프라데시, 비하르, 구자라트, 텔랑가나, 우타르프라데시, 케랄라, 오디샤, 안드라프라데시 등 9개 주에서 집중적으로 발생했다. 인도에 36개 주와 연방직할지가 있고, 인도 전체 불가촉천민 중 54퍼센트가 이들 9개 주에 거주하고 있다는 점을 고려하면 이들 9개 주에서 벌어지는 차별이 얼마나 심각한지 짐작할 수 있다. 원문은 https://timesofindia.indiatimes.com/india/nine-states-have-54-of-dalits-see-84-of-crime-against-scs/articleshow/78439021.cms 참조.

33    'Caste and the Power Elite in Allahabad' by Ankita Aggarwal, Jean Drèze, Aashish Gupta, Economic & Political Weekly, 2015. 2. 7., Vol. 6

34    'In U.P., 'upper castes' led by Brahmins, Thakurs still occupy largest chunk of Ministries'. The Hindu, 2021. 9. 27.

35    World Bank의 'Labor force participation rate, female (퍼센트 of female population ages 15+) (modeled ILO estimate)', https://data.worldbank.org/indicator/SL.TLF.CACT. FE.ZS

36    세계은행의 여성 경제활동 참여율 통계는 일용직 고용을 제외한 정규직 고용만을 집계하기 때문에 인도 여성의 경제활동 참여율이 실제보다 왜곡되어 낮게 나타난다고 볼 수도 있다. 그렇다 하더라도 세계은행의 통계는 '노동권을 제대로 보장받지 못하고 일용직 농민과 노동자로 불안정하게 살아가는 인도 여성 인구가 얼마나 많은지'를 역설적으로 보여준다는 점에서 의미가 크다고 하겠다.

37    'India's female labour participation rate falls to 16.1퍼센트 as pandemic hits jobs', Reuters, 2021. 8. 3.

38    인도에서 여성 노동자의 시장 참여가 어려운 이유를 자세히 분석한 기사로는 'Explain Speaking: India is no country for working women. Here's why', The Indian Express, 2021. 4. 3. 참조.

39    인도의 여성 경제활동 참여율이 지속적으로 하락하는 이유에 대해서 매우 날카롭게 분석한 기사로는 「No place for women: What drives India's ever-declining female labour force?」, The Economic Times, 2021. 6. 13. 참조.

40    Jean Dreze & Amartya Sen, 'An Uncertain Glory: India and Its contradictions', Penguine Books, Ltd. 2013., p. 213.

41    'Journalist broke story about currency demonetisation a fortnight back', The Hindustan Times, 2016. 11. 11.

42    'Demonetisation: Delhi man dies of heart attack while waiting in bank queue', Indian Express, 2016. 11. 16.

43    'Financial genocide: How the demonetisation policy killed 105 people', www.medium. com, 2018. 8. 21.

44    'Demonetisation effect: Siddhivinayak hundi swells with donation in trash cash', The Economi Times, 2016. 11. 18.

45    국제투명성기구Transparency International의 세계부패바로미터Global Corruption Barometer 2020년 11월호 전체 내용은 https://www.transparency.org/en/ publications/gcb-asia-2020 참조.

46    'Are we trapped in a low-trust society?', '2015. 12. 12자 Financial Express 기사 참조

47    2020년 기준 근로소득세 납부 대상자가 1,950만 명이었다. 그중 소득기준보다 낮은 소득을 올려서 면세 대상이 된 726만 명을 제외한 약 1,224만 명이 근로소득세를 납부했다. 한편 자영업자의 경우 802만 명이 종합소득세를 신고했다. 둘을 합치면 그 인원이 대략 2,000만 명이 넘는다. 자세한 정보는 'e-나라지표, 종합소득세 신고현황' 및 'e-나라지표, 근로소득 신고(지급조서 제출) 현황' 참조

48    'How many Indians pay tax in a country of 1.3 billion? Govt answers', 2022. 3. 15자 www.livemint.com 기사 참조

49    자이틀리 재무장관은 3,700만 명의 소득세 신고자 중에서 면세점(연 소득 25만 루피) 이하가 990만 명, 차상위 계층(연 25만~50만 루피)이 1,950만 명, 50만 루피에서 100만 루피가 520만 명 100만 루피 이상은 240만 명이라고 밝혔다. 자세한 내용은 「Union Budget 2017: Read Arun Jaitley's full speech here」, 2017. 2. 1자 India Today 기사 참조. 세수 기반을 확대하려는 인도 정부의 노력이 어느 정도 결실을 맺어 소득세 납세 인원은 최근 꾸준히 증가하고 있다. 실제로 회계연도 2020~2021 기간 중 소득을 대상으로 발표된 가장 최근자료에 따르면 인도의 소득세 납부 인원은 약 6,940만 명으로 파악되었다. 전체 인구의 약 5.1% 수준이다. 자세한 내용은 「48.4 lakh individual taxpayers in top-most 30% slab in India」, The Indian Express, 2023. 3. 15자 기사 참조

50    자이틀리 재무장관은 2017년 예산안 연설에서 "인도의 경우 '국내총생산 대비 세수비율'이 낮다."라고 발언했다. 정확히 말하자면 이것은 절반 정도 맞는 표현이다. 인도의 세수稅收는 국내총생산 대비 약 11퍼센트 정도의 수준이다. 이는 한

국(약 15퍼센트)이나 유럽연합 평균(약 19퍼센트) 보다는 확실히 낮지만 인도가 속한 '중하위소득국Lower Middle Income Countries'의 11.9퍼센트나 남아시아 국가 평균인 11.4퍼센트와 유사한 수준이다. 한마디로 인도의 국내총생산 대비 세수 비율은 선진 경제에 비해서 낮은 것은 사실이나 인도와 유사한 발전 단계에 있는 국가들과는 비슷한 수준이다. 주요 국가별 국내총생산 대비 세수비율 자료는 https://data.worldbank.org/indicator/GC.TAX.TOTL.GD.ZS 참조

51  「Indians are terrible at paying taxes. This is the data the finance minister presented to prove so」, 2017. 2. 1자 www.scroll.in 기사 참조

52  「Retrospective taxation: the Vodafone case, and the Hague court ruling」, 2020. 9. 27자 The Indian Express 기사 참조

53  2012년 1월 인도 대법원이 보다폰에 대한 승소 결정을 내린지 불과 두달만에 무려 50년간을 거슬러서 소급 과세할 수 있는 일반적 조세회피방지법General Anti-Avoidance Rule이 의회에 제출되었고 결국에는 가결되었다. 그러자 인도에 진출한 주요 외국계 기업들은 일제히 우려의 목소리를 내기 시작했다. 한편 2014년 취임한 모디 총리는 해외 투자자를 확보하기 위해 더 이상의 소급과세는 없을 것이라고 발언했지만 정작 조세 당국은 총리의 발언과는 상관 없이 보다폰에 대한 압박을 멈추지 않았다. 실제로 2016년 2월에 보다폰에게 1,430억루피(약 2.6조원)을 납부하라는 독촉 공문을 발송하기도 했다.

54  「Vodafone wins international arbitration against India in $2 billion tax case」, 2020. 9. 25자 Reuters 기사 참조

55  「Nirmala Sitharaman says rules on retro tax to be framed soon」, 2021. 8. 16자 Times of India 기사 참조

## 3장 인도의 산업별 중심지는 어디이고 특징은 무엇인가

1  'Minister in Karnataka's first BJP government recalls Narendra Modi's lessons on governance & integrity', The Economic Times, 2014. 6. 1.

2  고드라 폭동 또는 구자라트 폭동이라 불리는 사건은 2002년 2월 27일 힌두교 성지인 아요디아 순례를 마치고 구자라트의 작은 도시 고드라로 돌아온 열차에 원인을 알 수 없는 화재가 발생해 58명의 힌두교 순례자가 사망하면서 촉발되었다. 무슬림이 이 화재사건을 일으켰다는 미확인된 소문이 삽시간에 퍼져나가면서 3일 동안 무려 1,044명이 사망하고, 223명이 실종되고 2,500명가량이 부상을 입는 폭력사태가 일어났다. 사망자 중 790명이 무슬림이었다. 이들 대부분은 조직적이고

집요한 힌두교도들의 폭력 행위로 인해 사망했으며 무슬림들의 반격으로 인해 힌두교도들도 254명 사망한 것으로 인도 정부는 공식 집계했다. 고드라 폭동은 3일 만에 진압되었으나 이 사건이 미친 영향은 심각했다. 우선 구자라트 전 지역으로 확산된 힌두교도와 무슬림 간의 간헐적인 충돌은 이후 약 3개월간 구자라트 지역 전역에서 지속되었다. 구자라트에서는 1969년과 1985년에도 무슬림을 겨냥한 종교 폭동이 발생하여 수백 명이 사망하고 수천 명이 부상당한 일이 있었다. 1985년 이후 약 20년간 살얼음판을 걷던 힌두교도와 무슬림 간 평화 상태가 깨지면서 그동안 누적된 양측의 적대감이 일시에 분출되었고 그 결과 인명 피해 규모가 심각했다. 당시 구자라트 주지사를 맡고 있던 나렌드라 모디 총리가 사실상 힌두교도들을 일방적으로 편들면서 폭력사태를 부추겼다는 의심을 받기에 이른다.

3    'India's jobs crisis & flaws in Gujarat model of development', www.livemint.com, 2019. 1. 8.

4    'Politics aside, is Gujarat a great growth story?', The Economic Times, 2012. 10. 7.

5    'Global Gujaratis: Now in 129 nations', The Economic Times, 2015. 1. 4.

6    'Gujaratis 6퍼센트 of Indians, but 20퍼센트 of US Indians', The Times of India, 2015. 1. 4.

7    '42퍼센트 of US hotel business is Gujarati', The Times of India, 2006. 10. 18.

8    'Indian Hotel Owners Accuse Companies Behind Comfort, Holiday Inns of Discrimination', Newsweek, 2021. 7. 28.

9    인도의 경제와 산업에서 섬유 산업이 차지하는 비중 등에 대해서는 India Brand Equity Foundation, https://www.ibef.org/exports/cotton-industry-india.aspx 참조

10   '비은행금융회사NBFC, non-banking financial company'는 인도의 「회사법(Companies Act」(1956)에 근거하여 세워진 금융사로 대출, 주식 및 채권 거래, 리스, 보험업 등에 종사할 수 있는 기업이다. 특히 중산층 이상의 인도인들은 차량이나 주택 매입 시 한 번 정도는 NBFC를 활용한다. 가장 대표적인 NBFC로는 Bajaj Finance, Shriram Transport Finance Company , Aditya Birla Capital, L&T Finance Holdings, Mahindra & Mahindra Financial Services 등이 있다.

11   Aditya Birla Finance, Bajaj Finance, Reliance Capital, Tata Capital Financial Services, Mahindra & Mahindra Financial Services, L & T Finance와 같은 대기업 계열의 NBFC가 시장을 지배하고 있으나, Shriram Transport Finance Company., Cholamandalam Investment and Finance Company와 같이 독립적인 NBFC도 존재

한다.

12    'All you wanted to know about: JAM Trinity', The Hindu Businessline, 2015. 3. 2.

13    'India makes financial world record as millions open new bank accounts', www.
      guinnessworldrecords.com, 2015. 1. 20.

14    'Paytm Users In India: Fascinating Facts & Statistics', https://findly.in/paytm-users-
      in-india/, 2021. 5. 19.

15    'Paytm leads India's digital payments with 1.2 billion monthly transactions', Business
      Line, 2021. 3. 1.

16    'Indian banking and financial sector at an inflection point', The Economic Times,
      2021. 6. 23.

17    원본 자료는 https://eol.smartcities.gov.in/dashboard 참조.

18    'Indian Automobile Industry Report', 2021. 11., India Brand Equity Foundation.

19    'How Jayalalithaa made Chennai the Detroit of India', www.livemint.com, 2016. 12. 7.

20    '인도 첸나이에서 현대차 1천만대 생산 기념식', www.worldkorean.net., 2021. 7. 3.

21    '이재용, 글로벌 투자 시동 걸었다…삼성 인도에 2600억 규모 공장 짓는다', 매일
      경제, 2022. 3. 16.

22    타밀나두는 '인도 농업 혁명의 아버지'라 불리는 M. S. 스와미나탄Swaminathan의
      고향이다. M. S. 스와미나탄은 인구 대국인 인도의 식량 문제 해결이 최우선 과
      제라는 판단하에 감자, 밀, 쌀 등 식량작물의 생산량 증대를 위한 각종 연구를 진
      행했다. 그의 연구에 힘입어 1960년대 중반부터 타밀나두를 중심으로 상당한 수
      준의 식량 증산이 가능해졌고, 이윽고 다른 주에도 연구 성과가 퍼져나갔다. 덕
      분에 타밀나두는 제조업 기반과 함께 다른 주에 비해 비교적 탄탄한 농업생산력
      을 보유하게 되었다.

23    인도의 각 주별 경제규모에 대한 자료는 https://statisticstimes.com/economy/india/
      indian-states-gdp.php 참조.

24    인도의 각 주별 해외투자 유치 규모에 대한 자료는 https://dpiit.gov.in/
      publications/fdi-statistics 참조.

# 4장 인도의 기업인들은 어떻게 부를 축적했는가

1     마르와리는 원래 라자스탄주의 조드푸르 인근에 있는 마르와르Marwar라는 작은

마을 출신의 상인이라는 뜻이다. 즉, 카스트 계급이 아니라 출신 지역을 지칭하는 단어다. 원래는 마르와르와 인근 조드푸르에 살고 있던 아가르왈Agarwal, 마헤슈와리Maheshwari, 오스왈Oswal, 칸데슈왈Khandeshwal, 포르왈Porwal 등의 성씨를 가진 상인집단만을 일컬었으나, 이후에는 라자스탄 출신으로 인도 북동부지역으로 이주한 상인집단을 일반적으로 지칭하는 일반 명사처럼 사용되기 시작하여 현재에 이르고 있다. 이들은 집중적으로 대도시, 예를 들어 웨스트벵갈의 캘커타(현재 이름은 콜카타)에 정착했으며, 19세기 캘커타를 포함하여 웨스트벵갈의 대도시에 소재한 대부분의 상점은 라자스탄의 자이푸르 출신 마르와리들이 차지하고 있었다. 마르와리는 또한 인도 대륙에서 최초로 환어음(Bill of Exchange, 힌디어로는 Hundi)을 사용한 집단으로도 유명하다. 수천 킬로미터에 걸쳐져 있던 무역 이동로를 따라 설치된 이들의 상점들은 원거리에 위치한 거래 주체 간에 어음 거래를 할 수 있는 어음교환소의 역할도 수행했다. 하지만 이들이 인도의 경제와 사회에 긍정적인 영향만 미친 것은 아니다. 영국의 식민 지배 당시 영국 정부가 아편 거래를 독점하고 있었지만 거래에 필요한 금융을 제공한 것은 벵갈 지역에 정착한 마르와리 집단이었다.

2   수백 년에 걸쳐서 인접한 페르시아 지역과 멀리 유럽과의 중개무역에 종사하던 라자스탄 상인집단에게 고향에서 반복적으로 나타나는 정치적 불안, 지속적인 가뭄과 이로 인한 빈곤은 큰 골칫거리였다. 이러한 빈곤은 수백 년이 지나도록 개선되지 않았고 이는 많은 마르와리가 고향을 떠나 인도 북동부로 이주하게 만든 주요한 원인이었다.

3   'Marwaris', National Encyclopedia of Bangladesh, https://en.banglapedia.org/index.php/Marwaris

4   마르와리 가문 중 17세기 인도의 운명을 좌우했던 가장 유명한 가문을 꼽으라면 자가트 세트Jagat Seth 가문을 꼽을 수 있다. 1707년 라자스탄 출신 마닉 찬드 Manick Chand는 무굴제국의 왕자였던 파루크시야르Farrukhsiyar를 재정적으로 후원하여 그가 무굴제국 황제에 즉위하는 데 결정적인 도움을 준 공로로 '자가트 세트'라는 칭호를 하사받았다. 자가트 세트는 '세계의 은행가Banker of the World'라는 뜻이다. 자가트 세트 가문은 이후 1800년대 후반에 이르기까지 거의 200년간 무굴제국과 영국 식민정부의 자금줄 노릇을 했다.

5   이외에도 건설 및 에너지 전문 기업인 에사르그룹Essar Group의 샤시 루이아와 라비 루이아Shashi & Ravi Ruia 형제, 의류용 원단 제조업체인 레이몬드그룹 Raymond Group의 소유주인 가우탐 싱가니아Gautam Singhania, 유통업체인 퓨처그룹Future Group의 소유주인 키쇼르 비야니Kishore Biyani, 달미아그룹Dalmia Group의 소유주인 자이다얄 달미아Jaidayal Dalmia, 피라말그룹Piramal Group의

총수인 아자이 피라말Ajay Piramal, 유서 깊은 스쿠터 전문 제조기업인 바자즈그 룹Bajaj Group의 라훌 바자즈Rahul Bajaj, 인도 최대 이동통신업체인 바르티 에어 텔Bharti Airtel을 설립한 수닐 미탈Sunil Mittal 등도 마르와리 출신 기업인이다.

6     'Forbes India Rich List 2021: Mukesh Ambani retains top spot', The Hindustan Times, 2021. 10. 27.

7     배화교는 조로아스터교Zoroastrianism 또는 마즈다교Mazdaism라고도 불리는 고대 종교로서 '아후라 마즈다'를 유일한 신으로 숭배하며 선과 악을 뚜렷이 구분하는 이원론적 특징을 갖는다. 기원전 660년을 전후하여 자라투스트라(영어로는 조로아스터)가 창시한 것으로 전해지며, 기원전 600년경 다리우스 1세가 페르시아(현재의 이란) 지역을 지배할 때 교세를 크게 확장했다. 하지만, 기원 후 7세기경을 전후하여 페르시아 지역이 이슬람화되면서 급격하게 쇠퇴했다. 현재 전 세계 신도 수는 약 20만 명 내외로 추산된다.

8     실제로 '파르시'라는 단어는 '페르시아 사람'을 의미하는 단어지만 산스크리트어로는 '자선을 베푸는 사람'이라는 단어와 우연히 발음이 같다고 한다. 남의 나라 땅에 정착해서 살아야 하는 파르시 집단은 이러한 우연을 자신들의 생존 전략으로 채택했다.

9     파르시 출신은 상대적으로 적은 인구에도 불구하고 주로 영국과 인도를 기반으로 전 세계에서 눈부신 활약을 보여주고 있다. 파르시 출신 기업인들이 많지만 문화예술계에서 세계적으로 유명한 사람을 두 사람만 소개하고자 한다. 2018년에 공개된 영화 「보헤미안 랩소디」를 보면 남자 주인공이 자신의 이름인 파로크 불사라Farrokh Bulsara를 좀 더 영국스러운 이름인 프레디 머큐리Fredie Mercury로 바꾸겠다는 말에 그의 부모가 놀란 표정을 짓는 장면이 나온다. 언뜻 들으면 도대체 어느 나라 출신인지 추측할 수도 없는 '불사라'라는 성은 사실은 파르시 가문의 성이다. 프레디 머큐리는 탄자니아(당시 영국 식민지)에서 영국 식민정부의 하급관료로 근무하던 아버지에게서 태어난 후 인도에 있는 영국식 기숙학교에서 학창시절을 보내고 영국에 정착하여 성년기를 맞았다.

대중 음악계에 프레디 머큐리가 있다면 클래식 음악계에서 가장 유명한 사람은 주빈 메타Zubin Mehta이다. 클래식 음악에 조금이라도 관심이 있는 사람이라면 한번쯤 이름을 들어보았을 유명한 지휘자다. 클래식 음악의 변방으로 여겨지던 뭄바이에서 태어나 재능과 노력을 무기로 26세의 젊은 나이에 1962년 로스앤젤레스 필하모닉의 상임지휘자가 되어 1978년까지 활동했고, 이후에는 1991년까지 뉴욕필하모닉의 음악감독 겸 상임지휘자를 지냈다. 지금은 이스라엘필하모닉의 지휘자로 활동 중인데, 파르시 사람들이 '인도의 유대인'이라는 별칭으로 불린다는 점을 생각해보면 그가 이스라엘필하모닉에 정착한 것이 이해되기도 한다.

10   'They Helped Build Modern India but Are Shrinking as a People', The New York Times 2021. 10. 3.

11   'Why is India's wealthy Parsi community vanishing?', www.bbc.com, 2016. 1. 9.

12   NRI는 원래 인도 국적을 유지하면서 해외에 잠시 주재하는 '해외 주재원'을 지 칭하며 OCI(Overseas Citizen of India)는 외국 국적을 취득한 인도인의 후손으로서 '해외 동포'라고 할 수 있다. NRI와 OCI는 법적으로 성격이 다르지만 인도인들은 이들 둘을 합쳐서 그냥 NRI라고 통칭한다. 이 둘을 합치면 전 세계적으로 약 3,200만 명 정도인데, 전 세계에서 가장 큰 이민 사회를 이루고 있다.

13   파르시 가문은 역사 속 유명한 위인의 이름을 본떠 이름을 짓는 경우가 많은데, 가장 흔한 이름은 바로 사이러스Cyrus다. 기원전 6세기 당시 페르시아 지역을 통일하고 최초의 통일 제국인 아케메네스제국을 건설한 키루스 대왕(우리말 성경에는 히브리어 발음에 가까운 고레스 왕으로 표기됨)을 기리는 이름으로 이란인에게는 건국의 아버지로 추앙받고 있다.

14   인도혈청연구소는 인도 중앙정부와 코로나 백신 생산 계획을 꾸준하게 공유하고 있었다. 2021년 5월에 인도혈청연구소가 정부에 제출한 계획에는 2021년 8월 이후 한 달에 1억 도즈를 생산한다는 계획이었다. 그런데 생산시설 확충 등을 통해 2021년 8월에 1억 2,000만 도즈를 생산하는 데 성공했고, 9월에는 2억 도즈를 생산함으로써 세계에서 단일 기간 동안 가장 많은 코로나 백신을 생산한 기업에 등극했다.

15   아다르 푸나왈라는 영국의 『더 타임스The Times』와의 인터뷰를 통해 유력 정치인들과 대기업 총수들이 수시로 전화를 걸어와 백신의 우선적인 공급을 요구했으며, 그 요구의 수준이 '위협이라는 말로도 표현이 부족할 정도로 강압적이었다'라고 밝혔다. 자세한 인터뷰 내용은 'Adar Poonawalla: 'Aggression over Covid vaccines is overwhelming...Everyone expects to get theirs first', The Times, 2021. 5. 1. 참조

16   참고로, 푸나왈라 가문은 엄청난 재산 규모만큼이나 자동차 컬렉션도 화려하다. 보유한 자동차만 해도 50여 대가 넘는데 한 대에 45만 달러가 넘는 클래식 카인 롤스로이스 팬텀을 비롯해서 페라리, 벤틀리, 포르쉐에 이르기까지 다양하다. 아다르 푸나왈라는 아들의 9살 생일 선물로 벤츠 S350을 기반으로 맞춤 제작한 배트 모빌(영화 속 배트맨이 타고 다니는 슈퍼카)을 선물한 것으로 알려지면서 다시 한번 사람들 입에 오르내렸다.

17   'Godrej and Boyce to shut typewriter production', India Today, 2011. 5. 16.

18   '인도는 힘이 세다', 이순옥, 창비, 2013. p. 161.

19    비유하자면 유력 정치인인 김구 선생님이 정주영 회장의 별장에서 머물다가 암살당한 모양새라고 할 수 있다. 청빈과 금욕의 아이콘인 마하트마 간디와 인도 최고 부자인 비를라 가문의 동거가 우리들 눈에는 매우 어색해 보인다. 하지만 유력 정치인에게 거처를 제공하거나 선거 운동 중 전용기와 같은 교통수단을 무상으로 제공하는 일이 인도에서는 70년 전이나 지금이나 그다지 드문 일은 아니다. 2017년 10월에 야당인 의회당Congress Party의 사실상 총수인 소니아 간디의 사위가 무기거래상으로부터 비즈니스 클래스 비행기표를 공짜로 제공받아 스위스로 여행간 것을 집권여당인 인민당이 비난해 온 일이 있었다. 인민당은 지속적으로 야당인 의회당을 부정부패의 온상이라고 비난해 왔는데 그 연장선상에서 벌어진 일이었다. 그러자 야당도 반격에 나섰다.
       나렌드라 모디 현 총리가 2003~2007년 구자라트 주지사를 역임하던 시절 약 100여 회 항공기를 이용하여 국내외 출장을 다녀왔는데 그 비용을 누가 지불했는지 밝히라고 요구한 것이다. 나렌드라 모디의 구자라트 주지사 재임 시절 구자라트 출신 억만장자 기업가인 가우탐 아다니의 자가용 제트기를 수시로 이용해서 국내외 출장에 나선 것은 공공연한 비밀이었다. 의회당은 100여 회의 출장 비용이 1억 6,560억 루피(약 25억 원)에 달한다고 주장했다. 자세한 내용은 'Who Paid for Modi's Chartered Flights as CM, Asks Congress (But Won't Say Who Foots Its Own Bills)', The Wire, 2017. 10. 19. 참조

20    보다폰아이디어Vodafone Idea가 1조 9,000억 루피에 달하는 엄청난 규모의 부채에 허덕이게 된 데에는 회사의 책임도 있지만 정부의 책임도 일부 있다. 1조 9,000억 루피의 부채 중 금융기관 대출금 약 2,340억 루피를 제외하면 대부분 통신부Department of Telecommunications에 지불해야 할 이동통신 주파수 매입 대금 등을 포함한 각종 제세공과금이다. 중앙정부는 자국의 이동통신 시장의 높은 성장성을 근거로 이동통신업체들에 높은 수준의 주파수 매입 대금을 요구해왔고, 이는 보다폰아이디어처럼 시장 지위가 취약한 업체에 직격탄이 되었다. 통신부를 대상으로 소송을 제기하면서 이러한 문제를 정면돌파하려 했던 보다폰아이디어의 시도는 2019년 10월 대법원이 통신부의 손을 들어주면서 결국 실패하고 말았다. 소송 경과 등에 대한 자세한 정보는 'Explained: Why KM Birla offered to hand over his Vodafone Idea stake to Govt' The Indian Express, 2021. 8. 11. 참조

21    정부로부터 천문학적 가격으로 주파수를 사들인 대부분의 이동통신업체들은 주파수 매입 대금을 지불하기 위해 애를 쓰고 있다. 현금 흐름에 어려움을 겪고 있는 이동통신사업자들을 돕기 위해 정부는 2021년 미납된 주파수 매입 금액만큼을 해당 이동통신업체의 우선주로 전환하여 정부에 납부하는 방식을 허가했다. 이동통신업체의 입장에서는 주파수 대금을 납부할 경우 발생하는 현금유출을 방지하는 효과가 있고, 정부의 입장에서는 우선주를 통해 배당수익을 기대할 수 있

다는 장점이 있다. 몇몇 이동통신업체들이 정부의 제안을 받아들였고, 타타 텔레서비스Tata Teleservices의 경우 현재 약 9.5퍼센트의 지분을 정부가 소유하게 되었다.

22    'India's SEBI clears govt proposal to turn Vodafone Idea dues into equity – sources', The Reuters, 2022. 10. 20.

23    락슈미 미탈이 『포브스』의 억만장자 목록에 처음 이름을 올린 것은 2002년이었다. 이후 2004년에는 62위에 올랐고, 2005년에는 3위로 수직상승했다. 이로써 락슈미 미탈은 인도인으로서는 『포브스』의 억만장자 목록 톱 10에 최초로 이름을 올린 기업인이 되었다.

24    ''Takeover tycoon' R. P. Goenka passes away', Business Line, 2013. 4. 14.

25    매년 12월 말에 릴라이언스의 창업자이자 무케시 암바니의 아버지인 디루바이 암바니의 생일을 기념하는 '릴라이언스 가족의 날Reliance Family Day' 행사가 개최된다. 2021년 12월 행사에서 무케시 암바니 회장이 '자신의 후계 승계 프로세스가 가속화되기를 희망한다'는 취지의 발언을 했다. 또한 '자신을 포함한 시니어 세대들이 좀 더 젊고 유능한 세대에게 자리를 물려줘야 한다'고도 발언했다. 그의 발언이 알려지면서 인도 현지 언론들은 릴라이언스 인더스트리의 후계 작업이 본격화될 것으로 예측하는 분위기다.

## 5장 인도를 이끌어갈 산업과 대표 기업은 어디인가

1    1933년 구자말 모디Gujarmal Modi가 창업한 기업으로 소비재, 식음료, 패션 분야에 종사한다. 뉴델리에 본사를 두고 있으며, 총매출액은 28억 달러 내외이고 종업원은 약 2만 8,000명가량이다. 현 총리인 나렌드라 모디와는 관련이 없는 기업이다.

2    2007년 라자쿠마르J. Dennis Rajakumar와 헨리John S. Henley는 1951~1990년까지 인도 대기업 집단의 흥망성쇠를 분석한 논문(Growth and Persistence of Large Business Groups in India)을 Journal of Comparative International Management에 발표했다. 이 두 경영학자들은 인도 상위 50대 기업을 추적조사했는데, 이들이 보유한 총고정자산fixed capital stock 규모가 1992년 73.7퍼센트에서 2001년 41.6퍼센트로 줄어들었고 4대 대기업인 타타, 비를라, 릴라이언스, 싱가니아의 비중은 39.5퍼센트에서 23.1퍼센트로 감소했다고 발표했다.

3    'Vijay Mallya resigns from Rajya Sabha', The Hindu, 2016. 5. 2.

4    'A day after, Rajagopal justifies pepper spray', The Hindu, 2014. 2. 14.

5 'Jet Airways founder Naresh Goyal questioned by ED', The Times of India, 2019. 9. 6.

6 민관협력모델(Public‑Private Partnership, 약칭으로 PPP 또는 3P)은 기본적으로 두 개 또는 그 이상의 정부 부처 및 민간기업의 중장기 협력모델을 총칭한다. 통상 민간기업이 자본을 조달하여 공공 부문 프로젝트(예: 인프라 건설)를 수행한 후 납세자 또는 인프라 사용자로부터 징수한 세금 또는 이용요금으로 건설비용을 충당하는 형태다. 주로 도로나 항만, 공항과 같은 인프라 건설에 사용되나 학교와 같은 교육시설, 병원, 수처리 시설 등에도 사용되는 모델이다. 개도국은 개발 수요는 많지만 정부의 재정이 부족한 경우가 많은데 이를 해결할 수 있는 대안으로 채택되기도 한다.

7 'Gautam Adani, the baron to watch out for if Narendra Modi becomes king', Times of India, 2014. 4. 10.

8 'Walk the Talk with Uday Kotak', NDTV, 2014. 7. 26.

9 창업 직후부터 우다이 코탁의 사업 수완은 탁월했다. 1980년대 말, 인도 유수의 대기업인 타타그룹 산하 넬코Nelco는 높은 신용도에도 불구하고 은행 산업 자체의 낙후성 때문에 17퍼센트에 육박하는 금리로 은행 차입금을 빌리는 반면, 정작 은행은 예금자들에게 6퍼센트에 불과한 예금금리를 지급하고 있었다. 우다이 코탁은 친구와 친지들에게 은행 금리의 2배인 12퍼센트를 보장하고 자금을 빌려와 여기에 최소한의 가산금리만을 덧붙여 넬코에 빌려주는 사업을 벌였다. 넬코로서는 17퍼센트에 육박하는 고금리를 부담할 필요가 없어졌고, 우다이 코탁의 친구와 친지들은 높은 금리를 벌 수 있게 되었다. 현대판 P2P 대출의 원형을 이미 1980년대 후반에 우다이 코탁이 시행한 것이었다.
자동차 할부금융으로 진입한 후에도 그의 사업수완은 빛이 났다. 약 13퍼센트 내외에 달하는 높은 할부금리 부담에도 불구하고 인도 고객들은 수개월이 걸려 출고되는 자동차를 하염없이 기다려야만 했다. 하지만 우다이 코탁은 자신의 회사에서 할부금융을 사용하는 고객에게 계약서 서명 즉시 차를 인도할 수 있었다. 이는 그가 한 번에 수천 대 분량의 자동차를 입도선매하여 보유하는 도박이 성공한 덕분이었다. 은행과 차이가 없는 13퍼센트 내외의 금리를 부과하는 데도 불구하고 서명 즉시 차량을 인도받을 수 있다는 이점 때문에 고객들은 그의 회사 앞에 장사진을 이뤘다.

10 1993년 1월 설립허가를 받은 10개 민간은행은 Global Trust Bank, ICICI Bank, HDFC Bank, UTI Bank(후에 Axis Bank로 명칭 변경), Bank of Punjab, IndusInd Bank, Centurion Bank, IDBI Bank, Times Bank, Development Credit Bank다.

11 1993년에 설립허가를 받은 10개 은행과 2003년에 허가를 받은 2개 은행의 운명

은 이후로 크게 갈렸다. 타임스은행Times Bank은 2000년 HDFC은행에 흡수합병 되었는데, 주식 스왑 방식으로 이루어진 양 은행 간 합병은 인도 은행업 사상 최초의 인수합병이었다. 하이데라바드를 중심으로 활발하게 영업을 해오던 Global Trust Bank는 결국 부실자산이 급증하면서 2004년 Oriental Bank of Commerce로 넘어갔고 Bank of Punjab도 2005년 Centurion Bank에 인수되어 Centurion Bank of Punjab로 재탄생한 후 3년 뒤 결국 HDFC Bank에 인수되었다. 결국 ICICI Bank, HDFC Bank, Axis Bank, Kotak Mahindra Bank 등 비은행금융회사NBFC에서 은행으로 변신한 민간은행이 그나마 우수한 영업실적을 지속하면서 인도 상업은행 업계를 선도하고 있는 상황이다.

12 결제은행Payment Bank은 현대식 금융시스템에 접근이 어려운 농촌과 빈곤 지역 주민들을 대상으로 간단한 금융서비스를 제공하기 위해 설립된 은행이다. 우리나라의 카카오뱅크와 매우 유사하다고 할 수 있다. 주로 모바일 기기를 활용하여 소액예금, 송금, 공과금 납입, 소액대출, 소액보험 등의 서비스를 이용할 수 있다. 사업모델의 특성상 이동통신회사를 모기업으로 하는 에어텔결제은행Airtel Payments Bank, 지오결제은행Jio Payments Bank 등이 있지만, 일찌감치 이 시장을 선점한 기업은 페이티엠결제은행Paytm Payments Bank이다. 사실상 인도의 카카오뱅크라고 보면 되겠다.

13 'Kotak to sell 8.6퍼센트 stake in Airtel Bank to Bharti Enterprises', The Economic Times, 2021. 9. 1.

14 'Top 10 Generic Pharma Companies in World', www.firmsworld.com, 2021. 12. 26.

15 'Dilip Shanghvi', www.britannica.com

16 'Sun Pharmaceuticals Industries Ltd. (SUNPHARMA) - Company History', www.business-standard.com

17 'Top 50 pharma companies' net profit declines by 8.2 per cent in 2021-22', www.pharmabiz.com, 2022. 7. 25.

18 자이나교는 불교와 비슷한 시기인 기원전 약 6세기경 탄생한 종교로 열반과 해탈을 목표로 살생과 육식을 금지하는 엄격한 교리로 유명하다. 종교 창시 이후 급격하게 퍼져나가 세계 종교로 발전한 불교와 달리 전 세계 총신도수가 600만 명 내외에 불과할 정도로 세력을 확장하지 못한 데에는 엄격한 교리가 큰 영향을 미쳤다고 분석된다. 하지만 인도 내에서 자이나교가 차지하는 영향력은 막강하다. 큰 동물은 물론이고 작은 곤충과 식물을 죽이는 것조차 금지하는 교리 때문에 대부분의 자이나교도는 경작 과정에서 곤충을 죽일 수밖에 없는 농업이 아니라 상업에 주로 종사하기 시작했고, 이러한 전통이 이어져 인도 내 상인집단 중

하나의 큰 축을 형성하기에 이르렀다. 인도의 거대 부호 중 가우탐 아다니 가문, 딜립 샹비 가문, 인도 최대 일간지인 『타임스 오브 인디아Times of India』를 소유한 사후 자인Sahu Jain 가문 등이 자이나교도 출신이다.

19  'India becomes second largest steel producer of Crude Steel'. Ministry of Steel of India, 2020. 2. 5.

20  'April 2023 crude steel production', World Steel Association, www.worldsteel.org

21  철이 있어야만 자동차, 철도, 비행기, 선박 등이 만들어질 수 있고, 철근이 있어야만 높은 건물을 지을 수 있으니 그야말로 철은 모든 산업의 기초 재료라 할 수 있다. 그 때문에 인도 정부도 철강제품의 국산화 및 생산능력 증대에 많은 관심을 기울이고 있다. 일단, 2017년에 국가 철강 전략National Steel Policy을 발표했는데, 현재 약 1억 3,000만 톤 수준인 인도의 철강 생산능력을 2030년을 전후해서 3억 톤 수준까지 끌어올리겠다는 목표다. 2017년을 전후해서 인도 인구 1인당 철강사용량이 약 70킬로그램 수준인데, 농촌 지역으로 가면 채 20킬로그램도 안 되는 실정이다. 그만큼 인도의 경제발전, 산업화가 모두 도시에 집중되어 있기 때문에 농어촌에서는 산업화와 공업화의 척도라 할 수 있는 철강사용량이 형편없이 낮은 것이다. 이에 정부는 농어촌의 철강사용량을 2030년까지 1인당 38킬로그램까지 늘리겠다고 목표하고 있다. 또한 정부는 2021년 6월 생산연계 인센티브Production-Linked Incentive 프로그램을 통해서 철강 산업을 지원하기로 결정했다. PLI는 인도 내에서 생산시설을 늘리는 기업에 대해서 늘어난 생산능력 중 몇 퍼센트를 정해서 그만큼의 세금을 깎아주는 정책이다. 인도 내에서 생산을 많이 하고 일자리를 많이 늘리는 기업에 대해서 세금을 절감하는 프로그램인데, 인도 정부는 자동차 산업 등 고용에 기여도가 높은 제조업 업종부터 순차적으로 PLI 프로그램을 도입해왔고 2021년 6월에는 드디어 철강 산업에 대해서도 PLI를 도입했다. 인도에서 철강 생산시설을 확장하고 고용을 확대하면 세금을 깎아주겠다는 것이다. 정부는 PLI가 향후 약 54억 달러의 투자를 유발함으로써 이를 통해 2027년까지 2,500만 톤가량의 생산능력을 확장하겠다는 계획이다.

22  'From farmer's son to billionaire industrialist', www.rediff.com, 2005. 3. 31.

23  'Jindal Group's Chairperson Savitri Jindal Is Richest Indian Woman, 16th In The Overall List', India Times, 2017. 10. 5.

24  'Indian IT industry crosses $200 billion in revenue with 5 million direct employees', 2022. 2. 15. www.moneycontrol.com

25  'IT industry on the road to becoming $350 bn in revenue terms by 2026', Business Standard, 2022. 2. 15.

26      Indian IT & BPM Industry Report Snapshot, Indian Brand Equity Foundation, 2021. 12., https://www.ibef.org/industry/information-technology-india.aspx

27      'Sector-wise GDP of India', Ministry of Statistics and Programme Implementation, 2021. 7.

28      'Company History - Wipro', www.moneycontrol.com/company-facts/wipro/history/W

29      How a Muslim Billionaire Thrives in Hindu India, The Wall Street Journal, 2007. 9. 11.

30      George Fernandes: The man who threw out Coca-Cola and IBM from India, BBC, 2019. 1. 29.

31      소박하고 근검절약하는 아짐 프렘지의 생활방식은 널리 알려져 있다. 젊은 시절에는 우리나라 아반떼 급에 해당하는 토요타 코롤라를 자가용으로 활용했고, 해외출장을 다닐 때도 이코노미석을 이용하곤 했다. 그가 축적한 부만큼이나 그가 사회에 환원한 재산 규모 또한 엄청나다. 아짐 프렘지는 인도의 부자 중에서 '기빙 플레지Giving Pledge'에 최초로 동참했을 뿐만 아니라 재산의 4분의 3인 무려 210억 달러를 살아생전에 기부하겠다고 서약했다. 빌 게이츠 부부가 처음으로 제안한 '기빙 플레지'는 자신이 살아 있는 동안 재산의 절반 이상을 기부하겠다는 서약 운동으로 이후 워런 버핏을 포함한 수많은 억만장자들이 이에 동참했다.

32      위프로Wipro의 IT 사업과 IT 이외의 사업(비누 및 세정제, 가정용 전구, 유압실린더, 항공기 부품 등)은 서로 다른 회사로 분리되어 있고 IT 사업 부문만 인도 증시에 상장되어 있다. 참고로 위프로그룹의 총매출 및 이익의 약 80퍼센트 이상은 IT 부문에서 나온다. 인도의 젊은이들에게 위프로는 IT 회사로 자리매김되어 있다. 하지만 여성, 특히 중년 여성들에게는 흥미롭게도 안티에이징 비누 분야에서 선도적 기업으로 알려져 있다. 1986년 출시된 '산투르Santoor' 비누는 인도 비누 시장에서 안티에이징을 내세운 최초의 비누였으며 출시되자마자 선풍적인 인기를 끌었다. 나이 어린 소녀가 젊어 보이는 여성에게 "엄마"라고 부르며 달려오는 모습을 보고 주위에 있던 여성들이 깜짝 놀라며 '언니 아니었어요?'라고 외치는 살짝 손발이 오그라드는 TV 광고는 두고두고 인기를 끌었다. 1989년부터 1993년까지 방송된 산투르 비누의 최초 광고는 https://www.youtube.com/watch?v=y2jHheBM0pk 참조.

33      나라야나 무르티는 1946년 8월 지금의 카르나타카주(당시 마이소르 왕국)에 있는 싯다가타에서 고등학교 교사의 아들로 태어났다. 카스트 계급은 브라만 계급이었지만 집안은 전형적인 중산층이었다. 인도 국립엔지니어링대학National

Institute of Engineering에서 학사학위를, 1967년 인도공과대학IIT에서 전기공학 석사학위를 받았다. 석사학위를 받은 후 컴퓨터 엔지니어의 길로 접어들었으며 1970년대 초반에 약 3년간 프랑스 파리에 파견되어 근무했다. 계약기간이 종료된 후 인도로 돌아가기 전 남인도의 가난한 마을에서 태어난 27세의 청년은 약 11개월 동안 25개 유럽 국가를 배낭여행을 하면서 새로운 세계를 경험하게 된다. 한때 사회주의에 경도되어 있던 무르티는 그 당시 사회주의 국가였던 불가리아에서 현지 주민과 사소한 마찰이 일어나 영장도 없이 체포되어 며칠 동안 식사도 제공되지 않고 변호인 접견도 이뤄지지 않는 감금생활을 경험하게 된다. 배낭여행 중 경험한 서유럽 자유민주주의 국가와는 하늘과 땅 차이가 나는 동유럽 국가의 암울한 정치 현실과 비참한 경제 상황에 실망한 나머지 이후 평생 동안 자유주의 경제체제를 옹호하는 의견을 꾸준히 견지하게 된다. 그의 젊은 시절 경험과 관련해서는 "Infosys co-Founder Narayana Murthy recalls incident that made him a "compassionate capitalist", Business Today India, 2020. 1. 6. 및 "Infosys founder NR Narayana Murthy: Making of a legend", The Economic Times, 2015. 9. 4. 참조

34    1992년 인도 주식시장 사기사건은 주식 브로커였던 하샤드 샨틸랄 메타Harshad Shantilal Mehta의 주도로 이루어졌으며 피해 규모가 그 당시 금액으로 1,000만 달러(2020년 물가 기준으로는 2억 2,000만 달러)를 훌쩍 넘어섰다. 인도 주요 은행들로부터 개인계좌로 돈을 송금받은 메타는 특정 주식의 주가를 최대 40배까지 올린 후 주식을 팔아버리는 시세 조작은 물론, 인도 정부가 발행한 채권에 근거하여 발행되어야 할 은행 입금 영수증Bank Receipt을 멋대로 위조하는 사문서 위조도 서슴지 않았다. 그의 다양한 사기 행각은 1992년 4월 밝혀지게 되었고, 며칠 사이에 봄베이 주식시장은 40퍼센트나 폭락하는 대혼란을 겪게 된다. 경제 자유화 초기에 발생한 불미스러운 주식사기 사건은 인도 국민들에게 엄청난 충격을 줬다. 자유시장경제의 기본 기관이라 할 수 있는 주식시장에 대한 불신이 오랫동안 인도 국민들의 머릿속에서 사라지지 않는 계기가 되었고, 메타의 사기를 기반으로 한 책과 영화도 꾸준히 발표되었다.

35    1993년 주식상장 당시 인포시스 1주의 가격은 147루피였다. 100주를 매입했다면 매입비용은 약 1만 4,700루피였을 것이다. 이후 수차례 실시된 주식 배당으로 받은 주식을 처분하지 않고 현재까지 보유했다고 가정하면 총 10만 2,400주가 되고, 2021년 3월 말(회계연도 2020~2021년 말) 시점 1주의 대략적인 가격이 1,700 루피이므로 주식 가치는 약 1억 7,408만 루피 내외가 될 것이다. 원화로 환산하면 대략 26억 원이다. 자세한 계산은 "Infosys Share Price in 1993 to 2022 History", 2021. 3. 31. 참조

## 6장 인도 경제는 거대한 잠재력을 갖추고 있다

1    'The Indian Unicorn Landscape', www.investindia.gov.in/indian-unicorn-landscape

2    'China ranks 2nd as home to over 300 unicorn companies: report', www.xinhuanet.com, 2021. 12. 25.

3    'Indian startups raised $42 billion in 2021: report', The Economic Times, 2022. 1. 13.

4    'Top 10 most valued startups in India', Yahoo Finance의 2021. 6. 28.

5    'Once booming Indian startups set for more pain as funding crunch worsens', The Reuters, 2023. 4. 19.

6    'How Technology Helped BYJU'S Scale Up to 100 Million Users Without Sacrificing Quality', www.salesforce.com, 2021. 8. 26.

7    'UBS investment makes Byju's the most valuable startup in India', www.techcrunch.com의 2021. 6. 12.

8    'Walmart completes deal to buy Flipkart for $16 billion', www.livemint.com, 2018. 8. 18.

9    'Flipkart's valuation crosses $37.6 bn after raising $3.6 bn in funding'. Business Standard, 2021. 7. 13.

10   "Flipkart's FY22 loss widens 51퍼센트 to Rs 4,362 cr', Financial Express, 2022. 10. 29.

11   'BigBasket FY22 revenue up 17퍼센트 to Rs 7,119 cr, loss widens 4x to Rs 813 cr', Business Standard. 2022. 7. 16.

12   'Paytm pegs IPO at $20 bn valuation, CEO says 'life to become QSQT''. Business Standard, 2021. 10. 28.

13   'Paytm eyes up to $20-billion valuation in biggest Indian IPO', The Economic Times, 2021. 10. 30.

14   'What is wrong with Paytm?', www.moneycontrol.com, 2022. 3. 24.

15   'Oyo Hotels targets $9-billion valuation in IPO; may get Sebi nod soon', Business Standard, 2022. 1. 18.

16   'Numbers tell the story of Ola vs Uber rivalry in India', www.entrackr.com, 2020. 2.

10.

17  'Ola Electric raises $200 million in funding at a valuation of $5 billion', www.moneycontrol.com, 2022. 1. 24.

18  'Indian beauty firm Nykaa makes glowing debut with $14 billion valuation', Reuters, 2021. 11. 10.

19  'Top 10 loss-making start-ups: These Indian unicorns are bleeding cash', Wionews, 2022. 9. 18.

20  'Indian Pharmaceutical Industry', India Brand Equity Foundation, 2021. 12.

21  'Indian Pharma Industry to surpass USD 60 billion in two years', www.careratings.com, 2021. 8. 26.

22  'Indian pharma industry estimated to grow by 9-11퍼센트 in FY22: ICRA', Business Today, 2022. 1. 4.

23  'Indian Pharma Industry to surpass USD 60 billion in two years', www.careratings.com, 2021. 8. 26.

24  'Indian Pharmaceutical Industry', India Brand Equity Foundation, 2021. 12.

25  'Schemes for Pharmaceutical Manufacturing', www.investindia.gov.in, 2020. 7. 21.

26  'Current health expenditure (퍼센트 of GDP) - India', 세계은행 데이터센터Data Center 자료 참조. 세계 각국의 국내총생산 대비 의료 부문 지출 관련 원본 데이터는 https://data.worldbank.org/indicator/SH.XPD.CHEX.GD.ZS?locations=IN 참조

27  태국, 싱가포르와 함께 아시아의 주요 의료관광 목적지인 인도의 의료관광 산업 규모는 약 50억~60억 달러 내외로 추정된다. 연간 약 50만 명의 의료관광객이 인도를 찾고 있는데, 이들 대부분은 러시아, 서남아시아 국가와 멀리 중동이나 아프리카 출신이다. 영국이나 미국에 비해 최대 10분의 1에 불과한 가격, 영어가 통용되는 환경, 영국이나 미국 등에서 훈련받은 의료진들의 뛰어난 실력이 주요 경쟁력이다.

28  참고로, 우리나라 현대자동차 액센트의 제원은 (L)4,117밀리미터×(W)1,620밀리미터×(H)1,395밀리미터이며, 이와 가장 유사한 급인 디자이어(DZire)의 제원은 (L)3,995밀리미터×(W)1,735밀리미터×(H)1,515밀리미터다.

29  'Gujarat: Tata Motors to produce 2 lakh electric vehicles at Ford Plant', The Times of India, 2022. 4. 15.

30  'Tamil Nadu in dialogue with Ford on turning plant for EVs', The Economic Times, 2022. 4. 6.

31  인도 토종 업체는 물론 외국계 기업은 한 목소리로 자동차에 적용되는 소비세 GST와 부가세, 각 주별 자동차 등록세의 인하를 꾸준하게 요구해왔다. 세금 부담을 경감시켜 자동차 최종 구매가격을 낮춰야만 인도 내 자동차 내수판매가 증가할 수 있기 때문이다.

하지만 정부의 입장에서는 자동차와 같은 고가의 물품에 대해서 세금을 안 매기려야 안 매길 수가 없다. 자동차 같은 물건에 세금을 안 매기면 세금을 걸 데가 별로 없기 때문이다. 일단 인도에 가난한 사람들이 너무 많다 보니 개인 소득세를 낼만한 사람들이 별로 없다. 전체 인구의 5퍼센트도 안 되는 사람들만 소득세를 내고 있다. 게다가 인도의 조세 징수 시스템은 상당히 낙후되어 있어서 직접세가 아니라 간접세에 상당히 의존하고 있다. 간접세는 가난한 사람들에게 오히려 부담이 되는 역진적 시스템이지만 정부의 징수능력이 부족해서 어쩔 수 없는 형국이다. 따라서 자동차 같은 몇 안 되는 확실한 과세 대상 물건이 있을 때 기회를 놓치지 않고 엄청난 세금을 부과하는 것이다.

32  'At COP27, India Flags Concerns Over Rich Nations' Efforts to Extend Mitigation to Agriculture', The Wire, 2022. 11. 18.

33  'Indian Billionaire Gautam Adani Becomes Asia's Richest Person', The Forbes, 2022. 2. 3.

34  'Gautam Adani, the baron to watch out for if Narendra Modi becomes king', The Economic Times, 2014. 4. 10.

35  GVK인더스트리GVK Industries는 텔랑가나주 하이데라바드에 본사를 둔 대기업으로 에너지, 자원 개발, 공항 운영 등의 분야에 주력하고 있다. 텔랑가나주의 유력한 기업가인 구누파티 벤카타 크리슈나 레디G. V. K. Reddy가 창업한 회사로 인도 내 인프라 투자 열풍이 불던 2000년대 중반 이후 빠르게 발전했다. 하지만 대부분의 사업이 막대한 규모의 외부 차입에 기반한 대규모 투자를 수반했고, 그 결과 2008년 금융위기 이후 지속적인 자금 압박에 시달려왔다. 2020년 이후 코로나 사태로 인해 항공여행이 급속히 줄어들어 공항 운영에 상당한 손실이 발생하자 GVK그룹은 뭄바이 공항의 운영권을 매각하기에 이른다.

36  '23. 1. 24 (화), 뉴욕 소재 공매도 전문 투자기관인 힌덴버그 리서치Hindenburg Research는 아다니그룹에 대한 조사 보고서를 공개했다. 'Adani Group: How the world 3rd richest man is pulling the largest con in corporate history?'(세계 3위의 부자가 어떻게 기업 역사상 최대의 사기극을 벌였나?)라는 다소 자극적인 제목을 단 100여

페이지 길이의 보고서는 인도 제1의 인프라 그룹에 대한 다양한 혐의를 제기했다. 참고로 힌덴버그 리서치는 2017년 네이선 앤더슨Nathan Anderson에 의해 설립된 공매도 전문 기업으로 전기트럭회사인 니콜라Nikola를 포함하여 약 16개의 기업에 대한 심층 조사를 통해 공매도 전략에 성공한 전례가 있다.

일단 힌덴버그의 주요 주장은 크게 3가지로 요약된다. 첫째, 아다니그룹은 모리셔스를 포함 다양한 조세회피지역에 페이퍼 컴퍼니를 설립하여 아다니 그룹 관련 주식의 주가를 조작했고, 둘째, 이렇게 부풀려진 주가를 근거로 자사주를 금융기관 또는 투자자에게 제공하고 막대한 부채를 끌어왔으며, 셋째, 이렇게 도입한 부채 규모가 회사의 사업성과에 비해 과도하고, 현재 주가는 최대 85퍼센트 이상 하락해야만 기업의 가치를 제대로 반영할 것이라는 주장이었다. 이후 아다니그룹 주요 계열사의 주가는 급속하게 하락하였고 이 문제는 인도 경제계는 물론 정계에도 파장을 불러일으켰다.

37  'COP26: India PM Narendra Modi pledges net zero by 2070', www.bbc.com, 2021. 11. 2.

38  'Adani Group to invest $20 billion to become world's largest renewable power company by 2030', The Times of India, 2021. 10. 4.

39  'Asia's Richest Man Plans $10 Billion Push Into Green Energy', www.bloomberg. com, 2021. 6. 24.

40  'Indian Billionaire Mukesh Ambani's Reliance Industries To Invest $80 Billion In Renewable Energy Push', The Forbes, 2022. 1. 14.

41  'Gautam Adani boosting fossil fuel footprint despite pledge to turn carbon neutral', The Economic Times, 2021. 7. 12.; 아다니그룹에 의한 환경파괴를 막기 위해 조직된 NGO인 마켓포스Market Forces의 홈페이지(www.marketforces.org.au) 참조

42  'Exclusive: Helvetia rules out involvement in controversial Adani coal mine', www. gtreview.com, 2022. 2. 9.

43  'Why Gautam Adani is betting USD 10 billion on Australian coal', Business Today, 2015. 1. 18.

44  인도 전역에 건설된 발전소를 연료별로 구분하면 전체의 약 60퍼센트(발전가능용량 기준)가 석탄, 석유, 가스 등 화석연료에 의존하고 있다. 하지만 신재생에너지를 활용하는 발전소가 24시간 가동되기 어렵다는 점 등 여러 가지 현실적 제약을 고려하여 실제로 가동되는 발전소를 기준으로 재산정할 경우, 화석연료에 대한 의존율이 약 70퍼센트 수준에 달할 것이라는 것이 대체적인 추정이다.

## 에필로그

1    인도 경제가 중국 경제를 따라잡는 것은 어렵다는 말이 너무 부정적이라면 조금
긍정적으로 가정을 해보자. 중국이 지금 당장 경제성장을 멈추고 30년간 제자리
걸음을 하는 동안 인도가 과거 30년 동안의 경제성장률 평균인 5.8퍼센트 성장
을 쉬지 않고 계속한다면 인도는 중국을 따라잡을 수 있다. 실제로 그런지 아주
쉽게 검증할 수 있다. 현재 중국과 인도는 인구 규모가 거의 비슷하다. 다만 중국
의 1인당 국민소득은 세계은행 2020년 기준으로 약 1만 434달러 수준으로 1,935
달러인 인도의 약 5배다. 이제 단순한 계산식 하나만 계산하면 된다. 1,935달러×
$(1+0.058)^{30}$=1만 501달러.

인도가 지난 30년 동안의 평균 성장률을 앞으로 30년 동안에도 지속적으로 시현
하고 중국 경제가 단 한걸음도 성장하지 않으면 인도는 중국 경제를 따라잡을 수
있다. 좀 더 현실감 있게 표현하면 지금 대학원을 졸업하고 노동시장에 뛰어든
인도 노동자들이 정년퇴직할 때쯤이면 인도가 중국을 따라잡을 수 있을 것이다.
중국 경제가 30년간 제자리걸음을 한다는 가정은 매우 억지스러우니 좀 더 현실
적인 가정을 해보자. 앞으로 30년간 중국은 과거 30년간의 성장률(9.3퍼센트)의
절반(4.65퍼센트)으로 성장하고 인도는 과거 성장률(5.8퍼센트)의 2배씩(11.6퍼센트)
씩 성장한다고 가정해보자. 참고로 지난 30년간 인도가 기록한 최고의 성장률은
1999년의 8.8퍼센트이다. 약 3년이 당겨진 27년이 걸린다. 이제는 가장 현실적인
가정을 해보자. 인도가 과거 성장률(5.8퍼센트)을 유지하는 동안 중국의 성장률이
반토막(4.65퍼센트)이 난다고 가정하면 인도가 중국을 추월하는 기간은 154년이
걸린다. 다시 말해서 인도가 중국을 따라잡는데 걸릴 가장 현실적으로 기간은 약
154년 정도라는 이야기이다.

지금부터 154년 전이면 서기 1868년(고종 5년)으로 이해에 우리나라에서는 독일
인 오페르트가 흥선대원군의 아버지인 남연군묘를 도굴했고, 일본에서는 도쿠가
와 이에야스德川家康가 1603년 창설한 에도 막부가 마침내 무너졌다. 중국에서
는 서태후西太后의 권세가 하늘을 찌르는 시기였고 미국에서는 남북전쟁의 영웅
인 그랜트 장군이 제18대 대통령에 당선되었다.

**진격의 인도**: 14억 거대 경제가 온다!

**초판 1쇄 인쇄** 2023년 7월 21일
**초판 1쇄 발행** 2023년 7월 28일

**지은이** 김기상
**펴낸이** 안현주

**국내 기획** 류재운 이지혜 **해외 기획** 김준수 **메디컬 기획** 김우성
**편집** 안선영 박다빈 **마케팅** 안현영
**디자인** 표지 정태성 본문 장덕종

**펴낸곳** 클라우드나인    **출판등록** 2013년 12월 12일(제2013-101호)
**주소** 우) 03993 서울시 마포구 월드컵북로 4길 82(동교동) 신흥빌딩 3층
**전화** 02-332-8939    **팩스** 02-6008-8938
**이메일** c9book@naver.com

**값** 20,000원
**ISBN** 979-11-92966-28-1  03320